国家社科基金
GUOJIA SHEKE JIJIN HOUQI ZIZHU XIANGMU
后期资助项目

上海会审公廨审判研究

Study on Trials of Mixed Court in Foreign Settlement of Shanghai

洪佳期 著

上海人民出版社

国家社科基金后期资助项目
出版说明

后期资助项目是国家社科基金项目主要类别之一，旨在鼓励广大人文社会科学工作者潜心治学，扎实研究，多出优秀成果，进一步发挥国家社科基金在繁荣发展哲学社会科学中的示范引导作用。后期资助项目主要资助已基本完成且尚未出版的人文社会科学基础研究的优秀学术成果，以资助学术专著为主，也资助少量学术价值较高的资料汇编和学术含量较高的工具书。为扩大后期资助项目的学术影响，促进成果转化，全国哲学社会科学规划办公室按照“统一设计、统一标识、统一版式、形成系列”的总体要求，组织出版国家社科基金后期资助项目成果。

全国哲学社会科学规划办公室

2014 年 7 月

序

中国租界是中国近代社会中一个非常特殊的区域。它既因中国与西方列强签订的不平等条约而产生，又是一种自治区域，不受中国政府的直接管辖。共有英国、美国、法国、德国、俄罗斯、日本、比利时、意大利、奥地利9个国家，在中国的上海、厦门、天津、镇江、汉口、九江、广州、杭州、苏州、重庆10个城市设立了租界，在中国租界里，还设有自己的立法、行政和司法机构。

中国租界的出现正是中国近代社会饱受风霜的一个写照。中国的一些有识之士对中国租界进行研究，为收回租界作理论准备。其中，对上海租界的研究在民国时期就有一些成果。夏晋麟的《上海租界问题》(1932年)、蒯世勋的《上海公共租界史稿》(1934年)等都是如此。改革开放以后，对中国租界史的研究有了重大突破，主要体现在两个方面：一方面是从整体上对中国租界史进行了研究，而不局限于个别城市租界史的研究，并出版了相关研究成果。其中，有费成康的《中国租界史》(1991年)，上海市政协文史资料委员会等合编的《列强在中国的租界》(1992年)等。另一方面则是出版了有些城市的租界志，为以后的研究提供了资料上的方便。其中，主要是：罗澍伟主编的《天津通志·附志·租界》(1996年)，史梅定主编的《上海租界志》(2001年)，《汉口租界志》编纂委员会编的《汉口租界志》(2003年)等。这些成果的出版既反映了对中国租界史的最新研究状况，创新明显；也为以后的中国租界史研究打下了良好的基础。目前，对中国租界史的研究方兴未艾，可以预见将会有更多的研究成果面世。

与中国租界史研究相比较，对中国租界法制史的专门研究就显得比较迟缓，成果也比较少了。进入21世纪以后，这种状况才有所改变，一些专门研究中国租界法制史的成果逐渐问世。比如，王立民、练育强主编的《上海租界法制研究》(2011年)，姚远的《上海公共租界特区法院研究》(2011年)，张彬的《上海英租界巡捕房制度及其运作研究(1854—1863)》(2013年)，王立民的《中国租界法制初探》(2016年)等。然而,对于上海会审公廨制度的研究则是个例外,不仅起步较早,成果也不少。早在民国时期就有一些研究成果。比如,《国闻周报》记者的《上海会审公廨史略》(1925年),甘豫立的《上海会审公廨之研究》(1926年),等等。往后,关于上海会审公廨研究的著作、译著在中国纷纷亮相。比如,澳大利亚学者Thomas B.Stephens的"Order and Discipline in China—The Shanghai Mixed Court 1911—1927"(1992年),杨湘钧的《帝国之鞭与寡头之链——上海会审公廨权力关系变迁研究》(2006年),郭泰纳夫著、朱华译的《上海会审公堂与工部局》(2016年),卡塞尔著、翟晓强译的《发掘治外法权——作为上海会审公廨的原型的理事同知》(2017年)等。

洪佳期所著的《上海会审公廨审判研究》一书,在诸多的上海会审公廨研究成果中,脱颖而出,其创新点较为明显。此书不拘泥于目前对会审公廨的研究多专注于对中国司法主权的侵害角度,以及该机构设置、发展背后所蕴含的中外法权之争,而是以会审公廨审判为着眼点,立足于历史史实,通过对档案馆藏的档案资料的全面把握,更客观地观察阐述会审公廨当时的具体运作、案件的审理、中外交涉等,力求客观中立地评价会审公廨这一复杂历史进程中复杂的事物。不仅全面展现会审公廨形成、畸变等过程,亦重点阐述会审公廨的审判程序、案件裁决以及与社会的互动关系,尤其是对中外审判官的裁判冲突有新的探索。

作者会在上海会审公廨研究中取得一定突破,得益于她的刻苦学习与勤奋研究。她是我指导的博士研究生。在攻读博士学位以前,就以中国法制史为主攻方向,基础较好,功底扎实。在攻读博士学位期间,学习认真,成绩优秀,而且勤于思考,思维活跃,常提出有新意的见解。这些都为她撰写博士学位论文打下了坚实的基础。此书正是以她的博士学位论文为底本并进行了必要的修改提高,改变了原来以会审公廨发展历程为主线的叙事方式,而是以会审公廨作为司法机构的审判职能为主题,对会审公廨司法裁判权的嬗变、诉讼审判程序以及类型案件进行剖析和实证分析,从而为思考西方法律与中国传统法律融合冲突俱存性提供了新的视角。这确是一本当前研究上海租界会审公廨的力作,不仅可以成为专业人士的阅读著作,也可以成为初学者的参考书籍。

研究成果的出版,不只是对前一阶段研究的总结,更是进一步深入研究的开始。冀望作者以出版此书为契机,继续关注、研究这一主题,并且与其他租界的类似机构进行充分比较,以期能全面深入探讨中国近代史上这一特殊司法机构，产出新的研究成果，为中国法制史的研究大厦添砖加瓦。

是为序。

王立民
于华东政法大学
2018 年 5 月 28 日

目　录

导　论

“一个变形的社会，造成了事物的多种质态，多种外观。”①会审公廨即是该论断的一个典型例证。19世纪中国在西方的“船坚炮利”之下开始了“三千年未有之变局”。历史的发展仿佛与曾是亚洲其他国家文化典范的中华文明开了一个天大玩笑，独特发展起来的中华文明似乎一夜之间就为历史所抛弃。当寻求资本积累的西方国家侵入亚洲进行殖民贸易时，中国对周围世界的变化毫无知觉，仍视其为来自“未开化”之地的具“犬羊之性”之“夷人”。②而西方进入中国，目的明确，即进行殖民贸易以打开中国市场进行资本积累，将中国纳入其资本主义经济体系。力量的悬殊决定中国命运的不可逆转。近代的中外战争基本是以中国战败、签订条约、丧失主权而告终，最终使中国沦为半殖民地国家。外国人在中国不仅享有最惠国待遇，还各自划分势力范围，形成外国租界，在20世纪初的全盛时期，中国土地上共有22个专管租界，以及上海、厦门鼓浪屿2个公共租界。③政治侵略与经济剥削使中国陷入深渊，但由西方兴起的资本主义市场经济却在很大程度上代表了现代化的发展路径，西方几乎成为“现代化”的代名词。④中国在面对从未有过的危机时开始主动引入西方先进制度。近代的中国无论是经济还是文化上，都已不再是一个单一儒家传统的农业国家，而是进入了一个糅合了传统与近代社会文化因素的复杂时代，“最具典型意义的时代特性

① 陈旭麓：《近代史两种》，《陈旭麓文集》（第一卷），华东师范大学出版社1996年版，第106页。

② 如20世纪20年代，姚公鹤在致丁文江函中称：“租界为我国划出一地界，允准外人营业寄居之地域，其始本视此界为膻腥业集之区，华胄神明决不愿与犬羊望衡对宇。”参见上海档案馆藏，卷宗号Q179-4-6。

③ 费成康：《中国租界史》，上海社会科学院出版社1991年版，第54页。

④ 虽然现代化是一个世界性的发展现象，而不是某些民族国家的特殊现象，更不是一个社区性的个别现象，但西方无疑代表了“现代化”发展方向。参见公丕祥：《法制现代化的理论逻辑》，中国政法大学出版社1999年版，第10页。

之一即各类因素的多歧互渗，不仅地理区域发展不同步，思想、社会和学术各领域间也存在程度不一的发展不同步，在各领域内部同样存在着明显的歧异”。[①]在这样一个复杂纷繁的世界，事物以多种质态出现已成必然，随着时间的流逝及社会发展，对事物的评价已不能流于简单的价值判断。实际上，随着后人在一定距离观察历史上发生的事件，已非当事者的体验，也许能更客观地予以评价，尽管任何企图完全还原历史的行为都是徒然。

在近代中国出现的“会审公廨”，是中外双方协议在租界内设立由中外审判官会审的专司特定范围内案件的司法机构。当时曾先后成立了上海公共租界会审公廨、上海法租界会审公廨、汉口洋务公所以及厦门鼓浪屿会审公堂等类似性质的司法机构。其中以上海公共租界会审公廨成立最早、发展最完备，亦最具典型。[②]上海公共租界会审公廨存在六十三年(1864—1927年)，[③]本是中国的司法机构，其最大特点在于对特定范围内的案件由中外官员“会审”，而以领事团及工部局为代表的外人因其利益所在，对租界内的会审公廨日渐予以控制。当时中国社会时局变幻，地方政府管辖权力的瘫痪也使外国人有机可乘，多种因素的作用终致会审公廨成为外国人控制下的司法机构。这是对中国法权的严重侵犯，造成“外人不受中国之刑章，而华人反就外国之裁判”[④]的怪现象。但会审公廨也因此吸收了一定的西方法制内容，改变中国传统法制的一些缺点，如慎用刑讯，重视程序，律师在会审公廨审判中的引入等，使会审公廨这一传统衙门增添了西方法制的色彩，利于保护当事人利益。对于住居租界内的普通华人来说，亦是一个期望得到司法救济的机构。会审公廨成为租界内的一个受西方法制影响的司法机构(一定意义上与外国领事法院一起维护租界内秩序，承担司法权的职能)，“几乎影响了租界内的市政与经济生活的各个方面”。[⑤]

会审公廨作为近代中国的一个时代产物，因其复杂的社会属性使得

---

① 罗厚立:《音乐与史学》,《读书》2003年第6期。

② 本书中“会审公廨”一词，若未限定或特别指明，即指上海公共租界会审公廨。

③ 会审公廨前身为洋泾浜北首理事衙门，成立于1864年，本书设专节论述，并认为虽然1869年会审公廨才正式设立，但其前身无论是机构性质还是基本运作机制同于后来的会审公廨。

④ 《清史稿·志一百十九》刑法三。

⑤ 认为在1889—1897年会审公廨影响了租界各个方面，参见A.M.Kotenev, *Shanghai: Its Mixed Court and Council*, Shanghai, North China Daily News & Herald, 1925, p.97。不过笔者以为其他时期的会审公廨仍符合这一结论。

后人对它的评价莫衷一是。尽管在较长的一段时间内，对会审公廨的研究专注于司法主权的侵害方面，但随着对资料的全面把握及更客观地观察过去的历史，会审公廨这一逝去的事物，给后人留下的思考会是多层面的。本书着眼于史实，阐述会审公廨当时的具体运作、案件的审理、中外交涉等，力求在史实基础上客观地评价会审公廨这一复杂历史进程中复杂的事物。

对于上海公共租界会审公廨这一专题，无论是国内还是国外，都已有不少学者进行了研究，尽管某些时期的研究趋于相似。就笔者接触的材料来看，国内外研究大致可以分两个时期，第一时期大致是 20 世纪 20 年代至 40 年代，之所以开始兴起研究会审公廨，主要原因在于当时对治外法权的关注，无论是作为受害者的中国还是侵权的外国，尤其是会审公廨被收回的前后时期，在这阶段出版了诸多有关治外法权的著作。第二时期是 20 世纪 70 年代至现在，研究会审公廨的著述在研究深度上均有很大提高。

从专著来说，最早的要数郭泰纳夫(Anatol M. Kotenov)①在 1925 年出版的"Shanghai: Its Mixed Court and Council"(《上海会审公廨与工部局》)②一书，以翔实的资料论述会审公廨从 1864 年至 1924 年的发展历程，认为会审公廨的演变是当时社会复杂局势发展的逻辑性结果。1911 年驻沪领事团接管会审公廨后，会审公廨的实践与工部局为维护居民利益实行的政策保持了协调一致。③1927 年郭泰纳夫又出版了"Shanghai: Its Municipality and the Chinese"(《上海工部局与华人》)，④其中对 1925—1926 年的会审公廨民刑事诉讼实践进行阐述，并以个别案件为例对会审公廨的审判及与工部局的关系具体论述。这两部著作因作者曾担任会审公廨译

① 郭泰纳夫(Anatol M. Kotenov, 1882—?)，俄国人，1921 年来华，就职于一家英文月刊，1922 年进入工部局警务处任巡捕，被派至会审公廨任俄语译员，后升至巡长。1925 年、1927 年出版了他的两部著作即《上海会审公廨与工部局》与《上海工部局与华人》。1930 年调入总办处，协助费唐法官工作，1931 年负责管理工部局档案，成为工部局第一专职档案管理员。参见史梅定主编:《上海租界志》附录"人物"，上海社会科学院出版社 2001 年版，第 623—624 页。

② A. M. Kotenev, *Shanghai: Its Mixed Court and Council*, Shanghai: North China Daily News & Herald, 1925，现已有中译本，[俄]郭泰纳夫:《上海会审公堂与工部局》，朱华译，上海书店出版社 2016 年版。

③ A. M. Kotenev, *Shanghai: Its Mixed Court and Council*, "perface", x.

④ A. M. Kotenev, *Shanghai: Its Municipality and the Chinese*, Shanghai: North China Daily News & Herald, 1927.此书中有部分章节专门涉及会审公廨，第 204—288 页。亦有中译本，[俄]郭泰纳夫:《上海公共租界与华人》，朱华译，上海书店出版社 2017 年版。译者将其书名译为"公共租界与华人"，意为内容更贴近。但本著此处仍采直译。

员，且在工部局任职多年，身历其境，因此不仅在资料收集方面具有优势，而且更能近距离地观察。但由于郭泰纳夫本人身份以及法律知识的限制，也影响其客观判断。

澳大利亚学者史蒂芬斯(Thomas B.Stephens)的专著"Order and Discipline in China—The Shanghai Mixed Court 1911—1927"(《规则与纪律：上海公共租界会审公廨 1911—1927》)①是近年在这一专题领域的重要论著，可以说基本上反映了西方学术界对该问题的研究水平。②笔者认为史氏一书在同类著作中的确很突出。史氏运用西方现代理论，预设理论框架，认为相对西方解决纠纷的法律体系，中国维持秩序、解决争端的则是纪律体系，会审公廨则扮演了这两者"重要的中介、沟通之角色"，但会审公廨仍属于纪律型性质。③此书是一部研究会审公廨的力作，其最突出的理论贡献在于"深刻批判传统的逆向诠释方法并力图全面建立新的理论体系"，但也因此存在值得商榷之处。如史氏认为会审公廨是在领事控制之下，代表西方法律观念的外国陪审官尽力将西方法律理论、观念等纳入会审公廨的审判，但为什么会审公廨仍是纪律体系在起作用？理论预设存在双刃剑的另一面，即把外国陪审官完全视为西方法律理论体系的代表，固然外国陪审官具有西方法律知识与思维，但问题在于当时情况下，对于外国陪审官资格、知识结构、司法经验等，没有足够的证据支撑他们在审判中多大程度上赋予会审公廨以西方法律理念，简单地把中外审判官以纪律体系与法律体系相对应，而忽略了租界当时的状况也会使研究的对象简单化。而且过度地强调二者的对立和不可调和性，对于这两者之间是否有相通之处，未予论及。

杨湘钧的《帝国之鞭与寡头之链——上海会审公廨权力关系变迁研究》(北京大学出版社 2005 年版)是近年来研究较为深入的重要专著，从会审公廨生成背景及其与上海租界迈向现代化都市过程中的互动关系出发，以传

① Thomas B.Stephens, *Order and Discipline in China—The Shanghai Mixed Court 1911—1927*, University of Washington Press, 1992.

② 对此书已给予评述的就笔者所见有以下几篇：杨湘钧的《评述：汤玛士·史蒂芬斯〈上海公共租界会审公廨〉——弥补一段中国法制史研究时空、方法的罅漏》，中国法制史学会会刊《法制史研究》2001 年 12 月第 2 期，第 321—340 页；王志强《非西方法制传统的诠释——评史蒂芬斯的〈上海公共租界会审公廨〉》，《北大法律评论》第 2 卷第 1 期，法律出版社 2000 年版，第 317—322 页；还有一篇是刊登在《哥伦比亚法律评论》("Columbia Law Review", June, 1993, "Book Note", pp.1327—1332)上。

③ Thomas B.Stephens, *Order and Discipline in China—The Shanghai Mixed Court 1911—1927*, University of Washington Press, 1992, p.121.

统中国"帝国之鞭"与"租界政治""寡头之链"的权力关系为切入点，考察华洋政体权力的变迁以及华洋政体与租界华民间权力关系的变迁。

凡此专著之外，在诸多研究治外法权以及上海史的著作中也涉及会审公廨。[①]这些著述除了涉及会审公廨的沿革及收回之外，还泛及以工部局、领事团为代表的外国人对会审公廨的控制，以及因为会审公廨作为在具有国际性的租界内的混合法院，外国律师在会审公廨里振振有词，从而获取其利益，以至于上海成为"律师的天堂"；[②]更有日本学者本野英一（Motono Eiichi）另辟蹊径，以会审公廨案例分析中英之间贸易的合作与冲突。[③]

而在国内涌现出的大批研究领事裁判权的论著中，以梁敬錞的《在华领事裁判权论》与吴颂皋的《治外法权》为代表。这两本著作均涉及会审公廨，梁著以上海公共租界会审公廨的缘起为基点，论述会审公廨是外人在条约外对中国的侵略，包括管辖权、审判权、行政权、警察权等方面。[④]吴著简述上海公共租界会审公廨的起源与沿革，并将会审公廨与其收回后成立的临时法院进行比较，认为会审公廨是对领事裁判权的扩张，领事裁判权因条约而设，会审公廨之设立却完全无条约依据，只是一种既成事实。[⑤]其他研究领事裁判权问题的著作也基本上涉及会审公廨，或详或略。[⑥]孔昭炎将领事裁判权与会审制度并列予以考察，对会审制度的现在未来作了简略阐述。[⑦]因限于篇幅及文章的主旨所在，尤其是当时形势所致，这些著作基本着笔于

---

① 如国外，较为详细的有：William Crane Johnstone, *The Shanghai Problem*, Stanford University Press, Stanford University, California, 1937. pp.128—158; Westel. W.Willoughby, *Foreign Rights and Interests in China*, Baltimore Maryland, The Johns Hopkins Press, 1920, pp.51—65; Thomas F.Millard, *The End of Extraterritoriality in China*. The A.B.C.Press, Shanghai, 1931, p.138、pp.178—190; Nicholas R.Clifford, *Spoilt Children of Empire—Westerners in Shanghai and the Chinese Revolution of the 1920s*, Middlebury College Press, 1991, pp.29—32。

② Nicholas R. Clifford, *Spoilt Children of Empire—Westerners in Shanghai and the Chinese Revolution of the 1920s*, Middlebury College Press, 1991, p.31.

③ Motono Eiichi, *Conflict and Cooperation in Sino-British business, 1860—1911: the Impact of Pro-British Commercial Network in Shanghai*, Macmillan Press LTD, 2000. pp.99—104、p.106.

④ 梁敬錞：《在华领事裁判权论》，商务印书馆 1930 年版，第 101—136 页。

⑤ 吴颂皋：《治外法权》，商务印书馆 1929 年版，第 267—272 页。

⑥ 除上述两本外，这类著作甚多，不一一列举，主要有郝立舆：《领事裁判权问题》，商务印书馆 1930 年版；黄秩庸：《领事裁判权讨论大纲》，上海青年协会书局 1926 年版；左舜生：《领事裁判权与中国》，中华书局 1931 年版；佚名《领事裁判权问题》，上海图书馆馆藏；孙晓楼、赵颐年：《领事裁判权问题》，商务印书馆 1937 年版；王德昭编著：《各国在华领事裁判权制度》，重庆独立出版社 1933 年版。

⑦ 孔昭炎：《上海领事裁判权与会审制度》，新民社 1906 年出版发行。

会审公廨的沿革以及外人对会审公廨章程的逾越，重点在于中国司法主权的被侵蚀。

20世纪90年代之后，租界研究、上海租界研究等专著中对会审公廨研究多有涉及。比较有代表性的，如费成康教授的《中国租界史》不仅以较多篇幅对会审公廨及类似机构进行考察，认为会审公廨与中国司法衙门虽只是90步与100步的差别，但受西方影响而在起诉、取证、审讯、辩护及判决等方面具有进步因素。并对上海租界会审公廨的两次变化即1911年的被外人接管、1927年的收回重点予以介绍。①王立民教授在专著《上海法制史》中开始"渗入较多的法学基因，以法学专业详细论述了上海历来之立法、司法、行政、治安等各个层面的法制运作情况"。其中包括对会审公廨立法、司法等方面的阐述。②姚远的《上海租界与租界法权》（上海三联书店2016年版），以租界法权为主线，对会审公廨的形成、发展，尤其是对其"前世今生"皆有详细分析和阐述。而罗苏文在其著作《上海传奇——文明嬗变的侧影（1553—1949）》中对会审公廨体现租界内中外司法文化的碰撞进行分析，指出租界中外民事讼案的法律适用问题，法与权的冲突问题，以及对会审公廨任职者的无法监督等问题，都使得会审公廨成为焦点。但毕竟会审公廨的司法规则与实践已迈出了一个历史性的跨越，上海这个近代年轻的国际商埠及它的数百万居民曾在其庇护和规范下，度过了近七十年的成长期，走向世界。③还有一些学者在论述近代史发展以及有关上海历史的著述中皆涉及会审公廨。④

论文方面，国外研究在早期并不多，比较有代表性的是Mark Elvin的"The Mixed Court of the International Settlement at Shanghai (until 1911)"一文，虽然只涉及1911年以前的会审公廨，但对会审公廨进行了简略而学术性的评述。⑤在20世纪90年代出现了一些较有分量的学

① 费成康：《中国租界史》，上海社会科学院出版社1991年版，第143—159页。

② 王立民：《上海法制史》，上海人民出版社1998年版。

③ 罗苏文：《上海传奇——文明嬗变的侧影（1553—1949）》，第116—140页。

④ 如邱远猷：《中国近代法律史论》，安徽大学出版社2003年版，第32—33页；薛理勇：《旧上海租界史话》，上海社会科学院出版社2002年版，第51—69页。

⑤ 因笔者未能看到这篇文章，故引用史蒂芬斯对此文的评述之语。史蒂芬斯还对其他一些论著进行评述，可参见Thomas B.Stephens, *Order and Discipline in China—The Shanghai Mixed Court 1911—1927*, University of Washington Press, 1992. pp.100—102。笔者曾与Mark Elvin间接联系过，据作者所言，这是他写于1963年第一篇有关中国的学术论文（发表在"Papers on China"），当时他们均认为有关会审公廨档案应在上海，而且当时不对外开放，不仅仅是针对外国人。

术论文,①这些论文或从会审公廨与经济、文化角度进行研究,或从中外法官的冲突着笔等。当然因限于篇幅,只就某一方面进行研究,缺乏对会审公廨的全面考察。

而国内因学术的积累以及对事物的研究逐渐摆脱历史的局限,使得这一阶段的研究无论在广度还是深度上均胜于前期。自 20 世纪 80 年代开始已出现一些比较有学术性的论文。②代表性的如马长林先生考察了会审公廨的产生必然性,认为会审公廨交织了两种法权观念的冲突,并以此评价其对中国近代社会的影响及作用,尤其是肯定了会审公廨积极的一面。③还有胡震重点考察了 1911 年至 1912 年会审公廨法权的变迁。④对会审公廨的收回以及临时法院也都有了一定的研究。⑤

总之,目前国内外对会审公廨的研究已在一定程度上突破了以往研究的藩篱,关注会审公廨本身审判职能的研究,论及其中体现的法与权冲突,并肯定了其存在的客观价值。⑥对会审公廨背后的权力关系之变迁也给予较深的研究。但对于会审公廨作为一个近代司法机构的存在,对其司法审判的研究仍嫌不够,尤其是缺乏更实证的考察。鉴于此,本书从以下六个方面对会审公廨司法审判予以探究。

第一章:会审公廨司法审判机构的设立。领事裁判权在中国的确立,使

---

① 具有代表性的论文有:Tahirih V.Lee, *Risky Business: Courts, Culture and the Marketplace*, University of Miami Law Review, May, 1993, pp.1335—1414; Motono Eiicbi, *H.A.Giles versus Huang Chengyi: Sino-British Conflict over the Mixed Court, 1884—85*, East Asian History 1996, pp.135—157;除了公开发表的论文外,还有未发表的博士论文:Tahirih Victoria Lee, "Law and Local Autonomy at the International Mixed Court of Shanghai"(Ph.D.dissertation, Yale University, 1990)。

② 具有代表性的论文有:马长林:《晚清涉外法权的一个怪物——上海公共租界会审公廨剖析》,《档案与历史》1988 年第 4 期,第 51—58 页;张铨:《上海公共租界会审公廨论要》,《史林》1989 年第 4 期;《上海公共租界会审公廨论要(续)》,《史林》1990 年第 1 期,第 53—58、66 页。

③ 参见马长林:《晚清涉外法权的一个怪物——上海公共租界会审公廨剖析》,《档案与历史》1988 年第 4 期,第 57—58 页。

④ 胡震:《清末民初上海公共租界会审公廨法权之变迁(1911—1912)》,《史学月刊》2006 年第 4 期。

⑤ 主要论文有:云海、黎霞:《1926 年上海公共租界会审公廨收回交涉背景及其经过》,《档案与历史》1988 年第 4 期,第 64—68 页;徐小松:《会审公廨的收回及其历史意义》,《民国档案》1990 年第 4 期,第 90—97 页;谷小水:《1926 年上海公共租界会审公廨收回交涉述评》,《历史档案》2007 年第 2 期;吴健熙:《上海公共租界临时法院改组问题初探》,《史林》1987 年第 3 期,第 111—117 页。

⑥ 倪正茂教授曾对上海市档案馆藏有会审公廨的相关资料作了介绍,并在文后提到有关评价问题。可参见倪正茂:《上海近代法制史料管窥》,杨一凡总主编:《中国法制史考证》,乙编第四卷"法律史料考释",中国社会科学院出版社 2003 年版,第 571—581 页。

享有领事裁判权的外国人排除在中国的司法管辖权之外，但这并不是会审公廨在上海租界成立的充分条件，而是上海租界华洋杂居局面的形成以及外国人对利益的追求，才使会审公廨成立并趋于完备。洋泾浜北首理事衙门虽是会审公廨前身，但会审公廨正式建立是在四年后，无论是其机构设置还是司法运作体系均已初具形态，中外之间矛盾在此时期的理事衙门已初现端倪。尤其是初期的无章程规范在一定程度上加剧了外国人在会审公廨权限上的扩张。

第二章：会审公廨司法审判权及其嬗变。会审公廨是为受理中外纠纷而专设的机构，其主要职能是司法，但因所处租界这一特殊社会，加之传统衙门的影响等，会审公廨仍履行一定的行政职能。

第三章：会审公廨中外审判官的裁判考察。这是考察会审公廨审理案件及运作的一个很好视角，没有法官也就不可能组成司法机构。本章主要就中外双方审判员的构成、审判活动、双方关系进行考察，并对中外审判官之间冲突的原因进行分析，其根本在于会审公廨所处的位置及外国人在租界利益所致。

第四章：会审公廨诉讼审判的变革和多质态。会审公廨在很大程度保留了中国传统衙门的特点，但已日渐发生变化。首先是其主要职责为司法方面，已不同于传统机构的行政司法合一，其次是在审判中掺杂了较多的非中国传统因素，或者说西方法律在一定程度上予以融合，虽然其中因素呈现出复杂的状态，但这已使会审公廨成为时人注目的“新式衙门”。因此本章着重考察会审公廨的具体审判活动，并以此为契机进行分析，最终希望能更客观地评价会审公廨。

第五章：会审公廨案件类型与个案分析。主要就会审公廨主要受理的案件进行分类，对相关案件的量化以及个案分析。

第六章：会审公廨与近代中国司法。阐述中国司法近代化背景下的会审公廨。会审公廨的设立源于领事裁判权在中国的确立，而领事裁判权成为中国近代法律变革的直接动因。在中国开始法律近代化的过程中，会审公廨的变化是什么？它是否与这时代的变革相一致？还是已走在时代的前列？这是本章所要讨论的问题。

通过以上的研究分析，笔者认为，会审公廨作为一个在租界内集合中西法律因素的中国司法机构，无论是机构的设置还是诉讼审判制度上都具有西方法律制度的因素，但终因机构性质所限以及社会各种势力的作用，在当时中国法律近代化的大背景下，却没能走在时代的前面，它作为一个近代中西法律可能融合的初始地，却没能也不可能担当起中国法律变革这一历史使命。

第一章 会审公廨司法审判机构的设立

会审公廨，亦称会审公堂，外国人称为“混合法院”(Mixed Court)，①是清政府在上海公共租界内设立的司法衙门，由上海地方官员派员主持，审判租界内以中国人或无领事裁判权人为被告的民刑事案件，当案件涉及外国人，须会同该国领事派出的陪审官共同审理。会审公廨是领事裁判权在中国的进一步扩张，这为学者所认可，笔者亦无疑义。但这并不是解释会审公廨在中国尤其发端于上海的唯一原因，探究一个事物的本源，目的自是为了更好地理解或研究其发展的过程。因此本章要解决的问题是：会审公廨这一特殊机构何以能成立？仅仅是因为不平等条约确立的领事裁判权之故？若领事裁判权不是唯一原因，那么上海又有什么特殊因素促使会审公廨的成立？会审公廨的成立是时势所致，是中外权力博弈之结果，但对其最初设想与运作却已呈现差异与冲突，也许这是会审公廨在中国近代史上一直作为异质物存在的重要原因。本章尽量以详细的资料论证会审公廨作为一个审判机构在上海租界的成立，其前提固然是当时中国面临的大局势，但更因上海的特殊背景所致，尤其后者无法忽略，否则无法解释会审公廨何以首先在上海租界出现，并生根发芽，而不是在其他通商口岸。会审公廨的成立及其发展亦从侧面反映了当时中国对外来不同冲击的相应对策。②

① 会审公廨正式成立于1869年，在此之前为洋泾浜北首理事衙门。但在当时的外文报纸上，一律称为“Mixed Court”，如著名的报纸“North China Herald”，汉译成《北华捷报》，据笔者所查，“North China Herald” 1865年已有此法庭案件的相关记录。本书所引的有关“North China Herald”资料均来自上海徐家汇藏书楼收藏的“North China Herald”，并注明其按年份装订的每本页码，方便读者查看。以此说明。

② 近年来史学界包括国内外对“冲击—回应”、“传统—现代”等模式的“西方中心论”倾向提出了质疑，尤其是在美国学者柯文提出的“在中国发现历史”的“中国中心论”研究方法(柯文：《在中国发现历史——中国中心观的兴起》，林同奇译，中华书局1989年版)之后。但一种新研究方法的产生并不意味着其他研究方法的淘汰，也许对传统的几种研究模式有滥用之嫌(“放之四海以皆准”)，不过，目的只在于如何解决问题。

第一节　领事裁判权、华洋杂居与租界利益

虽说开埠前的上海，已是商帮、富豪右族、避难名流及闽广游民等"坊巷客土杂居"，形成了各色人群杂居之局。①开埠后的上海与之前显然是不可同日而语。上海的开埠、租界的开辟，从华洋分居到华洋杂处，既有上海小刀会起义、太平军的南下之功，也有外国商人将上海视为"冒险家乐园"之故。面对日益繁华、人口复杂的租界形势，无论是外国人对租界控制的欲望还是上海地方政府对华人管辖的本分皆有捉襟见肘之感，双方从拉锯之势回到谈判桌前，商讨解决方案，在洋泾浜理事衙门运作四年之后，会审公廨应势而生。

一、领事裁判权的确立

会审公廨虽非中外不平等条约的直接产物，但会审公廨的产生与此条约体制下的司法权丧失有莫大关联，学界也因此在论述领事裁判权或治外法权时大多要涉及会审公廨问题。

(一) 领事裁判权与治外法权

领事裁判权与治外法权是由西方发展而来的两个概念，它们在近代中国的使用也因列强在华之利益。从语词来看，在外文中表示这两个概念的语词有："Consular Jurisdiction"、"Exterritoriality"、"Extraterritoriality"。"Exterritoriality"，日本译为治外法权，"Consular Jurisdiction"，日本译为领事裁判权，我国学者沿袭之。前者的含义即指国际法上的"治外法权"，即外国元首及外交人员、军舰等所享有外交豁免权。后者是指欧洲国家商人早期因贸易需要在他国仍适用其本国法律，不受所在国法律管辖。"Extraterritoriality"在中文中仍译为"治外法权"，但与"Exterritoriality"存在区别。②

从其历史渊源来看，领事裁判权与治外法权经历一个历史变迁的过

① 参见熊月之主编：《上海通史》(第5卷·晚清社会)，上海人民出版社1999年版，第9页。

② 多数英美学者则将"Exterritoriality"视为外交官及元首所享有的治外法权，而"Extraterritoriality"则视为"国家领土外的法权"，意同于我们所称之领事裁判权。吴颂皋认为英美学者视领事裁判权为一种"治外法权"，这是"牛头不对马嘴"，有"鱼目混珠"之弊端。参见吴颂皋《治外法权》，商务印书馆1929年版，第29—32页。

程。前者与溯源于中世纪后期的领事制度相关，是国际商业关系的产物。一些西方国家如西班牙、法国的商人“在意大利、西班牙和法国的商业城镇中，商人经常在他的同行中选举一人或几个人，作为发生商务争执时的仲裁者；这种人称为‘仲裁领事’或‘商人领事’”。[①]“仲裁领事”或“商人领事”的存在，增强了商人在外国旅行和居住的安全感和信赖心，有助于对外贸易的发展。十字军东征后，贸易的增长促进了领事制度的发展。意大利、西班牙和法国的商人推选自己的成员作为在东方国家的领事，以便监督他们的商务，保护本国人的利益和审判商人之间的争讼案件。领事的权利因基督教国家与穆斯林君主之间缔结的“领事裁判权”条约而更加扩大。如热那亚（1453 年）、威尼斯（1454 年）和法国（1535 年）都与土耳其缔结了领事裁判权条约。领事裁判权制度是适应当时社会发展的需要而产生，并不必然地与主权联系在一起，也不必然地与西方对东方的侵略联系在一起，西方在东方取得自治权利的同时，东方也在西方取得同样的权利，如 1631 年摩洛哥在法国，1721 年摩洛哥在英国，1740 年土耳其在西西里，1825 年摩洛哥人在萨丁，1782 年土耳其人在西班牙，以及 1809 年土耳其在马耳他。[②]

随着国家主权学说的兴起，以格劳秀斯为代表的“属地主义”原则占统治地位，外国领事行使司法权已渐为主权国所反对，领事裁判权在他国的确立则意味着其司法主权的丧失。虽然因宗教、政治、法律等各方面的因素，领事裁判权在东方兴起，但其在西方已衰落、废止。领事裁判权已渐成为西方列强对东方国家的主权侵犯标志之一。

近代以来，国家间的交往日益频繁，为建立邦交国家之间的友好关系、维护国际间交往的便利以及国家的尊严等，国际公法建立了一项原则，即治外法权。它是指一国元首、外交人员及其他服务于国际政治机关军队及军舰等享有外交上的豁免权，包括不可侵犯权、免税权及免诉权等。

由以上可知，这两者并不完全相同。其相似的地方在于：在一国居住的他国人均受其本国法律管辖，不受所在国法律管辖。不同在于：领事裁判权产生于一种商业贸易惯例，而治外法权是因国际上国家之间所建立外交关系，而对特定的人群实行豁免特权；随着国家主权意识的产生，逐渐废弃了

① 《奥本海国际法》（上卷·第 2 分册），商务印书馆 1981 年版，第 276 页。转引自丘日庆主编：《领事法论》，上海社会科学院出版社 1996 年版，第 14 页。

② 强磊：《论清代涉外案件的司法管辖》，载李鸣主编：《青蓝集》，法律出版社 2002 年版，第 150 页。

领事裁判权，而治外法权本因国际法产生，自是成为合法的权利。①

如上所述，领事裁判权与治外法权是两个在不同意义上使用的概念。但因译名及认识的混淆，在指涉近代中国法权被侵的那段历史上，两词基本可以互换。我国台湾地区学者展恒举对这两词沿革考证如下：

> 领事裁判权初始亦称治外法权，所以称为治外法权者，谓权利国之法律，延长至本国领土之外，而达于义务国领土之意。所以称为领事裁判权者，因上述裁判权之行使，通常属于领事官。我国给予外人领事裁判权，开始于道光年间。已如前述。惟当时条约上只规定一种事实，而无特别名称。至光绪年间，始有治外法权(exterritoriality)之名词。再后至民国七年与瑞士订约，始改称领事裁判权(consular jurisdiction)，以别于国际公法上之外交官特权，下加括弧，声明即系治外法权。可知无论在字面上讲，或从档案研究，治外法权与领事裁判权，两个名词，都可适用。惟治外法权，易与国际公法上之外交特权相混，民国七年以后之条约文字，常用领事裁判权，甚少用治外法权。盖由于此。至民国三十二年中美缔结新约，因美国在华法庭有二级，初级由领事主持，高级由职业法官主持，领事裁判权一词，不能包括，又改用"extraterritorial rights"，②意为领土以外之法权，极为恰当。但因中文翻译困难，故仍沿用治外法权旧名词。③

以上这段文字基本说明领事裁判权与治外法权两者的关系：第一，同指近代中国法权被外国侵蚀这一历史时，两者可以互换。第二，领事裁判权是先有事实，再有名称，而初始是使用"治外法权"一词，为避免与国际公法上的外交特权相混，故改用领事裁判权。第三，后来又因领事裁判权无法完全概括外人在华所享有的法权，则又以"Extraterritoriality"代之，但中文仍译"治外法权"。这恐怕是问题症结之所在，无论是领事裁判权还是治外法权、

① 正是在这个意义上，吴颂皋将"领事裁判权"视为"非法的治外法权"。参见吴颂皋：《治外法权》，商务印书馆 1929 年版，第 37—38 页。

② 需提出的是，"extraterritorial rights"并不是在 1943 年才在条约中出现，至少在 1902 年、1903 年中英、中日、中美签订条约中已有表述。如"China having expressed a strong desire to reform her judicial system and to bring it into accord with that of Western nations, ... and she will also be prepared to relinquish her **extra-territorial rights** when she is satisfied that the state of the Chinese laws", Ⅻ of the Sino-British treaty, See Jaean Escarra: "The Extra-Territoriality Problem", *The China Law Review*, Vol.Ⅱ, No.1, July 1924, pp.6—7。

③ 展恒举：《中国近代法制史》，台北商务印书馆 1973 年版，第 94 页。

英文的“Exterritoriality”还是“Extraterritoriality”，虽然有区分，但前者因实质、后者因译名不同均会产生混淆。

更在20世纪初的中国，随着国际法的传入、国家主权观念的增强及民族意识的兴起，国人已深刻认识到必须收回被侵之法权，尤其是避免外国人的“指鹿为马”，必须对外国人在华因条约所享有的不受所在国法律管辖的特权与国际法上所公认的外交人员所享有的豁免特权予以区别，因此导致当时中国学界的研究热潮，对“领事裁判权”与“治外法权”进行法理及历史的甄别分析，反对以“治外法权”指涉这一事实。①或者在论及“治外法权”时特作说明及区别。②

综上所述，本书略作小结：(1)领事裁判权与治外法权就其概念本身来说，无论发展渊源还是具体涵义都存在不同。(2)这两个概念虽然在近代中国的使用上基本可以互换，但“治外法权”的使用却易与国际公法公认的“治外法权”相混淆，而“领事裁判权”也不能完全概括外国人在中国享有的司法特权。(3)对领事裁判权与治外法权进行区分，以及采用“领事裁判权”一词，则更利于法权的收回。因关涉中国法权问题而使之成为当时社会关注焦点，并不仅限于学界。(4)对这两个概念的使用及区分，虽然当时学界已基本解决了这两者的关系问题，③但是今天不少学者仍在赋予两者同一意义上对这段历史进行研究，有的甚至存在一定程度的混淆。④从这一意义上说，对这两个概念的辨析基本未超出以前的研究。

本书采纳“领事裁判权”之说，只是被侵的法权已远超出“领事裁判权”

---

① 此类论著甚多，除了吴颂皋的《治外法权》与梁敬錞的《在华领事裁判权论》著作外，还有不少发表在《东方杂志》等报纸上的文章，以陈启天的《治外法权与领事裁判权辨》(《东方杂志》第12卷第7号，第5—7页)较具典型，认为当时报章多沿袭前清之误，对这两者不予区分，以致“迷离国中之视听，混淆人民之思虑”。

② 将治外法权分为特殊的治外法权与普通的治外法权，或有“广义”与“狭义”之分，其目的皆是与国际法上的“治外法权”相区分。参见康大寿：《近代外人在华“治外法权”释义》，《社会科学研究》2000年第2期。

③ 李启成：《晚清各级审判厅研究》，北京大学出版社2004年版，第33页。

④ 如肖湘林在其文《清末领事裁判权存废之考析》(《株洲工学院学报》2003年第4期)中认为：“领事裁判权，又称治外法权，系指外国资本主义、帝国主义强迫弱小国家缔结的不平等条约中规定的，外国侵略者在弱小国家地域内(也即外国侵略者自己治理的国家外，故称‘治外’)单方面享有的一种极端不平等的司法主权。”而赵夙岚认为：领事裁判权是从治外法权引申而来。参见赵夙岚：《英国对华领事裁判权的起缘和确立》，《湘潭师范学院学报》1994年第1期。也有学者对这两个概念虽加以区别，但认为治外法权是被赋予了另一种意义，即一国在他国境内所行使的管辖权，才具有与领事裁判权相近的意义。参见丁向东、郁竹：《试论中国近代史上的领事裁判权》，《许昌师专学报(社会科学版)》1998年第2期。

初始的含义。

（二）领事裁判权的确立与发展阶段

在鸦片战争之前，中国拥有完整的司法主权，对涉外案件的管辖皆明文规定。至少自唐朝始已有明确的相关法律规定，①并有较丰富的司法实践。②明清时期则一改前例，规定一切发生在中国国土内的案件均依照中国法律拟断。当然在坚持对外国人的管辖权的前提下，统治者的法外施恩并非个例，而且纯粹外国人之间的纠纷也会不予干涉。因此，从唐以来至明清时期，虽然具体法律发生改变，但其背后隐藏的"怀柔远人"及"天朝恩威"等观念却未变。

随着清末涉及外国人的案件日增，对这些纠纷的处理虽如马士所说："在对待由西方前来的人们上，中国面临着一个前所未有的问题；它是用对自己最少麻烦的方法来解决这个问题的。"③尤其是外国人之间的案件，中国政府采取不干预态度。④不过对于中外之间的刑事案件管辖权却是坚持的。但因中国刑律的某些原则和刑事诉讼的某些方面令外国人反感，外国人意图抵制。从1784年起，英国人拒绝服从中国的刑事管辖权。美国人虽服从中国司法管辖，却心存怨意。双方长期的误解、猜疑和怨恨，在很大的程度上导致了1839年武装冲突的爆发。⑤

1840年爆发的鸦片战争直接起因在于鸦片贸易，但并不仅限于这一因素，战后签订的不平等条约所要"解决"的也就不仅仅是鸦片贸易，而是中国更大更多的权益的丧失，包括对外司法管辖权的丧失。领事裁判权的确立

① 《唐律疏议》卷六《名例》"化外人相犯"条。

② 纠纷的双方同属一国，则依其国法律或习俗，不同国则依照本地法律，这在一些文人笔记里可找到相关记载。如旅唐阿拉伯人苏莱曼在其《游记》中曾记载阿拉伯商人麇集于广州，皇帝任命回教判官一人治理回民。判官为人正直，听讼公平，一切依据《可兰经》、圣训及回教习惯。参见朱杰勤等编：《中西交通史料汇编》（第二册），中华书局1977年版，第201页。案件重大则交由地方政府管辖，见朱彧《萍洲可谈》卷二。这一原则也并非严格适用。如"宋代则尤宽，蕃汉之间有犯罪事，苟非重大之件，亦听以彼等法律处分"。参见[日]桑原骘藏：《蒲寿庚考》，陈裕菁译订，中华书局1929年版，第47页。

③ [美]马士：《中华帝国对外关系史》（第一卷），张汇文等译，上海书店出版社2000年版，第109页。

④ 如1754年发生的一法国人杀死一英国水手的案件，乾隆对此的批示是："外洋夷人，互相竞争，自戕同类，不必以内地律法绳之。所有时雷氏以犯，著交该夷船带回弗兰西国，并将按律应拟绞抵之处，行知该夷酋，令其自行处治。该督抚仍严切晓谕各国夷船，嗣后毋再呈凶滋事，并不时委员弹压，俾其各知畏法，安分贸易可也。"参见《清实录·乾隆实录》卷四七六。

⑤ [美]艾德华：《清朝对外国人的司法管辖》，李明德译，载高道蕴、高鸿钧、贺卫方编：《美国学者论中国法律传统》，清华大学出版社2004年版，第452页。

与扩张也就在某种程度上成为必然。

领事裁判权的确立及发展经历三个阶段：

第一阶段：领事裁判权初建时期。1842 年 8 月 29 日，战败的清政府被迫签订了中国近代史上第一个不平等条约《中英南京条约》，破坏了中国领土主权完整和关税、司法、领海等主权。但正式确立领事裁判权的是 1843 年签订的中英《五口通商章程：海关税则》，①其第 13 款规定："凡英商禀告华民者，必先赴管事官处投禀，候管事官先行查察谁是谁非，勉力劝息，使不成讼。间有华民赴英官处控告英人者，管事官均应听讼，一例劝息，免致小事酿成大案。其英商欲行投禀大宪者，均应由管事官投递，禀内倘有不合之语，管事官即驳斥另换，不为代递。倘遇有交涉词讼，管事官不能劝息，又不能将就，即移请华官公同查明其事，既得实情，即为秉公定断，免滋讼端。其英人如何科罪，由英国议定章程法律，发给管事官照办；华民如何科罪，应治以中国之法，均仍照前在江南原定善后条款办理。"②领事裁判权制度初步形成，主要有三点：(1)外人控告华人，须由领事官先行查问，即使告往中国衙门，仍须经过领事官投禀；(2)中英交涉事件，由双方官员共同查明定断；(3)英人与华人各按其国法律管辖。尤其是后者，确立领事裁判权基本原则。1844 年中美、中法通商章程相继订立，领事裁判权渐臻完备。第二次鸦片战争之后，签订的不平等条约对领事裁判权内容规定更为详细，如《中英天津条约》的第 15、16、17 款，《中法天津条约》的第 35、38 条以及《中美天津条约》的第 28 条规定，已明确领事裁判权适用于华洋民事纠纷。但条文中并无观审之规定。

第二阶段：领事裁判权进一步扩大时期。自 1876 年《中英烟台条约》的签订始，正式明确了观审权。条约规定："凡遇内地各省地方或通商口岸，有关系英人命盗案件，议由英国大臣派员前往该处观审。"1880 年的《中美北京条约》更作了明确的规定："倘遇有中国人与美国人因事相争，两国官员应行审定，中国与美国允此等案件被告系何国之人，即归其本国官员审定。原告之官员于审定时，可以前往观审，承审官应以观审之礼相待。该原告之官员如欲添传证见，或查讯、驳讯案中作证之人，可以再行传讯。倘观审之员

① 有学者考证，领事裁判权最早确立于 1842 年 9 月中英《江南善后章程》，章程第 7 款："英国商民既在各口通商，难保无与内地居民人(等)交涉狱讼之事，应即明定章程，英商归英国治理，华民由中国讯究，俾免衅端。他国夷商，仍不得援以为例。"参见郭卫东：《转折——以早期中英关系和〈南京条约〉为考察中心》，河北人民出版社 2003 年版，第 483 页。

② 参见王铁崖编：《中外旧约章汇编》(第一册)，三联书店 1982 年版，第 42 页。

以为办理不公，亦可逐细辩论，并详报上宪。所有案件各审定之员均系各按本国法律办理。”①按条约规定，观审是相互的，原告为外国人，被告为华人的案件，外国官员可以观审；原告是华人，被告是外国人的案件，中国官员可以观审。如 1864 年英国人卢礼士枪杀中国人彭尚会一案，1869 年英国人卓尔哲枪杀中国人王阿然一案，中国官员就曾去观审。但后来中国官员大多因各种原因主动放弃了观审权。

第三阶段：领事裁判权全面扩张时期。自英、美、法国之后，其他欧美各国相继与中国订立条约，纷纷援引“最惠国待遇”，取得领事裁判权。共有 19 个国家，31 个条约。②

领事裁判权的内容包括以下几点：中国人与享有领事裁判权国家在华侨民之间发生民刑事案件，依被告主义原则，均由被告所属国官府或领事法庭依所属国法律审理；同一享有领事裁判权国家在华侨民之间发生的各种案件，由该国领事法庭审理；享有领事裁判权的不同国家的在华侨民之间发生的各种案件，根据有关国家间的协议和法律解决，一般适用被告主义，即由被告人所属国的领事法庭审理；享有领事裁判权国家与不享有领事裁判权国家在华侨民间发生的各种案件，如前者为被告人，由其所属国领事法庭审理，如后者为被告，由中国官府管辖。③享有领事裁判权的各国因此在华设立了领事法院，受理在华本国人的相关案件。在领事裁判权废除之前，这些法院独立于中国的法律体系之外，成为中国司法被侵夺之象征。

另外，无领事裁判权国人的管辖权，依据条约，这些外国人被控犯罪，自然须服从中国法庭审判，由中国官员管辖，按照中国法律作出判决。但这些人却情愿接受别国要求管辖的法庭审判，不愿接受中国法庭审判。即使是没有国籍的人，由中国审判官审讯，却要求外国领事馆委派陪审官在场，认为得到了保护而不致受到“在外国人的心目中认为是可憎的一种中国程序”的全部结果。④因为领事裁判权的存在，一些中国人为了逃避本国法律的制裁，以加入外国国籍为由主张归他国法院管辖，而在领事法院又以是中国人为由逃避处罚。

---

① 上海市档案馆藏，卷宗号 Q179-4-1。

② 具体国别与条约名，参见全小野：《撤销领事裁判权之过去与未来》（《国防论坛》1935 年第 7 期），载何勤华、李秀清主编：《民国法学论文精萃》（第六卷 · 国际法律篇），中国政法大学出版社 2004 年版，第 247—248 页。

③ 薛梅卿主编：《中国法制史教程》，中国政法大学出版社 1988 年版，第 326—327 页。

④ [美]马士：《中华帝国对外关系史》（第二卷），张汇文等译，上海书店出版社 2000 年版，第 143—144 页。

领事裁判权不仅给中国主权造成严重的侵害，而且极大地伤害了中国人民的感情及民族自尊。同时造成了司法管辖的困难，会审公廨的出现与此密切相关。

领事裁判权的确立，使中国丧失了司法主权，不仅享有领事裁判权的外国人免受中国的司法管辖，即使"无约国"人，甚至某些中国人也因此在中国司法管辖权之外。①具体而言，领事裁判权在中国的确立所引起的连锁反应却远非当时清朝统治者所能预料，如司法管辖方面，因租界的设立，外国人不断扩张其权力，如在居留地强化管理权、全面确立其统治等，出现了诸多难题：一是通商口岸的无领事裁判权国人要求领事裁判权，对这些人如何进行管辖？二是居住在租界内的中国人的地位问题，虽然他们仍处于当地中国官员管辖之下，但租界内的外国人是否会把自己的法律规章强加到他们身上以排除中国政府的管辖？三是租界内存在大量混合案件问题，即无领事裁判权人与有领事裁判权国人之间及外国人与中国人之间的案件，又如何处理？②会审公廨机构的出现似乎解决了这些难题，即可不必以西方法律治理华人，又可避免中国政府因为租界内居住华人而把管辖权扩展到租界。

可见，会审公廨的成立与领事裁判权的确立密不可分，中国法权没有丧失也就不可能出现这一特殊现象。按照国际法规定，一国人民在他国除了特殊的外交人员享受豁免权外，必须遵守所在国法律，受所在国的司法管辖。但"会审公廨"从字面上意思看，为中外会审，即外国官员有权观审、会审，这自是对一国主权的侵犯。根据中外签订的不平等条约确立的领事裁判权，享有领事裁判权的外国人在其为被告的案件中不受中国法律的管辖，由其本国领事按照本国法律审判。而对于双方交涉案件的处理，条约规定得比较简单，只规定由中外官员"会同审办"，③如何具体操作却无相关规定。

---

① 当然，一个事物发展的结果往往会成为另一事物的起因。中国近代史上许多事物的发展都无法绕开这一问题，如清末修律、近代司法改革等。

② 导致的难题不仅如此，还包括了没有经过法律训练的领事们审理案件的问题。根据条约规定，对本国人适用本国法律的外国权威由领事们担当，但这是一些没有经过法律训练的人，尽管后来英美建立特殊法院，但大多数的领事裁判权国家依然由领事们进行司法审判。参见 Johnstone：*The Shanghai Problem*，Stanford University Press，Stanford University，California，1937，p.129。

③ 《中英天津条约》第 16 条："英国民人有犯事者，皆由英国惩办；中国人欺凌扰害英民，皆由中国地方官自行惩办。两国交涉事件，彼此均须会同公平审断，以昭允当。"第 17 条："凡英国民人控告中国民人事件，应先赴领事官衙门投禀，领事官即当查明根由，先行劝息，使不成讼；中国民人有赴领事官告英国民人者，领事官亦应一体劝息。间有不能劝息者，即由中国地方官与领事官会同审办，公平讯断。"

虽然上文着重阐述领事裁判权是会审公廨成立的前提，但领事裁判权的存在并不代表会审公廨的必然出现。会审公廨在上海公共租界内的成立还有着更深层的原因，其存在自具特殊性，否则就无法解释会审公廨并非存在于各个租界。即使汉口、厦门后来成立了类似的会审机构，但仍以上海公共租界会审公廨最为完备，无论是时间跨度、机构完备、影响等方面，前者都无法与上海会审公廨相比，即使是“一墙之隔”的法租界会审公廨也是从公共租界的会审公廨发轫而来，与之相差较大（不仅仅是管辖范围）。笔者以为其外因是上海租界从华洋分居到华洋杂居格局的形成与发展，而内因则是外国人在中国尤其是在上海的利益驱使。

二、租界的开辟与华洋杂居格局的形成

上海镇建于南宋末年，元代至元十四年（1277 年）设立市舶司。自明代中叶起，松江地区成为全国最大的棉纺织中心，纺织业的兴盛也必然促进航运业的发展。清康熙年间，海禁废除，上海自设立江海关之后，“凡远近贸迁皆由吴淞口进泊黄浦。城东门外，舳舻相衔，帆樯比栉”。清嘉庆年间，上海已享有“江海之通津，东南之都会”的盛誉。但在乾嘉时期仍主要限于国内贸易，在上海港进出的外国商船还远不及广州、厦门，也略差于宁波。[①]不仅对外贸易很少，对外联系也大多限于文化的交流，即基督教的传播。[②]

而上海所处优越的地理环境决定其会成为一个优良的国际性港口。在中国对外开放仅广州一个贸易口岸时，上海作为商业性重要港口日渐引起英国商人的注意。[③]但至少到 19 世纪初有关上海的记载才大量出现在外来旅行者的记录中。[④]1793 年英国政府遣使马嘎尔尼爵士（Lord Macartney）来华，也只要求增辟宁波、天津、舟山等为通商口岸，未提到上海。真正引起外国人兴趣的是 1832 年东印度公司的“阿美士德勋爵”号船离开澳门开始

---

① 谯枢铭：《清乾嘉时期的上海港与英国人寻找新的通商口岸》，《史林》1986 年第 2 期。

② 据记载，1608 年上海有本地的基督徒 200 多人，仅 1621 年就有 72 人皈依基督教，次年受洗的有 86 人。参见梁元生：《上海道台研究——转变社会中之联系人物（1843—1890）》，陈同译，上海古籍出版社 2003 年版，第 35 页。

③ 1756 年，一个叫毕谷（Pigou）的东印度公司职员向公司报告说上海会是一个新的有价值的港口。不过未引起英国政府的注意。但据学者考证，毕谷此人真实与否以及报告者是否到过上海均存疑问。参见谯枢铭：《清乾嘉时期的上海港与英国人寻找新的通商口岸》，《史林》1986 年第 2 期。

④ William Crane Johnstone, *The Shanghai Problem*, Stanford University Press, Stanford University, California, 1937, p.11.

的一次所谓“商业旅行”。虽然一路上遭阻，未能进入厦门、福州、宁波，但在上海，东印度公司商业代表林赛（Hugh Hamilton Lindsay，中文名“胡夏米”）获得了与上海道台会面的机会。林赛此行“虽不能达到开埠之目的，而上海之情形，则已尽悉，而欲得之之心，亦弥切矣”，①尤其是对当时清廷的官员颟顸无能、军备废弛、外交软弱等有了感性的认识。他不仅对外国人将在上海获得巨大利益的美好前景作了推断，而且断言：“这种人（指当时接见他们的上海道台）就是遍布帝国的满清官员：屈从招致侮慢，反抗和挑战会引起礼貌和友善的表白。”②这些在战争前所进行的侦察、刺探、交涉等活动无疑对外国人发动武力战争，以及后来与中国的交涉都起了很大的作用及影响。1842 年鸦片战争以中国战败结束，其结果是被迫放弃闭关锁国政策，满足殖民者的需求，对外开放通商口岸。《中英南京条约》规定中国政府开放广州、福州、厦门、宁波、上海五处为通商口岸，英国有权派领事驻扎，专理商贾事宜，英国人可带所属家眷在五口自由居住。

英国人获得在通商口岸的居住权，但在口岸城市中如何确定具体居住地却未提及。1843 年《虎门条约》（原称《善后事宜清册附粘和约》，又称《五口通商附粘善后条款》，英文名 Supplementary Treaty of October 8th, 1843）第 6 款规定：“广州等五港口英商或常川居住，或不时来往，均不可妄到乡间任意游行，更不可远入内地贸易，中华地方官应与英国管事官各就地方民情地势，议定界址，不许逾越，以期永久彼此相安。”明确外国人只许在议定的界址内活动，禁止出界，更不可入内地。继而在第 7 款规定：“在万年和约内言明，允准英人携眷赴广州、福州、厦门、宁波、上海五港口居住，不相欺侮，不加拘制。但中华地方官必须与英国管事官各就地方民情，议定于何地方，用何房屋或基地，系准英人租赁；其租价必照五港口之现在所值高低为准，务求平允，华民不许勒索，英商不许强租。英国管事官每年以英人或建屋若干间，或租屋若干所，通报地方官，转报立案；惟房屋之增减，视乎商人之多寡，而商人之多寡视乎贸易之衰旺，难以预定额数。”③在清廷看来，这些限制性条款只准外国人“在五口租房租地，并由地方官指定地段，准其

---

① ［英］裘昔司：《上海通商史》，程灏译，商务印书馆 1928 年版，第 1—4 页，较详地介绍了林赛（Lindsay）此行的经过，尤其是在上海与当地官员的会面。不过要指出的是，梁元生认为对此事件的描述中英双方有两个不同版本。参见梁元生：《上海道台研究——转变社会中之联系人物，1843—1890》，陈同译，上海古籍出版社 2003 年版，第 35—37 页。

② 施宣圆主编：《上海 700 年》，上海人民出版社 2000 年版，第 17 页。

③ 王铁崖编：《中外旧约章汇编》（第一册），三联书店 1982 年版，第 35—36 页。

行走贸易，不许逾越尺寸，列入善后条约，以杜衅端”。但出乎意料的是，恰恰这些规定却成为外国人在中国攫取“租界”的滥觞。[①]而上海却是外国人“自主”选择居留地，其结果走得更远。

1843年11月17日上海正式开埠。但11月8日英国首任驻沪领事巴富尔(George Balfour)就已进入上海县城，遂开始了与上海道台宫慕久的交涉，商议领馆馆址及外人居住地。[②]巴富尔选定一块“荒芜之地”，并以1 700两租下这片土地。在划定“居留地的界限”和强行租地的同时，巴富尔与宫慕久也进行租地章程的谈判。谈判过程时辍时续，前后历时整整两年，最后由宫慕久将先后议定的各条款集中编排成一个系统的文本，即上海《土地章程》(Land Regulation)，并知照中外官民。[③]并公布了与巴富尔“依约商妥”的租地章程共二十三条。[④]1845年的《土地章程》确立

① 卢汉超:《开埠初期的上海》,《史林》1986年第1期。

② 《南京条约》签订后，清政府委派两江总督璧昌、江苏巡抚孙善宝督同江苏候补道咸龄、上海道宫慕久办理“夷务”事宜。但前两人以各种理由推诿，咸龄也未到上海，因此在开埠的最初几年，实际上办理夷务的则是宫慕久一人。参见唐振常主编:《上海史》，上海人民出版社1989年版，第137—138页。

③ 宫慕久以上海道台的名义发布告示:“兹体察民情，斟酌上海地方情形，划定洋泾浜(今延安东路)以北、李家庄(今北京东路)以南之地，准租与英国商人，以为建筑房舍及居住之用，所有协议订立之章程，兹公布如下，其各遵照毋违。”参见王铁崖编:《中外旧约章汇编》，第65页。而根据郑祖安的研究，上海宫慕久告示原文应为:“……兹就上海民情地势，前议杨泾浜以北、李家厂以南地基租给英商建房居住所宜遵行者，酌议数条开列于后。”这是伦敦英国国家档案馆现在所藏的与原始本严格校核过的抄本，而无论是徐公肃、丘瑾璋的译文还是王铁崖《中外旧约章汇编》译文，均是译自英文，一转再转，一些地方意思已与原件相歧。参见郑祖安:《百年上海城》，学林出版社1999年版，第204—215页。

④ 对于上述外国人选地及道台同意租地行为，笔者认为在离开上海县城之外租地这点上，双方的出发点不同，想法各异，但却“殊途同归”。理由是当时的条约规定可以租赁基地或房屋供外人居住，但似乎对划定一大片土地专供外人居住也无明确禁止。而且中国历来对外人的管理方法是“华夷分治”，中国官员并不喜欢华夷杂处，在巴富尔进上海县城要求住处遭道台反对就可明白，巴富尔提出想买下这片泥滩时就对宫慕久说:“华洋分居，此乃上策，要不，日后一旦生出事端，处理起来恐怕就麻烦了。”无疑宫慕久也会有同感。更重要的是当时从中央到地方的各级官员对所谓“夷务”根本不懂，甚至持排斥心理，更遑论近代以来国际交往的原则等。而负责通商事务的官员也大多不熟悉洋务，在鸦片战争后还患上“恐夷症”，把事务推给当地政府官员去交涉。地方官员在与省政府首脑之间的信息传递中存在的隔阂要比中央与省政府之间所存在的隔阂还要来得大，这种隔阂使得地方官员在与外国人打交道时有了更多自行决断的自由。而省政府官员只要地方官员处理好事务，保持政策的完整，不致在北京那里引起麻烦，那么省衙门将不会在意属下采取什么样的方法来达到这些目的。(参见梁元生:《上海道台研究——转变社会中之联系人物，1843—1890》，陈同译，上海古籍出版社2003年版，第37页。)这就使得地方官员在处理“夷务”时带有更多的随意性、个人性，这表现在上海地方官员身上尤为明显。当然后来这块土地发展成完全排斥中国法律管辖的自治区域恐非宫慕久当初所设想的，(转下页)

“华洋分居”[①]格局，章程第十五款规定：“界内居民不得彼此租赁，亦不得建造房屋，赁给华商。”第十六款规定：“洋泾浜北首界址内，租主得公同建造市场，使华民将日常用品运来售卖。……洋商不得私自建造，亦不得建造房屋，租给华民或供华民使用。”[②]租界内最初仅有为外侨服务和开设店铺以供外侨所需的华人。此时的上海由彼此独立的两个社区组合而成，一是人口众多、富庶的上海县城，另一是人烟寥落、远未发展起来的租界。但历史的发展却非人为预先设定的，尽管任何事物的发展有其必然性。1853 年小刀会起义，华民大量涌入租界，上海地方政权一时呈瘫痪状态，为外国人控制居留地提供了契机。同时租界也因此获得前所未有的变化发展。

如上所述，在 1853 年之前，租界内虽已生活着少量的华人，包括在界内拥有土地、房屋的原住民及为外国人服务的人员，但租界与华界之间的人口流动甚小，若不是后来发生的战乱，以及地方政府在一定程度上治理失控，租界内的华人也就不可能在短期内骤增。因此小刀会的起义以及太平军的几次战事给上海造成了十分重要的影响。[③]当然，最直接的后果即是大量的难民涌入租界，致使租界的华人骤增，由此引发了一系列的变化。

大量华人进入租界，导致最显著的变化是打破了以往华洋分居的局面。上海及周边县城被起义者占领后，大批难民像潮水般涌入租界以逃避战祸，

(接上页)这亦是事实。而签订《土地章程》，究竟是谁先提出？谁的主张更多些？是英国领事还是上海道台？梁元生认为土地章程虽是巴富尔与宫慕久共同签署的，但后者的主张多于前者，同意历史学家威廉·约翰斯顿所说的“这位道台与他们的草案《上海土地章程》有着更大的关系”。参见梁元生：《上海道台研究——转变社会中之联系人物，1843—1890》，第 44 页。而国内对此问题大多以外人的阴险狡诈与清廷官吏的腐败无能带过。但已有学者指出，土地章程的签订并不能只看作是英国领事胁迫上海道台宫慕久的结果，也非仅仅是宫慕久的昏庸而屈从侵略者讹诈的结果。并根据郑祖安先生的研究可知，《土地章程》是以中文为原本。应该说在最初英国居留地出台时，还是以中国方面为主的，由中国官方来宣布划定的界址和确定租地、管理等办法。参见郑祖安：《百年上海城》，学林出版社 1999 年版，第 204—207 页。

① “华洋分局”本无条约依据，1842 年 8 月签订的《中英南京条约》允准“英国人民带同所属家眷寄居大清沿海之广州、福州、厦门、宁波、上海等五处港口，贸易通商无碍”，至于选址居住则由当地官员与各国领事商议。但这恐怕是当时中外均予认可的方式。

② 王铁崖编：《中外旧约章汇编》(第一册)，三联书店 1982 年版，第 68 页。

③ 认为有以下几个方面的影响：(1)上海租界生活由华洋分居一变而为华洋杂处以及由此引发的一系列深刻变化；(2)上海城市发展的趋向和重心由城厢北移至租界；(3)上海客籍移民的构成发生剧烈的变化，江浙商民逐渐取代了开埠初期闽广商民在上海移民中的传统地位和经济势力；(4)城市空间大幅拓展，在城厢和租界的边缘地带出现众多的新市镇等。参见熊月之主编：《上海通史》(第 5 卷·晚清社会)，上海人民出版社 1999 年版，第 59 页。

租界因此由原来的500人骤增至2万人以上。[①]清朝官兵的多次纵火和洗劫,对上海县城更是雪上加霜。“不到一个星期前,东城城关还是个商业繁荣的地方,现在是一片荒凉;居民都逃走了,三百万元的财富被可耻地毁灭了。”[②]县城人口锐减,从原来的二十余万人骤降至四万多人。小刀会起义持续了17个月,大量华人涌入了租界,虽在起义失败后,因战乱而避居租界的官绅士庶又离开租界,返回县城,但仍有部分人留居租界,且华人此后亦可自由出入租界。而之后的太平军江浙战事及三次进攻上海所引发的人口迁徙与流动,比上次规模更大,持续时间更长,影响也就更深远。几乎太平军的每次军事行动,都会引发一股难民流。据《北华捷报》载:“最初流入租界的大批难民,主要是从西南方面各村庄而来,但以后自上海各方面传来捷报,老百姓从各个方向到达河的这一边,以至租界附近和界内的道路与空地上都挤满了一批批男妇老幼,他们还牵着水牛和黄牛。”[③]上海周围凡是能够逃难的人都纷纷涌入租界,致使租界成了巨大的避难所。

正因两次战乱,尤其是太平军的江浙战事不断,三次进攻上海,造成从四面八方的难民涌入租界,他们因生存之需冲破所谓“夷夏之防”,逃入被认为“国内政令所不及”的租界,其造成的结果不仅摧垮了中外悬隔之局,而且客观上带动了近代上海的迅速崛起,其影响不可谓不巨。因为这两次战乱及其所致的“华洋杂居”局面给租界带来了两次根本的转折,一是外国居留地获得了一种新的、旺盛的生命力,这种生命力打破了居留地沉闷、缓慢的发展进程,给其带来了非同寻常的广阔前途。另一是为居留地的外国人提供了建立独立的自治政权的时机。[④]王韬有言:“昔日桑田,今为廛市,皆从乱后所成者。”

最初采取华洋分居制度,皆为中外双方赞同。对于外方来说,恐怕是如此相对来说更为自由,避免与中国人的冲突,或是避免在中国人异样的眼光中生活。[⑤]尤其在领事们看来,“一则洋人如分居各处,则领事管理非常困

---

① [法]梅朋、傅立德:《上海法租界史》,倪静兰译,上海译文出版社1983年版,第134页。“洋泾浜北边的中国居民,在县城被占领以前,只有五百人左右,而这时,据第一届董事会的道路委员会提出的正式报告,已经剧增到两万以上。”

② 12月17日《北华捷报》,转引自[法]梅朋、傅立德:《上海法租界史》,倪静兰译,上海译文出版社1983年版,第92页。

③ 上海社会科学院历史研究所编译:《太平军在上海——〈北华捷报〉选译》,上海人民出版社1983年版,第359页。

④ 郑祖安:《百年上海城》,学林出版社1999年版,第169—170页。

⑤ 虽然外侨进入上海并没有如广州因入城问题,导致中外双方发生极大的冲突。进入上海后也没有受到像广州人那样对外侨的排斥,相对广州人的“好勇”,上海人要“温文尔雅”些,但与“夷人”交往仍不为当时主流社会所接受,而且当时上海百姓因好奇常像观看马戏一样对外人生活进行窥探、议论等,也使外人宁愿选择华洋分居。

难。二则有领事裁判权一事,已对于保护外人有所掣肘,今者再令其各处分住,保护必尤难见功效”。[①]而对于中方来说,目的自然也是便于管理,这是传统管理方式以及传统文化使然。中国自古以来讲究“夷夏之防”,素来认为“非我族类,其心必异”,只是因条约之故,不得不容纳外人居住,因此鉴于“中外民情扞格,风俗习惯等种种不同,并不愿华洋杂居”,甚至一如上海道台宫慕久所做的,赞成外国人划界而居。

正因如此,起初华洋官员均不愿破坏此制。若没有以后的小刀会起义,尤其是太平军的战事及几次进攻上海,造成成千上万的难民避居上海,华洋分居的格局恐怕还会至少延续一段很长的时间(如广州沙面租界一直奉行“华洋分居”之制)。当然,这种中外悬隔局面对于上海城市的发展特别是租界社区的演进及中西社会文化的融合与沟通非常不利。[②]不过历史的演进却使各方当事者猝不及防。

当大量难民因战乱涌入租界后,外国驻沪官员几乎首先想到的是驱除界内华人,以保持租界内的“宁静安乐”。而上海地方官员更不愿华洋杂居带来困扰。继英国领事1854年设法毁坏华人房屋并驱逐出租界后,中国官员也在1855年“正式驱逐租界华人,并毁其屋,于是华人流离无归者数千人”。[③]但难以改变华洋杂居之势,尤为重要的是,华民大量涌入租界给租界内带来的商机使华洋杂处成为定局。对于中外官员来说,唯有面对及商量解决之道。

1854年英、美、法三国领事公布《上海英法美租界租地章程》,取消“华洋分居”的规定,并在章程所附的《租地契式》中规定:“若华人欲在界内租地赁房,须由领事官与中国官宪酌给盖印契据,始可推行。”不久,即以华洋杂处后所谓卫生和风纪问题致函上海道台要求其设法维持。当时的上海道台蓝蔚雯回复道:“昔年以条约及章程(指1845年土地章程)之故,租界内不得华洋杂处,故无纷扰之弊。今者五方杂处,毫无甄别,游民盗贼之麇聚,亦固其所。若长此不更,租界内地,将两受其弊,并惟有设法防范而已。”[④]1855年2月24日,颁布了《上海华民住居租界内条例》,对华人进居租界做了若

---

① 徐公肃、丘瑾璋:《上海公共租界制度》,载蒯世勋编:《上海公共租界史稿》,第17页。

② 参见熊月之主编:《上海通史》(第5卷·晚清社会),第68—69页。认为华洋分居一则严重影响中外贸易秩序的正常发展,二则使租界人口增长缓慢。租界内的外侨人数,1844年50人,1845年90人,1946年120人,1847年134人,1848年159人,1849年175人,1850年210人,1851年265人。此外,为外侨服务或开店以供外侨所需的华人约为500人。人口的稀少导致社区功能的极度单调,除了吃、住和做生意外,几无其他功能可言。

③ 转引自唐振常主编:《上海史》,上海人民出版社1989年版,第180页。

④ 转引自唐振常主编:《上海史》,上海人民出版社1989年版,第179页。

干限制性规定，但已允许华人进驻租界设店从事各种经营活动，并依照新例纳税。①原先的华洋分居格局已因形势的发展而被打破了。

华洋杂居给租界带来了发展的契机，但华洋杂居最直接的后果（或者说即时后果）则是治安与社会秩序的混乱，以及对管理的迫切需要，无论是对于外国人还是进入租界的华人来说。大量华人入居租界，无形中使租界的治安复杂化，各种案件迭起，不仅华人之间纠纷不断，中外之间纠纷亦日增，这随时可能会导致华洋冲突。那么如何处理租界内的华人犯罪问题？谁有权管辖由此引起的司法纠纷？华洋之间的纠纷又由谁管辖？这是当时上海地方官与租界当局都必须面对并加以解决的问题。战乱使清政府在上海的地方统治政权一时陷入瘫痪，而管理权的缺席却在无形中使外国人处于更为主动的地位，促使外国人迅速地在居留地建立全面的统治，其管辖权自然扩及了租界内大量的华人。

因此，上海的小刀会起义及太平军的几次战事虽然引发了华人的涌入租界，导致华洋杂居局面的迅速形成，但这是外因，是促使租界发展的契机，而外国人自开埠以来对租界的日渐控制及其利益的追求，使租界愈益脱离中国政府的管辖，而这是会审公廨之所以在租界设立的更重要的因素。

三、外国人在租界的利益追求

正如上文分析，战事的爆发、华洋杂居局面的形成，促使对租界管理、秩序的维护成为重要事务。而外国人在租界的实际利益追求更成为推动力。

（一）土地章程的修订

上海开埠两年后，中国官府与英国领事巴富尔签订了协议，即1845年的《土地章程》，虽然章程规定内容的核心是土地问题，但涉及较多的是有关居留地的规章内容。因此有学者认为将之称为《居留地章程》更确切些。②虽然其初始目的并非要创建一个市政机构，而是为了避免和中国官府的一切纠纷，以及明文规定英国领事当局对于自己租借地所具有的权益。③但随

---

① 对于中国政府向租界内华人征收捐税一事，上海道台与驻沪领事团协定由工部局代收后转交道台。1863年6月，工部局向界内华人征收房捐20%，一半归道台，一半归工部局。之后，中国政府在租界内不再征收任何捐税。参见岑德彰编译：《上海租界略史》，出版地不详，1931年版，第85页。

② 郑祖安：《百年上海城》，学林出版社1999年版，第190页。

③ ［法］梅朋、傅立德：《上海法租界史》，倪静兰译，上海译文出版社1983年版，第178页。一如巴富尔所说："这个章程，完全照顾到外侨在公共卫生、警卫、安全、秩序等方面所应做的安排。订定这个章程，是指望英国商人能一起来执行其中的条款，以便取得各项合理的权益。"参见汤志钧主编：《近代上海大事记》，上海辞书出版社1989年版，第25页。

着时局变化，涉及租界内管理、治安等“一系列问题接踵而来，致使以前的章程失去了作用。……而且，没有比现在这个时刻更需要采取有效的措施来保护租界，使它的安全、秩序或兴旺免于不可挽救的破坏”。①因此，视为“根本大法”的 1845 年《土地章程》在外国人看来，已不敷应用，只能设法进行修改。②

1854 年英、美、法三国领事单方面对 1845 年的《土地章程》作重大修改。1854 年 7 月 5 日，三国领事联合公布了由三国公使签署的《上海英美法租界土地章程》，这部章程几乎全出自阿礼国之手，提出了组建工部局的初步设想。③7 月 11 日，举行了外国租地人会议，选举成立了由董事组成的居留地行政委员会，即“工部局”④。修改后的章程共 14 款。后因法国退出，1866 年 3 月在各国领事参与下，租地人会议通过了修订后的《土地章程》，又经各国驻京公使团删改，称《上海洋泾浜北首租界章程》，1869 年批准实施。1899 年再次对章程进行修订，扩大租界范围，使租界的治权“其条文由简到繁，其规定由疏而密，其权力亦由小而大”。⑤上海租界日益成为独立于中国主权之外的政治实体。

《土地章程》被认为是上海租界的“大宪法”、“根本法”，与不平等条约一起成为“中国各地及上海外人租界之基础”，其造成的后果是中国主权的严重被侵犯，中国主权被排斥于这些租界之外。这是中国政府尤其是作为直接参与者上海道台当初所没有想到的，甚至是与当初的设计背道而驰。但

① [法]梅朋、傅立德：《上海法租界史》，倪静兰译，上海译文出版社 1983 年版，第 183 页。

② 根据 1845 年章程规定：“嗣后关于本章程如有增改，或解释，或改变形式之必要，均由双方官员随时商议，众人如有议决事项，须呈报领事，转与道台商妥决定后，始得发生效力。”虽然规定如此，但之后修订的章程却非双方商议的结果，基本上是外方议定后再交由中方签字同意。

③ 阿礼国是英国继巴富尔之后的第二任驻沪领事，其办事能力颇得英国外交部赏识，主张对华策略采取强硬态度。应该说，在一个没有现成制度可采纳的情况下，个人的能力、性格、处世风格等无疑对时局的影响要比其他时期来得大，如上海开埠之后的一段时期内，早期道台对“洋务”的陌生以及道台在中央政府指令不明确及制度缺席情况下的“自主”处理事物，致使在中外交涉中显示出无知与退让。

④ 英文原是“Executive Committee”（行政委员会），1866 年修改土地章程时改为“Municipal Council”（简称 S.M.C.，市政委员会）的中文译法，并被习惯沿用。一般认为，此译文源于我国传统中央“六部”之“工部”（掌管工程、工匠、屯田、水利、交通），根据 1854 年章程规定，此机构主管开渠、修路、建桥等，与“工部”职能相似，而外国人对译文的认可，也许是以此“一个具有单纯意义的字眼，来掩盖其在租界实行全面统治的实质”。参见郑祖安：《百年上海城》，学林出版社 1999 年版，第 114 页。

⑤ 徐公肃、丘瑾璋：《上海公共租界制度》，载《上海公共租界史稿》（上海文史资料丛刊），上海人民出版社 1980 年版，第 43 页。

随着后几次的章程修改及租界的扩张，外人已在租界内全面建立了统治机制。本来单纯是外人的居留地，却成为企图摆脱中国政府控制的由外人治理的自治区域，居留地性质发生了极大的变化，而外人在租界内的利益更促使其尽量扩张权力范围。

(二) 租界的性质与外人在租界的利益

如上所述，自1845年开始，英、美、法三国与中国当局签订土地章程，分别在上海建立了各自的居留地。初来中国的外侨人数很少，短期内也不可能达到迅速发展经济的众多人数。①但自1853年始，形势急转直下，大量华民为逃避战火，涌入外国人居留地，在当时的华民看来，这是一块暂时安全之所。虽然后来战火的停止，使不少华民又往家园回迁，但这已开始启动了华人进入租界的活动。外国人也已日渐意识到华人进入租界对经济的意义所在。②虽然外国人对华民进入租界有歧义，认为“华洋杂居是引起永久危险的根源”，加大管理的难度，如警备及卫生工作，使外侨在租界内的健康与财产安全难以保障。但这只是驻沪领事团的看法，对于“唯利是图”居住在租界内的外侨们来说，对此有着不同的认识。③华民大量进入租界，无疑是促进租界发展的动力，毕竟外侨的人数稀少，不可能支撑租界各方面的建设。外国人在中国享有诸多特权，其在租界内占据统治地位，是位于权力金字塔的尖端。租界的地位及性质也已发生根本变化。

无论是条约还是土地章程，均承认居留地只是一个外人居所并由外国领事主事的地区，其主权仍归中国政府。对于这点，外国政府与驻沪领事之间意见却并非一致。英国政府从租界的成立以来，就认为租界为外人居住之地，但并不因此排除在中国政府管辖范围之外。1862年上海道台曾要求

---

① 开埠初期上海外侨人口：1844年50人；1845年90人；1846年120人；1847年134人；1848年159人；1849年175人；1850年210人；1851年265人。据H. Lang, Shanghai Considered Socially(1875)统计，转引自郑祖安：《百年上海城》，学林出版社1999年版，第241页。可见，不仅人数甚少，而且增长十分缓慢。显而易见，这自然无利于地区的发展。

② 太平天国运动被镇压后，成千上万的中国人从租界又回到各自家乡，导致租界财源锐减，商务衰退，那些曾经发了大财的地皮所有人也发觉其收入减少了。参见[美]马士：《中华帝国对外关系史》(第二卷)，上海书店出版社2000年版，第146—147页。

③ 这些人来中国的本来目的就是发财。常为后人引用的著名的一段话，即是一个地产富豪对阿礼国所说的，这里仅引用几句：“你作为女王陛下的领事官，负有谋求国家永久利益的责任——这是你的本分。但我的本分却是不失时机地发财致富，把地皮租给华人，或者为他们建造房屋，赚到30%—40%的利润，如果这是我运用我的资金的最好办法。我希望顶多在二三年内发笔财，然后离开。那么，以后即使整个上海毁灭在火里或者水里，这对我有什么要紧？”参见上海社会科学院历史所编：《上海小刀会起义史料汇编》，第586页。

驻沪英国领事麦特赫司(Mardhust)帮同查明英租界内华民人数，以及租界洋商所雇佣的人数，英国领事回答是中国地方官非经英国同意，不能对租界内之华人进行管辖。驻华英使白鲁斯爵士(Sir. W. A. Bruce)对此表示反对。①英使的意见为英国政府所同意，1863 年 4 月英国卢森伯爵(Earl Russell)复牒奖励此事，说："英租界为中国领土，毫无疑义，决不能因华人居住英国租界，即准其免除纳税之义务。"之后，英公使白鲁斯更于 1864 年 5 月 16 日，得各国驻京公使之承认，发布下列通饬："关于中国各口岸租界内英官所要求租界之管辖权，本公使切望其能自见其见解之谬误。夫中国租地于英国政府，并未将统治权一并让与，故其他仍归中国统治。英官在英界内，执行管辖英国人民暨财产之权。不能过于无英界之通商口岸。盖英官所得之特权，乃得诸《中英条约》，与租借土地毫无关系也。"②

美国政府也给予与英国政府相同的表态。1868 年上海外侨提议改组租界之时，美国公使伯灵罕(Mr. Arson Burlingham)动议提出下列原则，得到列国的承认：一、租界设施一切之职权，均由各国公使直接受中国政府之委托。二、上项职权，专以市政马路巡捕工部捐为范围，不得逾越。三、如确非外商雇佣之华人，仍照中国城内居民，完全由华官管辖。四、各国领事仍照旧管辖其本国之人民，工部局亦只能对于骚扰公安之犯人，施以拘捕。但宜按照案情，分别解交中外各主管官署惩办。五、工部局内应设华员一人，凡涉及中国住户之措施，应知照该员，并须得其同意。③虽然认为租界内事务是受中国政府委托由公使们行使，颇有强盗逻辑，但至少仍承认中国官厅对租界内华人的管辖权。

可见，至少在 19 世纪 60 年代外国政府及公使们仍然认为租界内的华民(不包括外商雇佣的华人)由中国官员管辖。虽然这一外国人居留地的性质已逐渐发生变化，但可确定的是，在上海租界最初的七八年，只是中国租赁给外国人的居留地，地皮的主权仍属于中国，行政权、司法权仍属于中国，并不是什么"国中之国"。④

---

① 同年 11 月 5 日驻华英使白鲁斯爵士(Sir. W. A. Bruce)对此训令："于上海道拟向租界内华人抽收税捐一事：查《中英条约》并不能证明本使对于此事得有干涉之权。故上海道自得向住居英界华人任便抽收捐税，以接济其政府之饷源。该领事拒绝中国征税，如因此而致中国军队发生解散哗变之事，则该领事实难逃责。"参见梁敬錞：《在华领事裁判权论》，商务印书馆 1930 年版，第 98—99 页。

② 梁敬錞：《在华领事裁判权论》，商务印书馆 1930 年版，第 100 页。

③ 梁敬錞：《在华领事裁判权论》，商务印书馆 1930 年版，第 99—100 页。

④ 熊月之：《上海通史》(第 1 卷・导论)，上海人民出版社 1999 年版，第 40—41 页。

虽然英美政府及其驻华公使们持租界仍为中国主权所及区域的观点，但问题在于当时领事们或是商人出身，或是临时委派，其目的往往是为了本国商贸利益或维护本国人在中国的经济权益，这与外交人员维护本国人权益还是有差异的。他们并不严格遵守其政府的指示。而且当时来中国的各色人等，各有其特殊的背景，甚至包括一些在本国内呆不下去的人。在这种复杂的情况下，上述公使们的态度与命令也就并不必然使居住在租界的外人对此予以认可。更为重要的是，租界内的日益发展繁荣与租界内的外国人利益相辅相成，这些租界内的外国人为了维护其在租界内的各种利益，凭借着一系列不平等条约所赋予他们的特权，一直极力排斥中国政府对租界的管辖，包括对租界内的华人管辖权。

首先，大量华人以及各色人等涌入租界。据记载，1860 年租界内的中国人达到 30 万人，两年后则达 50 万人。除华人外，各国各色人等也纷至沓来，自 19 世纪 60 年代起，“一切外国轮船，不论其最后的目的地是哪儿，它都要先开到上海”。即使是一些身份不明、历史不清的人也越洋来到上海这块“冒险家的乐园”寻机发财。①复杂人群的进入租界，一方面必须加强管理的执行力，而另一方面，庞大的人口进入租界，也必然刺激租界内的经济发展。同治时期《上海县志》如此记载租界的变化：“江浙孑遗无不趋上海。洋泾浜上，新筑室纵横十余里，地值至亩千金，居民不下百万，商贾辐辏，厘税日旺。”②随着租界内人力物力的增长，社会的稳定以及市政的大力建设等，租界日渐向世人展现出繁荣的面貌，一如时人的记载：“此邦自互市以来，繁荣景象日盛一日，停车者踵相接，入市者目几眩。……来游之人则十有八省，外洋则有二十有四国。”③因此，人口的涌入租界既提供了经济巨大发展的契机，同时又对管理提出挑战，在这种状况下，外国人首先要做的就是维护和拓展这一既得利益，而不容中国政府的染指。

其次，在租界实际统治者驻沪领事以及行政当局工部局的控制下，租界日渐向独立的行政区域发展。如在影响经济的税收问题上，工部局尽力排斥中国政府对租界内华人征收，甚至视为生死攸关之事。费唐法官在对租界的考察后认为：“公共租界工部局，倘欲切实管辖界内居民，并向其征收捐税，则于中国官厅对于租界内华民之权，不得不坚持限制，工部局似早已承认，此为生死存在问题，不独关于界内华民之福利，以及租界之兴盛，且与租

① 施宣圆主编：《上海 700 年》，上海人民出版社 2000 年版，第 279—280 页。

② 转引自郑祖安：《百年上海城》，学林出版社 1999 年版，第 172 页。

③ 葛元煦：《沪游杂记》自序，上海古籍出版社 1989 年版。

界治制之全部，亦有存亡之关系。”[①]随着外国人在华权力日盛，企图将租界的司法权，尤其是华人的管辖权独立于中国司法主权之外，似乎只是一个时间问题。

最后，上海地方政府的管辖不力，成为外国人控制租界内华人管辖权的借口。1853 年小刀会起义后，大量华人涌入租界，英美法等租界当局乘机夺取了对租界内华人的管辖权。1856 年清政府恢复对上海统治后，驻沪领事作出新规定，即在租界内被捕，在英美的领事法庭或法国的违警罪裁判所预审时查有确切犯罪证据的华人，均须送交上海地方官府审判。但外国人认为中国官厅惩治不力，影响租界内秩序及外国人的利益，愈益不满，其表现在：

其一，不满由驻在城内的知县行使租界内华民之司法权。对于移送到上海官厅的案件，中国官员没有力量来翻译租界警方附送的案卷，仅知案由，不明详情，审判时往往听信案犯自己的供词，或逼迫他们招供，导致无辜的人被拘押、刑讯，真正的罪犯反而能蒙混过关，很快释放后，随即重返租界，窃盗如故。加之官员又无法辨别哪些是应由中国官府进行司法管辖的“无约国”外国人及无国籍外国人，更无管辖他们的办法，只能坐视其中的犯罪分子为所欲为。[②]

其二，不满对于在公共租界内逮捕的罪犯惩办的一切权力，操控于界外官厅之手。工部局捕房的工作，常因搜集证据的困难，无期的延搁，以及勒索的骚扰等，令人失望。

根据 1864 年的工部局年报，其曾对当时情形予以描述：

> “界内之实繁有徒，以及彼辈之与同等败类外侨为伍，时常犯有重大之凶暴行动一层，倘加以否认，宁非至愚。现时所有防制华民罪犯之制度，其性质及运用，均不能令人满意。英美两国领事每日审讯华人案件，倘在经过必需之简单检查以后，而认为似有犯罪情事，则将该华人解送城内，多数案件之证人，均为欧洲各国侨民，此辈证人，仅在领事署陈述证据。犯人一经送交中国官厅，漏逃法网与否，悉在不可知之数，漏网之机会，每与所能献纳贿赂之数目为比例。犯人之有确凿犯罪证据，经解送中国官厅惩办，竟被释放，重行犯罪，而由本局发觉者，不一而足。”[③]

在这报告中，认为租界内所有防范华人犯罪的制度皆不能令人满意，而且审

① 《费唐法官研究上海公共租界情形报告书》卷一，1931 年版，第 190 页。
② 费成康：《中国租界史》，上海社会科学院出版社 1991 年版，第 134 页。
③ 《费唐法官研究上海公共租界情形报告书》卷一，1931 年版，第 191—192 页。

讯完华人案件后将华人交到中国官厅后，漏逃法网不可数，释放后重行犯罪也不在少数。如此，力求对租界内犯罪华人进行审理并予惩戒，也就成为租界管理者热衷追求之事。

正是租界所处的地位以及外国人在租界内的利益，加之中国官厅对租界内华人的管辖不力(在动乱时甚至放弃管辖)，外国人提出“欲维持公共租界之治安，应予规定，华人罪犯以及由任何领事法庭审问之非有约国人民罪犯，均应在公共租界内讯解”。[①]租界内的华人管辖权问题，尤其是华洋之间案件的管辖问题，遂提上中外双方交涉的日程表。

因此，会审公廨之所以在上海公共租界内首次建立，其原因在于以下三个方面：一是领事裁判权在中国的确立，中国法权的地域性丧失，这是会审公廨之可能成立的前提条件。二是上海租界的设立、华洋杂居格局的形成及发展是会审公廨成立的外因。三是外国人在租界内的利益追求，驱使租界日益背离中国政府的管辖，这正是会审公廨成立的内因。而且会审公廨自成立后的逐渐发展及日益超越章程权限亦与此密切相关。

第二节　洋泾浜理事衙门的初设与运作

如前节所述，从华洋分居到华洋杂居，中外双方面临最大的问题是租界内的华人管辖权问题，如何解决这一问题日益被提上日程。本节着重从租界内华人管辖权问题入手，详细分析双方就此提出的解决方案，以及洋泾浜理事衙门的初设与运作。

一、租界内华人管辖权问题及其解决方案

1843 年 11 月上海开埠，1845 年上海道台宫慕久与英国驻沪领事巴富尔“依约商妥”签订了《土地章程》，“将洋泾浜以北，李家庄以南之地，准租与英国商人，为建筑房舍及居住之用”。外人因此在上海确立了一个独立的居住区。但此时的租界内不仅华人不多，洋人也甚少。[②]华洋之间的纠纷自然

---

① 《费唐法官研究上海公共租界情形报告书》卷一，1931 年版，第 192 页。

② 1844 年租界外国人口是 50 人，1845 年 90 人，1849 年 175 人(当然此统计不包括流动人口即海员)。在小刀会占领上海前，外国人口增至 300 人，中国人口将近 500 人，直到 1854 年土地章程签订时，租界人口才超过 20 000 人。参见 F.L.Hawks Pott，*A Short History of Shanghai*，Shanghai Kelly & Walsh，Limited 1928，pp.21，37。

少，而租界内大多是“守份之农民，自不至予领团以重大之困难，即或有紧要案件，华人直接入城，向上海县署控告，以求昭雪，而领团毫不知情，亦在意中”。①华人之间的纠纷是向上海县署控告的。根据1845年《土地章程》第12款规定：“倘有赌徒、醉汉、宵小滋扰，伤及商人，即由领事行文道台，依法裁判，以资儆诫。”中国司法权应是及于界内中国人的。②但以后形势的巨大变化，使租界“由先前的外侨居留地，变成了自有管理机构、自有武装、中外混处而中国政府权力难以鞭及的特殊地方”。③而这一切要源于华洋分居变为华洋杂居的格局。

1853年小刀会起义与太平军1861年、1862年的两次进攻上海及周边城市，迫使大量逃难华民涌入租界居住，租界内华人骤增，人数达数十万之众，④改变了原来华洋分居的局面。虽然华洋杂居后给租界带来的影响是多方面的，但最直接的莫过于治安问题，租界原来的那种“宁静”的氛围已为“盗贼横行”所取代，《北华捷报》曾描述其时情形：“持续多月，即使在租界之内闲游，人们亦认为不携带武器是不安全的。不论中国人与外国人，同样被迫采取措施，防范他们的住所为盗贼击袭。我们很容易想起许多英国租界内广匪抢取洋行财产被捕的实例，在会审公廨的记录中，也有无数的大胆抢劫中国钱庄商店与私人住宅的案件。真是财产没有保障，生命缺乏安全。”⑤虽然这也许是夸张了些，但更可能绝非是虚构的现实。

利益决定行为，居住在租界内以追求利益为目的的外国商人相比驻沪领事，更希望接受眼前的局面以利益扩大化，即把房子租给进入租界的华人获取丰厚利润，对于住居租界的外国人而言，目前更重要的也就是在华洋杂居情况下如何维持秩序以保障既得利益。与此相反的是，上海地方官员专注于对付纷起的战事，甚至因战乱造成政权职能的暂时瘫痪，而无暇顾及租

---

① 夏晋麟：《上海租界问题》，中国太平洋国际学会1932年版，第37—38页。

② 徐公肃、丘瑾璋：《上海公共租界制度》，《上海公共租界史稿》(上海史资料丛刊)，上海人民出版社1980年版，第158页。其实从这一条文也可看出，租界已非中国政府所能控制，即使租界内绝大多数人口是华人，只要涉及租界内的事很难不经过领事们的同意，尤其是租界日益成为“国中之国”。

③ 参见熊月之：《上海通史》(第1卷·导论)，上海人民出版社1999年版，第41—42页。他认为具体原因包括：华洋杂居的格局形成、工部局的建立、万国商团的设立、巡捕的设置等。

④ 太平天国进攻上海后，租界内中国人口已有30万人，1862年租界内中国人口已增至50万人。战乱过后不少人又从租界撤出回家，人口数量也锐减，但仍有数万之众。F.L.Hawks Pott, *A Short History of Shanghai*, Shanghai Kelly & Walsh, Limited 1928, pp.51, 56.

⑤ 吕实强：《丁日昌与自强运动》，台湾近代史研究所1972，第24页，转引自《上海通史》(第5卷·晚清社会)，第71—72页。

界内管辖华人之事。英美领事们对于华人违警事件和较轻的民、刑诉讼,开始擅自负起执行法律的责任,凡是中国人被控以事涉英、美国人的犯罪案件,都由各该关系国领事自行处理。在1855年,至少有500件案件交由英国领事审理,其中4件是杀人,103件是重罪,13件是绑架案。犯罪严重的送交上海县署,余下的则加入用铁链锁在一起的囚犯队伍服刑(chaingang)。[①]

虽然在镇压小刀会起义后,清政府恢复对上海统治,驻沪领事规定租界内被捕并查有确切犯罪证据的华人,均交上海地方官府审判,但上海地方官员对租界内华人管辖权已受限制。1862年7月英国领事麦华佗公然对上海道台说:"凡地方官对于界内华人行使管辖之权,必须得有英国领事官之同意。"[②]自1856年起至1863年止,七年中犯案之华人由工部局巡警捕获,每天常有20件之多。其程序都是先解往领事公堂预审,有确实证据,再解往城内中国官厅进行审理、复审的案件,犯案证据若由界内外国人供给的,则把供证的详细情形,以书面形式写出来,送往内地官厅,以供参考。

即便如此,外国人仍觉不满。英国副使阿拉白斯特(C. Alabaster)在其报告中说:"此种制度(盖指公廨成立以前将租界犯人送往内地审讯办法)实难令人满意,盖中国城内承审员(盖指上海县)对于多数案件仅知案由,除犯人自己直供或强迫使之供认外,实无其他方法,据以定罪多数罪犯被拘数目固觉不适,然结果仍得逍遥法外,而拘押待审无辜被累者反时有其人"。[③]

1845年至1863年期间,外国人从对租界内华人无管辖权到攫取管辖权,再到限制中国地方官员的管辖权,体现了租界的日益发展以及外国人对租界发展的设想与控制。根据条约,外国人对华人的管辖权本限于以外国人为被告的华洋诉讼,但为了维护租界秩序,最终维护其在华利益,领事们开始设想建立一个机构管辖租界内的中国居民。而初涉外事的上海地方官员,其对国际事务的不懂甚至颟顸无能更是主动把管辖权让给外国人,一旦让出,再想收回则非易事。

正因为以上局势的发展,一方面外国领事不满中国地方官员对犯罪管

---

① G.Lanning and S.Couling, *The History of Shanghai*, Kelly & Walsh, Limited 1921, p.366.

② 太平天国失败后,上海恢复秩序,加上英美公使训诫不可侵犯中国主权,领事们的权限稍减。参见蒯世勋编著:《上海公共租界史稿》(上海文史资料丛刊),上海人民出版社1980年版,第373页。1862年7月5日英领事致上海道函,有"历年以来本领事与贵官厅早经谅解,凡贵国官厅对于居住租界内华人行使管辖权时,须先得本领事同意"等语。参见徐公肃、丘瑾璋:《上海公共租界制度》,载《上海公共租界史稿》(上海文史资料丛刊),上海人民出版社1980年版,第159页。

③ 上海市档案馆卷宗号Q187-1-1208。

辖不力，而另一方面也无法继续以往一切华洋混合诉讼案件由领事法庭审理的现状，当然外国人也不可能把租界内华人的管辖让给中国地方官员，因此外国人在逐渐扩展其管辖权限的同时考虑一种新的解决方式，1864 年初设“洋泾浜北首理事衙门”即是提供了一种方法，直至 1869 年“会审公廨”的正式成立。因而以当时外国人的观点，会审公廨创立的目的在于“以中国的法律制度，维持与洋人居住在一起的华人之工作安全”，若是“将我们（西方）的法律应用于他们身上，将是荒谬透顶，而且亦是很多烦恼之源。因此必须创立一个会审公廨，做为补救之道”。①

历史的发展本不是预先设定的，但却非毫无缘由。上海恰逢战乱之时，司法被忽略了，必要的警察管制是由条约各国的领事像警官那样施行的。②因此后人有最大理由谴责外国人对华人管辖权的攫取（即是对一个国家主权的侵犯），但也不可否认本国政府官员的退让，甚至是放弃，即使是无意识或无知式的放弃，也是造成当时局面的部分原因。继英国攫取裁判华人之权后，美国领事亦始将其管辖权扩展到华人及无约国人。1863 年 6 月 25 日美国领事西华德（G. E. Seward）与上海道台（Imperially-Appointed Intendant Hwang）订立美租界划界章程，以阻止日增的犯罪及限制中国政府对涉及租界利益事务的直接影响。该章程第 3 条承认中国地方政府对租界内的中国人民有管辖权，但须受限制，即拘票必须经领事加签，否则中国官员无权拘捕租界内任何之人。第 6 条规定对没有条约权利的外国人都须置于市政当局（Municipal Authority）的控制之下。自此中国官府丧失了对美租界的华人拘捕权，以及对租界内无约国人民的管辖权。③同年 12 月 1 日，英美租界合并。驻沪领事团遂提交工部局一份文件，建议工部局的管辖权扩展到那些无领事裁判权人，之后建议建立一个警察法庭。继而驻沪领事包括英领、法代理总领事、美领、葡副领及俄副领代表领事团致函黄芳，要求承认工部局有管辖无约国人之权，黄芳竟认为此举妥善，予以同意。④正是

① 转引自吴圳义：《清末上海租界社会》，台北文史哲出版社 1978 年版，第 21 页。

② ［美］马士：《中华帝国对外关系史》（第二卷），张汇文等译，上海书店出版社 2000 年版，第 144 页。

③ 章程第 3 款规定：“中国官厅对于美租界内中国人民之管辖权，吾人当绝对承认，惟拘票非先经美领事加签，不得拘捕任何人等。”第 6 款规定：“无约国人民凡事均应受美领事之处置。但该项人民，苟向任何有约之领事馆呈文立案，愿受该领事馆之管辖，并曾经该领事馆认可，且发给凭证证明该民已经立案应受该领事馆之管辖者，得不受美领事之管辖。”参见徐公肃、丘瑾璋：《上海公共租界制度》，载《上海公共租界史稿》（上海文史资料丛刊），上海人民出版社 1980 年版，第 159 页。

④ 双方之间的文件往来，参见梁敬錞：《在华领事裁判权论》，商务印书馆 1930 年版，第 135—136 页。

在这种情况下，外国人开始设想建立管辖华人的法庭。当时租界内警备力量已发生作用，但遇到以中国人为被告的案件，却必须移交给租界外的中国地方政府审判，而且这些以外国人为原告或起诉的涉及外国人利益的案件越来越多，移交给租界外中国法院审理变得非常不方便。①

1864 年 2 月 15 日，领事团举行会议，计划在租界内设立一个“违警法庭”(Municipal Police Court)，专门受理租界内华人轻微犯罪案件。审判员由领事团任命，推荐权与供给薪俸则属工部局。②但此提案遭英国领事反对而作罢。不久此计划就被英国领事巴夏礼(Harry Smith Parks)提出的另一计划所取代，即在租界内设立一个由华官主持的司法机构，以处理租界内华人违法案件，凡案关外国人利益时，得由外国领事参加审理。这一计划之优势就在于与条约精神一致。而且在巴夏礼及其一些同事们看来，在租界内设立一个置于外国人控制或管理之下的完全独立的法院是对中国主权的严重侵犯，即使是在特殊的租界里。③在 1864 年 4 月 13 日和 7 月 13 日向工部局董事会会议先后提交了公共租界建立中国法院的章程草案及修改草案。④经各方商议，初步设立一个公堂于英领事馆。具体商议过程因资料缺乏，已不可考。1864 年 5 月 1 日，上海道即委派其属员一名往租界至英国领事馆，会同英美副领事在该法庭正式开庭审理。⑤称为“洋泾浜北首理事衙门”。上海道台应宝时委派陈福勋(字宝渠)为首任理事到庭主审，巴夏礼

---

① Manley O. Hudson: “the Rendition of the International Mixed Court at Shanghai”, *the American Journal of International Law*, Vol.21, No.3(Jul., 1927), p.455.

② A.M.Kotenev, *Shanghai: Its Mixed Court and Council*, Shanghai: North-China Daily News & Herald, Limited, 1925, pp.47—49.

③ A.M.Kotenev, *Shanghai: Its Mixed Court and Council*, Shanghai: North-China Daily News & Herald, Limited, 1925, p.50.当然我们现在看来，外国侵略者早已侵犯我国主权甚多，此话有虚伪之嫌。不过侵略者内部因利益关系存在分歧，一部分人主张扩展条约外的权利，一部分人则主张条约内权利。正如杨湘钧所说的“揆诸当时的时局与租界现实，持平言之，巴夏礼的提议显然比‘违警法庭’之议更有利于华方”。参见杨湘钧:《帝国之鞭与寡头之链——上海会审公廨权力关系变迁研究》，北京大学出版社 2006 年版，第 68—69 页。

④ 上海市档案馆编:《工部局董事会会议录》(第二册)，上海古籍出版社 2001 年版，第 474、481 页。1864 年 5 月 1 日上海道委派官员去英领事馆审理案件，而 7 月 13 日双方仍在会商，似乎表明理事衙门的设置及运作，更多的是在实践中形成。

⑤ 此法庭初始规模甚简，中国同知一员会同外国副领事一员，在英领事馆内问案，有时于英领事馆草地上设一案治事。参见丁榕文:《上海公共租界之治外法权及会审公廨》，《东方杂志》第 12 卷第 4 号，第 6 页。1868 年底，理事衙门从英国领事馆迁往南京路香粉弄内(今为上海第一食品公司所在地)。1877 年会审公廨迁至新址，即南京东路的贵州路与广西北路，1899 年会审公廨再次迁址，移至今浙江北路、七浦路。

则委派英国副领事阿查利(Chaloner Alabaster)为首任陪审官。①

二、洋泾浜北首理事衙门的设立与审理权限

如上所述,洋泾浜北首理事衙门的设立,其依据一如学者认为“毫无条约或任何地方官厅协定之根据”。②在这个问题上,更主要的是外国人对寻求建立类似机构的主动。但它并不完全是外国人的一手操办,否则就无法解释中方官员的一些行为,如在1864年6月21日英领事通过北京的英国公使转呈该国外交部的备忘录中称:“苏州府业经表示渠对于上海道与领事所合组而成之审理逃犯税则案件之司法衙门,一俟北京总理衙门批准,愿尽力促其成立。渠对于该衙门审理租界内犯罪之华人,及无领事代表之洋人,完全同意。至美领事及上海地方官厅则均已同意于予所欲设之衙门矣。”③而且上海道台不仅接受英领意见,成立洋泾浜北首理事衙门,所派理事也于5月1日进入英国领事署参与案件的审理。但上海地方官员由于主客观的因素无法预料此衙门的未来发展,这亦是事实。

理事衙门初创之始,有一个“规则草案”,共有11条。但此草案既未经双方签字盖章批准,也没有公开。1864年6月24日上海工部局曾向英国领事索看协定全文,但英领没有拿出来。④仅仅表示已对该衙门原来的方案做了修改,使之既管辖民事案件,也管辖刑事案件,并承诺“方案将正式提交给工部局”。但这草案已不可考,已因1871年12月20日发生在英国领事馆的一场大火而毁于一旦。⑤而英国高等法院法官霍恩比(Edmund Hornby)则支持这一混合法院所处的含糊地位,认为用书面规则会束缚、阻碍此法院,理由是一个有外国陪审官参与的中国法庭必须是衡平法院,而不是成为普通法法院。⑥

---

① 阿查利(Chaloner Alabaster),另译名“阿拉白斯特”。

② 梁敬錞:《在华领事裁判权论》,商务印书馆1930年版,第104页。

③ A.M.Kotenev, *Shanghai*: *Its Mixed Court and Council*, Shanghai: North-China Daily News & Herald, Limited, 1925, p.51;徐公肃、丘瑾璋:《上海公共租界制度》,《上海公共租界史稿》(上海文史资料丛刊),上海人民出版社1980年版,第160页。

④ 徐公肃、丘瑾璋:《上海公共租界制度》,载《上海公共租界史稿》(上海文史资料丛刊),上海人民出版社1980年版,第160页。

⑤ A.M.Kotenev, *Shanghai*: *Its Mixed Court and Council*, Shanghai: North-China Daily News & Herald, Limited, 1925, p.51.不过,笔者认为草案与在“North China Herald”(1866年7月7日)登载的相关内容极为相似。参见Johnstone: *The Shanghai Problem*, Stanford University Press, Stanford University, California, 1937, pp.134—135。

⑥ A.M.Kotenev, *Shanghai*: *Its Mixed Court and Council*, Shanghai: North-China Daily News & Herald, Limited, 1925, p.55.其意恐怕是正因为没有书面规章约束,才能更好地在审判中体现外国陪审官的意志,尤其是在当时外国人普遍地对中国司法不信任的情况下。

据阿查利的备忘录所说：这个法庭应该是一个“审讯发生在租界内违警案件的违警法庭；审讯受到外人刑事指控的华人和无领事代表外人的刑事法庭；审判外人对华人、或外人华人对无领事代表起诉的民事法庭；刑事和民事案件的上诉法庭”，[①]可见，在当时外国人设想中，该法庭受理范围应包括租界上的一切违警案件、涉及外国人的刑事、民事案件。但也可想而知，这个理事衙门的实际职权因如此宽泛的范围而变得“模糊不清，完全由坐在法官席上的人自由发挥”。[②]

此衙门设在英领署内，中国官员（理事）每晨赴英领署开庭审理案件。纯粹华人案件由中国官员单独审理；洋人为原告，华人及无领事代表国人为被告的刑事案件，由中国理事主审，另由一外国陪审官陪审。外国陪审官初由英副领事、美总领事或其翻译官轮流出庭陪审，英副领事陪审每星期出庭四次，美副领事或翻译官陪审每星期出庭两次，自 1866 年起，又增加一个德国陪审官，每星期出庭一次，减少英陪审出庭一次。[③]后因所派理事位卑言轻，在外国人的交涉下，遂委派海防同治会同外国陪审官审理华洋民事案件，如被告系无约国人则由英美领事共同观审，每星期开庭两次。凡是上诉案件，均由上海道台审理，其与外人利益有关者，由领事陪审。外国陪审官与中国审判官意见不同时，亦作为上诉案件看待，由上海道与领事会同办理。[④]

根据阿查利在给英国公使报告中所称，该新建立的法庭管辖范围及于英美租界以内及边界发生的刑事案，但其受理的民刑案件实极轻微：对该公廨的管辖权予以限制，刑事案件管辖范围，包括不满 100 天的监禁，附加服苦役或不服苦役；30 天以下的枷号；100 下以下的笞杖；或者 100 元以下的罚金。而民事案件，则以诉讼总额不超过 100 元为限，若判决总额超过此限则可以上诉。但这些规则很快就被废除了。[⑤]据统计，1864 年 5 月 2 日至 12 月 31 日为止，被拘人数共 2 178 人，解庭讯问后，无罪开释者计 557 人，因情节较重送往内地讯办者计 295 人，定罪者 1326 人，其中计被申斥者 612 人，笞刑者 363 人，枷示者 55 人，苦役刑者 104 人，[⑥]罚金者 192 人。这

①② 郭泰纳夫：《上海会审公堂与工部局》，朱华译，上海书店出版社 2016 年版，第 59 页。

③ 邓克愚、顾高地：《列强在上海侵夺我国司法权的史实》，载《列强在中国的租界》，中国文史出版社 1992 年版，第 29—30 页。

④ 邓克愚、顾高地：《列强在上海侵夺我国司法权的史实》，载《列强在中国的租界》，中国文史出版社 1992 年版，第 30 页。

⑤ 参见 A. M. Kotenev, *Shanghai: Its Mixed Court and Council*, Shanghai: North-China Daily News & Herald, Limited, 1925, p.53；上海市档案馆藏，卷宗号 Q187-1-1208。

⑥ 下文将要着重论及此备受争议的刑罚，它并不是中国法律所规定的刑罚，只是外国陪审官主张适用的刑罚。

是第一年上海道派员往英领署结案的大概情况。[①]当然除了以上所说的刑罚外，还有驱逐出租界的处罚。[②]

的确，此法庭的管辖权限小，受理的大致相当于一些“自理词讼”的案件。但不久这些规章则形同具文，根据当时的英文报纸 *North China Herald*（《北华捷报》）内所记载的案件来看，[③]民事案件并不仅仅限于诉讼总额不超过 100 元的案件，如 *North China Herald* 记载了 1866 年的民商事案件近 40 起，除了一些案件未记载具体标的外，其中至少有 15 起案件的标的在 500 两以上，有 5 起案件标的在万两以上。这些案件基本上都是中外纠纷，即外人为原告、华人为被告的案件，大多是外人起诉华人违约、不完全履行合同等。值得注意的是，有不少案件是外人起诉买办。这在一定程度上反映买办阶层在当时经济贸易中的活跃。

法庭判决书由法庭名义宣示，其形式体现了陪审官对审判的干预。在大多数的案件中，判决书是：“本法庭意见为……”（The Court is of the opinion），然后盖上衙门理事印章，再由中外双方签名。一些案件判决书则写着“余等（自然包括衙门理事与外国陪审官）意见为……”（We find），结尾由双方签名。但在个别案件中，则以外国陪审官意见开始，然后加上中国审判员亦表同意、赞成（Reason of Foreign Assessor for to Judgment）。有的案件仅作出判决，没有什么特殊理由，但外国陪审官仍在判决书外另附一特殊说明：外国陪审官赞同判决之理由。甚至在上诉案件的一张判决书上，于道台某某某署印之下，英美领事加上“Approved（批准）”的字样。判决书用华文。[④]按照规定，宣判前由陪审官负责译成英文，送达外国当事人。陪审官对于判决，如不同意，得向上海道上诉。[⑤]

三、中外冲突的初显

洋泾浜北首理事衙门虽然已建立，但它并没有明确协议与章程，在诸多

① A.M.Kotenev, *Shanghai: Its Mixed Court and Council*, Shanghai: North-China Daily News & Herald, Limited, 1925, p.60.

② 如 1866 年 12 月—1867 年 2 月间就有两名罪犯因偷窃被驱逐出租界，参见上海市档案馆编：《工部局董事会会议录》（第三册），上海古籍出版社 2001 年版，第 564—565 页。

③ 需说明的是，*North China Herald* 内记载有关“Mixed Court”审理案件始于 1865 年，所记载的也远非其所有案件，而且有的年份装订本因是孤本（如 1867 年），未能借阅。因此这里仅就笔者所能看到的 1865—1868 年该报记载的案件试作分析。

④ A.M.Kotenev, *Shanghai: Its Mixed Court and Council*, Shanghai: North-China Daily News & Herald, Limited, 1925, p.66.

⑤ 梁敬錞：《在华领事裁判权论》，商务印书馆 1930 年版，第 104 页。

问题未达成一致的情况下，此衙门已开始办公，这就必然造成双方的冲突，更何况这在当时的中国不仅是一个新事物，而且由于时局动荡，一切都是不明朗、模糊的（尤其对于中国人来说，如何与外国人打交道，特别是口岸官员如何处理"夷务"，都还是问题）。因此在案件的审理、判决及其执行上中外双方都或多或少存在问题或争议，甚至是冲突。主要表现在以下几个方面：一是法庭的权力问题；二是外国陪审官在审判上所起的作用问题；三是刑罚的适用及执行尤其是苦役制度的推行。而这些冲突或争议对于后来的会审公廨来说，却是初现端倪。

洋泾浜北首理事衙门建立之初，在外人看来，其权力就过于微弱。尤其是判决的执行力问题，这无疑会影响外人之利益。首任英国陪审官阿查利在其备忘录中就指出：

> 但虽未欲大增其管辖范围，而大增其权力，则甚需要。现在，刑事案件除得罚以苦役外，该衙门仅得呈述其应判以何罚之意见，须经知县再审，始可判决执行。故此衙门之行为效力殊不确定，自难满人意。衙门判决之意见，固有相当之力量，但不能保证其必受遵行，犹容有诬呈曲说之处。民事案件，尤须增加此衙门之权力，以便执行。盖为外人利益计，必须设立一司法机关，不仅能判决，且须能将公平之判决执行。现衙门中有些外人胜诉之判决案，犹无办法执行。该审员固有拘债务人于衙门中，但如债务人属于高官厚禄者，彼必称无力执行。①

在阿查利看来，洋泾浜北首理事衙门迫切需要的是增强"既判力"与"执行力"，无论是刑事案件还是民事案件，该衙门的执行力皆难为外国人满意，无法保证判决的被遵行。若是为外国人利益考虑，则应设立一个既能公平判决又能执行判决的司法机关。正因为在外国人眼中，此司法机构存在着诸多无法令人满意之处，而这非一日之功就能改变的，所以在很大程度上把希望寄托在陪审官的具体审判活动上。

如上所述，理事衙门审判员是由上海官府委派一谳员（会审公廨中方审判员概称为"谳员"）来公堂与外国领事委派之陪审官组成。理事衙门初设

---

① A.M.Kotenev, *Shanghai*：*Its Mixed Court and Council*, Shanghai：North-China Daily News & Herald, Limited, 1925, p.54.译文参见徐公肃、丘瑾璋：《上海公共租界制度》，载《上海公共租界史稿》（上海文史资料丛刊），上海人民出版社 1980 年版，第 161 页。其中"power"译为"权力"，杨湘钧认为更完整的意义指"既判力"、"确定力"及"执行力"，本书同意此看法。参见杨湘钧：《帝国之鞭与寡头之链——上海会审公廨权力关系变迁研究》，北京大学出版社 2006 年版，第 71 页。

之时，陪审官的权力虽无相应法规规定，但其地位应是处于中国谳员之下，仅在涉及外国人案件中陪审以观谳员审理是否公正。不过因为各种因素所致，陪审官一直想扩展其权力，而中方意图对抗与限制。陪审官阿查利及麦根在有关此法庭记录中曾说"华官希图减陪审官权限，要求于法章内，注明判案之权，须完全由华官执行，实则陪审官对于判决一途，异常注意，皆与华官共同执行"等语。①尽管当时上海地方官员对陪审官的干涉审判提出抗议，甚至打算关闭此公堂。而且英国领事也曾答应中方的"应由中国听审官全权处理"要求。但这些均无法阻止陪审官对审判的干涉。如 1867 年 4 月 5 日英国领事文察斯德致函英国公使呈文中说："道台满拟将会审公堂关闭取消，实则华人既得援先例为口实，向租界要求于特种情形下必不可允之权利，则外人亦得援同样先例为口实，取得法章中未能预期之权利也。"②外人依据此逻辑侵夺司法权，其实质在于租界的发展及外人在租界的利益所驱使。

无论是对衙门权力的不满还是陪审官的企图扩展权力等，无一不反映在具体的审判及刑罚执行上。据有限资料看，洋泾浜北首理事衙门存在的 4 年多期间，双方发生的冲突并不太多，较为激烈也最为关注的是 1865 年发生的戴中其案件，下文即以此案件为例，分析相关的苦役制度以及双方因此发生的司法权之争，这也为后来的会审公廨提供某种观察文本：仅为租界内的一个司法机构，却集合多重矛盾和冲突，包括中外审判官之间的冲突，驻沪领事、工部局与上海地方政府之间的交涉等，其背后则是"帝国之鞭"与"寡头之链"③的交锋。

四、戴中其案件：管辖权之争与苦役刑罚

（一）戴中其案件、双方争议与结果

戴中其是一名被洋泾浜北首理事衙门判处苦役刑罚的囚犯，其在服役期间生病，后不治身亡，引发了舆论的哗然与公众的关注，中外双方因此进行多次交涉，成为理事衙门存在时期最值得关注的刑事案件。事情起因是

---

① 夏晋麟编著：《上海租界问题》，中国太平洋国际学会 1932 年版，第 40 页。

② A.M.Kotenev, *Shanghai: Its Mixed Court and Council*, Shanghai: North-China Daily News & Herald, Limited, 1925, p.67.译文见夏晋麟编著：《上海租界问题》，上海，中国太平洋国际学会 1932 年版，第 41 页。

③ 这里借用杨湘钧专著中的两个关键概念"帝国之鞭"、"寡头之链"，参见杨鸿钧：《帝国之鞭与寡头之链——上海会审公廨权力关系变迁研究》，北京大学出版社 2006 年版。

1865年10月26日,有两个囚犯,一个叫戴中其(又名戴钩麟),另一个叫高福唐,由于被控收买工部局董事汉璧礼所有的五把门锁赃物而判两个月的苦役,后来两人在服苦役期间均得病被送往医院,戴中其疑因身体虚弱,加之受巡捕凌虐,最终不治身亡。高福唐与戴中其儿子戴昌富(本案当事人名字皆音译)告到上海县衙,称戴中其所犯的唯一罪行就是用60个铜钱买了一个门把,为此被判服苦役,并在风雨中遭主管巡捕的殴打和虐待致死。

上海县为此呈文上海道,指责现在所有中国人案件被外国官员判处苦役刑,并且这些案件从未向知县衙门报告,而且在中国法律中无此刑罚,亦不符合条约规定,并恳请道台与英领交涉,指示此后对华人犯罪应一律由理事衙门委员审理,若要受到惩罚,应送知县衙门执行,不允许判处苦役。应释放所有正在服苦役的犯人,若是服刑不够,可交给知县继续服刑。11月8日上海道台呈函给英国领事,要求采取措施停止对中国人处以苦役的刑罚。并已指示知县通知谳员,理事衙门对华人的判决应由他宣布,请求英国领事按照条约下达类似指示。不过英国领事置若罔闻。相反,工部局还另附证明戴中其是死于旧患而不是受到不人道对待。①

双方的争议在于三点:其一,理事衙门的判决权与刑罚执行权问题,中方认为应由中国地方官厅负责处理仅涉及中国人的案件,即使外籍陪审官在理事衙门参与案件的审理,但对中国人的刑罚执行权也应归上海县衙。这符合条约规定。而工部局辩称董事会从不与条约发生关系,而严格限于工部局的事务即"看管犯人"。其二,苦役刑罚的合法性问题,中方认为苦役刑罚是外国法典中规定的惩罚办法,而非中国法律所规定的。工部局董事会认为实行苦役的好处日显,能够有效地对罪犯实施惩罚。其三,苦役刑罚的残酷与否问题。中方认为苦役刑罚是外国人施加给华人的残酷行为,其待遇要比上枷还严厉,无论是上工的种类、环境、饮食还是巡捕动辄对犯人的挥舞棍棒,皆证明这点。而工部局则予以否认,认为不仅对犯人采取医疗措施,允许犯人吸食朋友带来的鸦片,还指示主管犯人的华捕和欧捕不得以任何形式殴打犯人,除非迫不得已。

苦役刑并未因为上述交涉而马上废除,外国领事与工部局在苦役犯人的饮食、卫生、劳动时间、看守尽量使用华人等方面提出了一些改进措施,希望缓解双方矛盾。巴夏礼的继任者文察斯德(C.A.Winchester)在一封给工

① 对这一事件的相关记载以及中外双方的函件往来可参见上海市档案馆编:《工部局董事会会议录》(第二册),上海古籍出版社2001年版,第531—535页。

部局的信中提到应与上海道台会晤商议并提交一份有关改进苦役刑措施的建议书。1865 年 12 月英美领事、上海道台就苦役问题进行协商，最后商定草拟某些规则以继续实施该惩罚制度。

（二）苦役刑罚在租界的推行及废除

苦役是工部局主张对租界内的违法犯罪之华人实行的一种刑罚，是把囚犯用铁链锁在一起，主要从事修路挖沟等粗重活。①对年龄自然也有限制。在 1866 年 5 月 3 日审理了一起企图敲诈英租界芜湖路一家妓院钱财案件，被告陈炳(Chen-ping)和张模(Cheong-mow)因年龄过大(前者 55 岁，后者 46 岁)，不适合被判苦役刑，最后判陈炳监禁 14 天，张模笞刑 100 下并枷号 14 天。②

1864 年 9 月 28 日工部局董事会在会议上认为"无论是中外人士，一律实施监禁和强制劳动，这一制度将是防止犯罪最为有效的手段"，同年 10 月 5 日董事会会议记录上载允许雇用被理事衙门判处服苦役(hard labor)的华人囚犯在巡捕的监督下从事公共工程。③1865 年 10 月 10 日的工部局董事会会议上，警备委员会提出报告，以扩充苦役制度。在警备委员会提交的"1865 年 9 月期间在押犯报表"中，华人被判苦役的共有 35 人。据统计，1865 年 9 月—1867 年 2 月期间被判苦役刑的犯人共有 909 人，平均每月判苦役为 53 人。苦役刑罚主要适用于偷窃及行为不端者。④1866 年 6 月 1 日—8 月 31 日，工部局看管的苦役犯，每天的平均人数大约是 24 名。⑤人数呈上升趋势。可见，即使发生上述戴中其案件，中方的多次交涉也未能阻止苦役刑罚在租界继续实行。

对这一刑罚的废除提到日程上则要到 1868 年 9 月，在一次董事会会议上提交了美、英、俄领事联名致上海道台的函件，认为工部局在为苦役犯人

① 对苦役制度的较详介绍可参见史梅定主编:《上海租界志》，上海社会科学院出版社 2001 年版，第 301—303 页。

② *North China Herald*, May 5, 1866, p.71；参见上海市档案馆编:《工部局董事会会议录》(第二册)，第 559—560 页。对该案事实及评析可参见杨鸿钧:《帝国之鞭与寡头之链——上海会审公廨权力关系变迁研究》，北京大学出版社 2006 年版，第 84—87 页。

③ 这是洋泾浜北首理事衙门成立后，在工部局董事会会议记录(1864 年 10 月 5 日会议记录)上首见该衙门裁判华人囚犯在租界服苦役的记载。上海市档案馆编:《工部局董事会会议录》(第二册)，上海古籍出版社 2001 年版。

④ 资料来源于上海市档案馆编:《工部局董事会会议录》(第二册)，上海古籍出版社 2001 年版，第 558、572、602 页；《工部局董事会会议录》(第三册)，上海古籍出版社 2001 年版，第 564—565 页。

⑤ 上海市档案馆编:《工部局董事会会议录》(第二册)，上海古籍出版社 2001 年版，第 569 页。

花的钱超过了犯人劳动的成果①,要求上海道台提供用于支付苦役犯人的费用的补助金。而且在他们看来,工部局为惩罚中国犯人而支付大量费用,并不是中国政府的意图,因此要求道台提供一笔足够的补贴,来弥补工部局由于继续执行这一办法将蒙受的实际损失,估计每人每天需60文。上海道台在回复中指出:"判处服苦役的制度是由理事衙门创始的,其目的在于减少解送县衙的那些犯有偷窃、赌博等罪行的拘留犯人数,它仅仅是当时情况所要求的一种临时的权宜之计,然而理事衙门是拥有一些惩罚工具的,如枷、竹板等,这些东西为中国法律所认可,那种课刑是能够产生直接效果的判决。苦役制度若继续下去,道台感到甚至连他自己也不能向上司申请补偿由此造成的损失,不论这种损失多么少。因为劳动是在租界内进行,并且惩罚也不为中国的法律所承认。"此信被外国人认为"是对囚犯服苦役这一问题的决定性回答,这一制度将宣布放弃"。②因此苦役制度"逐渐废弃不用",1870年3月31日,工部局废除了苦役制度。③

当然,工部局仍希望恢复苦役制度,1872年几次董事会会议上均提起讨论,但警备委员会以实行苦役制度将无可避免地导致极其沉重负担(监管四五十名苦役犯,每名犯人生活费每日不少于3元),董事会也不拥有维持监狱的正常秩序与严格管理的必要的权力与权威这两个理由,不建议恢复苦役制度。因此可以说苦役制度在租界的最终废弃很大方面在于上海地方政府的不支持,在财政方面更是不可能如外人所愿。在这种情况下,工部局也只能无奈地放弃这一刑罚。如英国首任陪审官阿拉白斯特所说,现任董事会与前三届一样,都不反对这一刑罚的实施,但这需要得到中国方面的支持,并保证不把这些费用加诸社会。④

(三)本案评析

因戴中其案件引发的中外对理事衙门管辖权及苦役刑罚适用之争,值得注意的是:

---

① 每人每天膳食费花费80—90文,一个月共需2.50银元,按规定交付服装费1.00银元,看守每10名犯人需1名华捕,每月12.50银元,平均每人1.25银元,不包括医药费、铁制工具费等在内,每人得花费合计4.75银元。这大体上相当于雇用一个自由苦力的费用,而把犯人用铁链锁在一起,其中许多人不习惯劳动,因此不能与自由劳力干的活相等。参见上海市档案馆编:《工部局董事会会议录》(第三册),上海古籍出版社2001年版,第684页。

② 上海市档案馆编:《工部局董事会会议录》(第三册),上海古籍出版社2001年版,第684—685页。

③ 史梅定主编:《上海租界志》,上海社会科学院出版社2001年版,第303页。

④ 上海市档案馆编:《工部局董事会会议录》(第五册),上海古籍出版社2001年版,第552页。

首先，揆诸以上所述，外国人主张在租界内对华人实行苦役制度的原因在于：第一，苦役刑有着那些中国刑罚如枷杖监禁所不能取代的效用。苦役刑罚为西方刑罚之一，在外国陪审官看来，适用苦役刑罚能减少租界内的犯罪，因为人们害怕“被判用铁链锁在一起服苦役”而不做违法之事，[①]“尤其可以防止那些广东男仆犯轻微罪行”。[②]第二，虽然外国人一再声称这种刑罚对阻止犯罪有很大效用，但还有一个原因不可忽略，即上海租界内正处于建设中，需要大量的劳力，正如知县在备忘录中写道：“苦役包括开沟、修路筑路、挖河泥填到岸上等类活。”[③]这些粗重的活“自然”不是享有特权的外国人所能干之事。第三，外国人对中国官员及司法表现出不信任。认为在租界行窃的华人，迫使其修建马路的做法是十分可取的，不要把他们送交县城官府，因为他们在那里可以花钱逃避处罚。[④]当时的英国陪审官阿查利的言论就是典型。他认为这是一个相比笞杖、监禁、枷号等刑罚来说更为理想的刑罚，其理由是一方面可以使犯人受处罚同时对社会有益，另一方面可以使判决得到执行，而不是移交县署审理，犯人却逃避了处罚。尤其值得提出的是，工部局董事们坚持实行苦役的原因之一还在于能有效遏止行贿求释的弊病，以及官吏在租界内敲诈勒索的恶行。[⑤]另外，还有一些外国人赞同苦役制度是建立在对中国人的严重歧视上。[⑥]

其次，相比工部局董事们的理由，中国地方政府对苦役刑罚合法性与否的质疑更显得有据可依、义正词严。无论是依条约之精神还是从中国民众利益出发，均应停止对租界内中国人实行苦役之罚。也正如此，有理由相信当时上海地方官员对于案件的管辖持有消极态度，“不得不让人质疑华方在租界权力运行的实况，凸显了中国官厅的被动”。[⑦]与华方昧于时势的理由

① 上海市档案馆编：《工部局董事会会议录》（第二册），上海古籍出版社 2001 年版，第 529 页。

② 美英俄领事联名递交给董事会致道台的函件，要求道台提供用于支付苦役犯人的费用的补助金问题。在函件中说：“苦役制度已经证明是非常有用的，尤其可以防止那些广东男仆犯轻微罪行。”上海市档案馆编：《工部局董事会会议录》（第三册），上海古籍出版社 2001 年版，第 684 页。

③ 上海市档案馆编：《工部局董事会会议录》（第二册），上海古籍出版社 2001 年版，第 532 页。

④ 上海市档案馆编：《工部局董事会会议录》（第二册），上海古籍出版社 2001 年版，第 519 页。

⑤ 上海市档案馆编：《工部局董事会会议录》（第二册），上海古籍出版社 2001 年版，1865 年 12 月 13 日会议记录。

⑥ 督察员彭福尔德就认为把犯人用铁链锁在一起的做法，对改造品性恶劣和凶暴的中国人起了一定作用。参见上海市档案馆编：《工部局董事会会议录》（第二册），上海古籍出版社 2001 年版，第 526 页。

⑦ 参见杨湘钧：《帝国之鞭与寡头之链——上海会审公廨权力关系变迁研究》，北京大学出版社 2006 年版，第 81 页。

相比，华方对洋务的惟恐避之不及、理事衙门理事的位卑权微、工部局在租界的权力扩张等似乎更具解释的信服力。

再次，洋泾浜北首理事衙门虽然没有正式章程，仅是一个权宜之策，但其成立不仅为后来会审公廨的正式确立奠定了基础，而且某些制度是以惯例的形式存在，即使制定章程却也难以完全遵循，尤其是租界的发展，工部局日益将其视为独立于中国政府管辖之外的区域。上述涉及的苦役制度，英国驻沪领事和上海道台均认为可能违背条约，但工部局董事会却说“本董事会从不和条约发生关系，而严格地限于工部局的事务——看管犯人”。①虽然这是工部局对实施苦役制度的态度，但不难透视出其中问题所在，即工部局以租界内利益为出发点，对是否有条约支持则置之不理，在这点上，与驻沪领事团存在意见分歧。如英国领事温斯达致函工部局总董称：“中国官厅裁定及监督对华人罪犯实施惩罚措施的权利在条约中明白无误，所以对于这种权利的承认，我是无法过问的。因此，我认为我有责任立即指示理事衙门的英国陪审员，在尚无法进一步的指示之前，不要向中国知县建议或强调实施法院可能宣判的苦役。”但恐怕这是职责所使然，同时作为一个身居租界的在华外国人，却又存在另一种想法，他在其后又强调道：“我对中断试行这一法律手段感到非常遗憾，因为我发现试行这种手段能够很有效地抑制当地人的违法行为。我意欲尽一切努力使道台相信，放弃这种非常有益而公正的补充教养措施，是不明智和不得体的。”可见，作为驻沪领事，首先关注的应是外交层面及国际法法理问题，但作为在华外国人，与工部局董事们有着较为一致的想法，亦不难理解。②

从1864年5月成立的“洋泾浜北首理事衙门”到1869年会审公廨正式成立的4年多时间里，理事衙门受理的案件甚多，对这段时期衙门的运作及个案的考察，可以看到中外之间的冲突一直未停止，无论是管辖范围，还是外国陪审官的审判权力、刑罚的执行等方面。而这些在会审公廨正式成立后依然未能解决，反而愈演愈烈，直至1911年外国人完全控制了会审公廨。但也不可否认，这个衙门在审理案件的某些方面的确已与旧式衙门不同，尤其是在民商事案件的审理上，一定程度上促进了经济的发展。

---

① 上海市档案馆编：《工部局董事会会议录》(第二册)，上海古籍出版社2001年版，第533页。

② 转引自杨湘钧：《帝国之鞭与寡头之链——上海会审公廨权力关系变迁研究》，北京大学出版社2006年版，第80页。

第三节　会审公廨的设立：混合法院与新衙门

一、会审公廨的正式设立

洋泾浜北首理事衙门设立后，中外双方依然就其具体细节进行商议。1866 年 5 月，英国领事文察斯德向驻京本国公使提交巴夏礼的有关此理事衙门的临时规则复本。此时英国公使已换成阿礼国（Rutherford Alcock），随着此人的上任，政治气氛也随之一变，对中国政府采取了强硬政策。同时驻沪英国领事开始与道台进行新的一轮协商谈判。1866 年 11 月 15 日，阿礼国致英国驻沪领事文察斯德的信函内称，有人对租界提出诸多建议，可以归纳为四项。其中第一项即是要求任命一位中国长官，主持理事衙门，这个机构对租界内的全体华人具有司法权。对于这项建议，阿礼国高兴地说，与北京政府的初步谈判已经开辟了采纳这项建议之路，任命一位长官的权宜之计已被完全公认，唯待商定偿付额外费用之最佳办法以及调整作为道台下属的长官与道台关系的行政上的细节。①

1867 年文察斯德与上海道台应宝时重行商定法庭组织，上海道台提出草案十款，②经英领同意后，由双方分别呈请北京总理衙门及各国驻华公使核准，法领初始愿意参加，使其权力同时及于英美公共租界和法租界。但后来法国以该章程第 5 条与法租界司法习惯不合为由，拒绝加入，决定于法领署内另设会审公廨。英美两国公使对于章程持有异议，但其本国政府训令，中国应有治理其本国人民之自主权，因而不便反对，惟对章程加以修改，历时两年之久，到 1869 年驻沪英领麦华佗才接到英使训令，同年 4 月 20 日正式公布修改后的章程十条，称为《洋泾浜设官会审章程》，声明效力一年。③根据章程，洋泾浜北首理事衙门改为会审公廨。至此，上海公共租界会审公廨正式成立。

---

① 上海市档案馆编：《工部局董事会会议录》（第三册），上海古籍出版社 2001 年版，第 549 页。

② 参见 A.M.Kotenev, *Shanghai: Its Mixed Court and Council*, Shanghai: North-China Daily News & Herald, Limited, 1925, pp.67—68。其内容与 1869 年的章程相比，基本相同。在梁敬錞看来，此“洋泾浜设官会审章程，亦不过就当时侵略后之情势，予以厘定而已”。参见梁敬镦：《在华领事裁判权论》，商务印书馆 1930 年版，第 101 页。

③ 而事实上，该章程一直有效，直到 1927 年会审公廨被收回。但是在具体实施方面已发生较大的变更，如判决的权限、拘提被告的权限等。

在《洋泾浜设官会审章程》订立之后，清政府认为此中外会审制度可以推广到其他各地租界，对该章程个别文字进行稍作改动，于 1868 年年底咨行有关各省，要求当地中国官府在各租界内设立中外会审公廨。①虽然在 19 世纪末，清政府亦认识到会审权是外国人对中国主权的侵夺，已不再轻易出让。②但是因为清政府早期的愚昧无知（当然国力衰弱是重要原因，所谓“弱国无外交”并非虚言），上海公共租界会审公廨的一切组织及权限，已被其他租界内外国人行使法权引为了成例，从而上海公共租界会审公廨成为一种模式向其他租界推广。典型的有法租界会审公廨、汉口的洋务公所及厦门鼓浪屿的会审公堂等。

另外，在其他一些租界章程中也有类似的规定。如《苏州日本租界章程》明确规定：“其界内居住之华人，凡有词讼案件及中国地方官应办事宜，务照上海租界洋泾浜会审章程办理。”《沙市口日本租界章程》亦写明：“清国地方官与日本领事官商议，在界内设立会审衙门，援例上海定章，当即办理。”1898 年《福州日本租界条款》第 8 款，1900 年《厦门日本专管租界签约章程》第 9 款，1901 年《重庆日本商民专界约书》第 17 条，均有类似的内容。不过由于本身不发达等原因，在这些租界似乎并未能建立起如上海公共租界会审公廨的会审机构。

法租界会审公廨的成立与其他会审公廨不同，即它并非完全是上海公共租界会审公廨推广的结果，虽然它的成立与公共租界的会审公廨有极大联系。两者不论是在章程内容还是机构设置上均存在很大相似性，但也有自身特点，而且两者在管辖权限等方面也发生过争执。下文仅就法租界会审公廨的成立、章程、机构等给予阐述，并试与公共租界会审公廨略作比较。

由前所述，《洋泾浜设官会审章程》本是上海道与英、美、法三国驻沪领事共同协商的结果，而且其章程第 1 条明确规定此机构管辖范围是各国租界。然而当章程呈请北京使团及总理衙门批准时，英美公使与法公使就章

---

① 侯继畲修、吕寅东等纂：《夏口县志》（第十一卷），第 7 页，转引自费成康《中国租界史》，上海社会科学院出版社 1991 年版，第 140 页。

② 如甲午战争后，在苏州、杭州、重庆等三地的日租界，清政府被迫同意在当地实行中外会审制度，但对德、日提出在天津租界内实行同样的制度加以拒绝。1904 年驻天津领事团正式向清政府提出设立会审公廨的要求，并力图将该会审公廨的管辖范围扩展到租界以外地区，使该会审公廨有权管辖以居住或进入天津县境的华人等为被告、事涉外国人利益的一切案件。清政府仍不允许，天津租界终没有出现中外混合法院。参见费成康：《中国租界史》，上海社会科学院出版社 1991 年版，第 140—141 页。

程的一些具体内容发生分歧。1869 年 4 月 18 日，法国领事接到本国政府的训令，拒绝承认此章程。理由是其中的几条或与法国人在上海的习惯不符，或与中法订立的条约相冲突，如认为章程第 5 条的规定“中国人犯逃避外国租界者，即由该委员选差迳提，不用县票，亦不必再用洋局巡捕”，对于上海的法国租界向为例外，且违反法国人在上海的现行习惯，“遂于第二年退出领团，独自设立法租界会审公廨”。①如还认为章程第 1 条规定凡属民事与商务方面的华洋诉讼(华人为被告)，均由中国同知一员援用中国法律单独审理，以及第 10 条即“委员审断案件，倘有原告捏砌诉词诬控本人者，无论华洋，一经讯明，即由该委员将诬告之家照章严刑惩办，其惩办章程即先由该委员会同领事官酌定，一面送道核准，总期华洋一律，不得稍有偏袒，以昭公允”，与 1844 年《中法条约》及 1858 年《中法条约》中的领事裁判权规定相悖，法国驻沪总领事达伯理秉承其政府旨意，推翻了其前任参加的共同协商的结果，退出公共租界的会审公廨，在法租界另设会审公廨，并力求两个公廨的“平行发展，互不混合”。法国政府还一再提示驻华外交官们要维持其司法机构的国家色彩，训令驻沪领事不得亲自或委派官员以会审官身份出席公共租界会审公廨的审判，同时避免其他国家委派官员出席法租界会审公廨的审判，以此保持其独立地位。②

法国之所以不愿与上海公共租界会审公廨混为一体，要保留其法租界独立的司法审判组织，最主要的原因应是保持上海法租界自身的独立性。③在司法方面法国自然不愿破坏这种独立，加之在事实上法国侵蚀中国司法主权要比英美国家有过之而无不及。早在 1859 年 3 月 31 日上海法租界已正式成立了“违警裁判所”(亦称警务法庭)，每日在法国驻沪领事署内开庭

---

① 见上海市档案馆藏，卷宗号 Q187-1-1208。当时中国官府对法租界内华人的逮捕令须事先得到法国领事馆的签署，否则不能在法租界上进行拘捕。参见[法]梅朋、傅立德:《上海法租界史》，倪静兰译，上海译文出版社 1983 年版，第 441 页。

② 吴圳义:《清末上海租界社会》，台北文史哲出版社 1978 年版，第 23 页。

③ 法国自在上海划定区域后，一直努力保持其独立性，虽然因 1853 年局势的严重，迫使法国领事考虑联合英美其他国家以保护其利益。1854 年英、美、法三国通过了《土地章程》，但事实上法国领事仍努力显示出法租界行政管理的独立性。虽然这里面也有英租界对其的排斥。而法国领事也以排斥为借口，更对英租界里流行的那种思想深感不安，即企图扩大工部局权限，把上海变成独立共和国。正因为以上种种原因，三国公使签字的市政章程虽然在形式上仍然存在，但实际上只有英美领事照章执行。法国领事爱棠说:“至于我这方面，我没有公布过任何正式或非正式的法令承认这个章程对我和我国侨民的权力。”双方争议交涉的一些信件内容，参见[法]梅朋、傅立德:《上海法租界史》，倪静兰译，上海译文出版社 1983 年版，第 177—203 页。

审讯，审判由法捕房送来的“违禁犯”。[①]该法庭以领事馆主事梅洛为主审，翻译李梅和巡捕总巡为陪审，当着捕头的面听取总巡的报告，并审明罪情，情节重者送中国官厅处罚，轻的直接予以罚款，所罚之款充作巡捕房的经费。[②]而对于租界内民事案件，也大多由领事馆审理。自1865年以来，每当法国人和中国人之间发生商务上的案件时，上海道台或他的代表就到法国驻沪领事馆，按照《天津条约》第35条之规定，由道台和领事会审。然而，涉及法租界的中国人案件，如违法、不法行为、治安问题、追索捐税的起诉等，则由领事单独审理。白来尼在致公使函件中说：“关于中国人对中国人的不法行为以及其他纠纷，罪犯和讼棍总是一起被带到领事馆，或是主动到领事馆来；案件立即得到审理，或是惩处，或者是以和解的方式解决。”[③]因为此种惯例（法国认为这是根据条约规定，亦是法国拒绝接受章程的理由），会审公廨章程为英、美、德国所接受，但却为法国拒绝。

1869年4月，法国领事达伯理和上海道台达成协议，根据协议，道台或他的代表应每星期来领事馆三次，和领事馆的代表会审华洋讼案，而在此之前，道台只在被召请的时候才来领事馆。因此，仅只定期会审这一事实就是建立了一个常设法庭。而且这个法庭自一开始就与公共租界会审公廨不同的是，凡属法租界中国居民的案件，无论民刑轻重，概由领事和道台或者他们各自代表，以对等地位会同审理。法租界会审公廨的第一次开庭是在1869年4月13日，而自它的产生到最后被收回，在外国人眼中，“会审公堂做了不可估量的工作，但是，它也许丝毫未能通过实验使中国人懂得什么是真正的司法”。[④]这是为外国人所引以为憾之处，而在国人看来，法租界会审公廨的建立，在中国法权被侵害方面，要比公共租界会审公廨更甚。“六十年来法租界所受之司法侵略，积威之下，黑暗万状”。[⑤]不同的立场不同的观感，却无法否认这样的一个事实：会审公廨不仅仅是一个具有中西混合因素的司法衙门，更是作为一个历史的产物，受到各种力量的影响而变得更为复杂，在这点上两个租界内的会审公廨是相同的。

但法租界会审公廨与公共租界会审公廨又有所不同，即使前者并无章

---

① [法]梅朋、傅立德：《上海法租界史》，倪静兰译，上海译文出版社1983年版，第222页；张铨：《上海法租界会审公廨》，《史林》1994年第2期。

② [法]梅朋、傅立德：《上海法租界史》，倪静兰译，上海译文出版社1983年版，第222页。

③ [法]梅朋、傅立德：《上海法租界史》，倪静兰译，上海译文出版社1983年版，第440页。

④ [法]梅朋、傅立德：《上海法租界史》，倪静兰译，上海译文出版社1983年版，第441—442页。

⑤ 王宗旦：《收回上海法租界会审公廨之研究》，《东方杂志》第27卷第11号。

程可循，在很大程度上仿照公共租界会审公廨。如法国总领事在一篇机密性报告中所说："上海法租界会审公廨是一个意见最纷纭的机构。这个机构缺乏任何一般性的章程和任何中法两国间的协定。因此到最近几年，尚无法整理出令人了解该公廨的来源、发展及其成立目的之档案资料。章程的缺乏使法租界会审公廨只得步公共租界后尘。"①法租界会审公廨与公共租界会审公廨的不同之处主要有以下几个方面：

第一，在法租界，无论华洋诉讼还是华人之间民刑事诉讼均由谳员会同领事审讯。②华人之间的案件若不涉及法人利益，则由中方谳员主持审判，陪审官不发表意见。涉及法方利益的案件则由陪审官主审，而中方谳员处于实际的陪审地位，外国陪审官根据中国法律作出判决后再征求中方意见。陪审官参加所有的开庭，有权追查所有案件。公共租界会审公廨在1911年以前纯粹涉及华人的民事案件则由谳员独审。

第二，法租界会审公廨的各种司法行政事务由法国领事办理，中方谳员无权过问。相比之下，公共租界会审公廨谳员的权力要大些，公廨的具体事务仍归谳员管理。

第三，法租界会审公廨提传法界内华人的签票均须经法国领事签字，由公董局（法租界行政当局）巡捕与中国会防局局勇共同执行。中国地方官府在法租界无权自行逮捕华人，凡是公廨发出的逮捕令都须由中方谳员与外国陪审官签名及法领馆盖章，中方谳员不能独自签发拘捕令。拘捕令由捕房执行。1896年上海道台裁撤会防局，公廨委员无局勇可派，法租界巡捕房遂独揽了逮捕人犯之权。③而公共租界会审公廨提传犯人，初始无须巡捕协助，但后来亦须经过领袖领事签字，巡捕协提，但不同在于公共租界会审公廨本身有廨差可派，当然在1911年之后，两者命运相似，巡捕房独揽大权。

第四，司法审判中对延请律师辩护的规定不同，公共租界会审公廨，无论刑事或民事案件，华人皆可延请律师替他们辩护，而法租界会审公廨对延请律师的范围有限制，如民事案件只限于债权或债务在1 000元以上者，且

① 吴圳义：《清末上海租界社会》，台北文史哲出版社1978年版，第23页。

② 对于参与纯粹华人案件的审理，自然无章程可循，即便是法国人自己也承认。法国领事达拉在其报告中说："我曾在我的档案里寻找我们会审公廨的组织章程，以便研究其内容。可是只能找到一份中文的资料，那份资料并未提及在纯粹华人案件中，法国会审官得参与华籍会审官之审理。"转引自吴圳义：《清末上海租界社会》，第24页。

③ 史梅定主编：《上海租界志》，上海社会科学院出版社2001年版，第283页。

律师须是法国籍。①

以上所说的差异更多是程序性的，而审判中呈现出来的法律观念的差异可能更具特点。公共租界虽然具有国际性，但实际上却是英美两国占主要地位（尤其是英国），法租界自然是法国居统治地位，英法两国法律体系各自代表的是普通法系与大陆法系，由于陪审官在会审中往往主导审判意见，因此这两个会审公廨审判显示出两种法律观念的差异。

二、新衙门与混合法院：中外不同设想与观感

会审公廨的设立因时势所致，确切地说是为审理租界内以华人为被告的案件而设。其前身为“洋泾浜北首理事衙门”，1869 年正式改名为“会审公廨”，外国人一概称之为“Mixed Court”。名称不仅是语言之差异，显示的是中外法律文化的不同，更是中外双方对此机构的不同设想与预期。

1864 年初设机构，中方称之为“洋泾浜北首理事衙门”，“洋泾浜北首”意是当时的英租界，而“理事衙门”则意为一个处理特殊事务之衙门，具有专门性之特点。而后来改为“会审公廨”，则突出其中外国官员“会审”特点，且选择“公廨”之称，则似乎代表此机构地位较低，②规模亦不及一般的基层衙门。因此，当时中国政府在设立此机构时并没有设想成立如州县衙门一样的机构，而是为处理租界内华人案件，尤其是华洋之间诉讼的权宜之计。

首先分析两种机构的设置。清朝除了“省、道、府、县”等地方政权外，还有非政府序列的“专业性质”的机关——漕运、河道、盐务、税关、仓场等，与它们相关的民刑诉讼一般要移送或会同地方州县审理，以维护国家司法管辖的集中统一。③之外，为维护清朝统治设立八旗驻防制度，由于旗民之间纠纷日增，需要专门机关审理照顾旗人的特殊权益，理事厅应运而生。

理事厅原非单独一级行政机关，是理事同知、通判办事的机构。而同知、通判原是明清时期知府的佐贰官，协助知府处理某方面的事务。正五品，因职责的侧重不同而各有名目。清代同知有：“曰清军，曰捕粮，曰水利，曰屯田，曰治农牧马，曰理事，各视其繁简而分掌之。”④“理事”即是办理旗

① 吴圳义：《清末上海租界社会》，台北文史哲出版社 1978 年版，第 25 页；参见史梅定主编：《上海租界志》，上海社会科学院出版社 2001 年版，第 52、282、286 页。

② 古代衙门里长官办公的地方称为厅堂，长官手下办事人员的办公室只能降低级别，称为“廨”或“房”。参见郭建：《帝国缩影——中国历史上的衙门》，学林出版社 1999 年版，第 13 页。

③ 郑秦：《清代司法审判制度研究》，湖南教育出版社 1988 年版，第 44 页。

④ 乾隆《大清会典》卷五，“官制三”。与明代相比，理事同知一职是清代专设。明代同知有“分掌清军、巡捕、管粮、治农、水利、屯田、牧马等，无常职”。参见《明史》卷七十五，“职官四”。

务、旗籍以及旗人诉讼事务的。理事同知通判设在八旗驻军的都邑关津与旗人聚居的地方。理事同知通判是地方文职官员，专门负责联络八旗驻军与当地政权的关系及处理有关旗人事务，但不是地方行政长官。清康熙末年，一些分驻（不在府治）一地的同知、通判渐变成驻在地区的行政长官，于是始陆续设置"厅"一级地方行政长官。①同知通判仍是负责审理旗人与当地民人的交涉、诉讼事件，后来又推及东北、内蒙古一些旗、民或蒙、民错居杂处之地。②一般来说，旗民之间的诉讼，普通刑事犯罪应予以会审，而民事案件可不予会审。

1864年上海租界内设立"洋泾浜北首理事衙门"，与上述机构有着密切联系。当时清政府上下对侵入中国的洋人无准确的认识，虽然华洋之间事务并不等同于旗民之间事务，但在仓促之下，并无前例可循，处理华洋之间事务的机构效仿处理旗民之间诉讼与交涉事务的机构设置，也自在情理之中。③这也可从另一角度说明，何以在"洋泾浜北首理事衙门"设立之后，中方官员已准备草拟章程以及改名为"会审公廨"。而会审公廨谳员则是由道台委派的官员，具有"同知"衔。

正如以上所分析的，无论是机构还是谳员职别均显示了当时清政府官员对会审公廨之设想及期望，即是为专门处理华洋之间诉讼而设。因此会审公廨主要的任务即是审理案件。也正因为机构的专门性，它也不同于州县的司法事务。

州县行政事务繁忙，各类职责自分轻重，但以司法事务为最重。④州县作为基层法庭，管辖其辖区内所有民刑事案件。他不只是一个审判者，不仅主持庭审和作出判决，还主持勘查和讯问及缉捕罪犯。以现代眼光来看，他的职责包括法官、检察官、警长、验尸官的职责。⑤

而会审公廨谳员的司法职责与知县相比，则要少得多。首先他无需勘察违法犯罪现场，亦无须缉捕罪犯，而是由巡捕房解案至会审公廨，由巡捕

---

① 郑秦：《清代司法审判制度研究》，湖南教育出版社1988年版，第60—61页。

② 定宜庄：《清代八旗驻防研究》，辽宁民族出版社2003年版，第178页。

③ 很长时间里洋人一直被视为"夷人"，与洋人相关的事物均带上"夷"字。在开埠之初，当时上海县的百姓视自己居住之所为"城里"，称洋泾浜英租界为"夷场"，后来洋泾浜改为"北市"，"城里"则叫"南市"。参见姚克明：《海上洋泾浜》，学林出版社2004年版，第6页。

④ "一州县所司不外刑名钱谷"，至于这刑名钱谷两者孰轻孰重，恐怕取决于观察问题者的角度与方法。参见瞿同祖：《清代地方政府》，范忠信、晏锋译，法律出版社2003年版，第31页。不过以事务的繁忙来论，似乎"刑名"之事更重。

⑤ 瞿同祖：《清代地方政府》，范忠信、晏锋译，法律出版社2003年版，第193页。

提出被告违法犯罪的事实证据，谳员职责仅在于坐堂审理，作出判决或裁定。当然这亦是会审公廨主要作为一个司法衙门的理由。

如上所论，会审公廨与传统州县衙门相比，无论是权限还是管辖范围都相对较小，而且因会审公廨所处环境、审判案件的主要职责、与外国人会审等，使会审公廨在不少方面已不同于州县衙门的运作机制。但在中国政府看来，这一机构只能是双方协定的章程框架下的一个上海地方政府派出常驻租界的"新衙门"。比较之下，外国人对此机构设想较有差异。"Mixted Court"是会审公廨的英文名称，直译为"混合法院"或"混合法庭"，这是外国人对此机构的设想与观感。在"洋泾浜北首理事衙门"设立之初，英国高等法院法官霍恩比甚至认为一个有外国陪审官参与的中国法庭应成为衡平法院。在会审公廨章程制定后更是以实际作为去不断突破现有权限，显示租界内的以工部局为代表的外国人想以此建立一个可以施展其政治控制、法律抱负及担负租界秩序繁荣的司法机构。

第二章　会审公廨司法审判权及其嬗变

1869年4月20日会审公廨正式成立，其基本章程《洋泾浜设官会审章程》共有十条。这是清政府草拟之章程，其内容并不完全为外人所认可，虽然双方签订了协议。[①]之后随着租界的扩张（章程的修订在一定程度上与租界的几次扩张相吻合），当时中国社会形势的日渐复杂，为了维护租界内秩序及外人在租界内的利益，由各国成员组成的公共租界市政机构工部局一直企图使租界成为脱离中国政府管辖范围之外的区域，而对于会审公廨这一租界内的司法衙门，自是企求进一步在其控制之下。正是以上原因，外国人不满1869年的章程，并不断寻求章程的修订。每次的章程修订扩大了会审公廨的司法管辖范围，外国人逐渐控制会审公廨的审判，而上海地方政府对租界内华人居民的管理与控制却日渐削弱。

第一节　会审公廨章程的制定、修改与争议

会审公廨的成立是中外双方协议之果，但自成立之初，双方就其章程的制定及其具体内容包括管辖权、拘提程序等发生诸多争议，体现出会审公廨在中外权力博弈之下的存在及其嬗变。

一、1869年章程的制定与外国人的不满

1869年4月20日《洋泾浜设官会审章程》十条由驻沪英美德领事公布生效。其内容如下：

1. 遴委同知一员，专驻洋泾浜，管理各国租地界内钱债斗殴窃盗

① 这个章程是由上海道台草拟，1867年11月呈北京总理衙门及英美等国驻华公使审核。双方对《洋泾浜设官会审章程》的制定及态度在一定程度上反映了双方对会审公廨的期望值存在很大差异，这是双方不断发生冲突的一个原因。下文将对此作一详论。

词讼各等案件，立一公馆，置备枷杖以下刑具，并设饭歇。凡有华民控告华民，及洋商控告华民，无论钱债与交易各事，均准其提讯定断。并照中国常例审讯，并准其将华民刑讯管押，及发落枷杖以下罪名。

2. 凡遇案件，牵涉洋人必应到案者，必须领事官会同委员审问，或派洋官会审。若案情只系中国人，并无洋人在内，即听中国委员自行讯断，各国领事官无庸干涉。

3. 凡为外国服务及洋人延请之华民，如经涉讼，先由该委员将该人所犯案情移知领事官，立将应讯之人交案，不得庇匿。至讯案时，或由该领事官，或由其所派之员，准其来堂听讼。如案中并不牵涉洋人者，不得干预。凡不作商人之领事官及其服役并雇用之人，如未得该领事官允准，不便拿获。

4. 华人犯案重大，或至死罪，或至军流徒罪以上，中国例由地方正印官详请臬司审转由督抚配定奏咨，应仍由上海县审详办。倘有命案，亦归上海县相验，委员不得擅专。

5. 中国人犯逃避外国租界者，即由该委员选差径提，不用县票，亦不必再用洋局华巡捕。

6. 华洋互控案件，审断必须两得其平，按约办理，不得各怀意见。如系有领事管束之洋人，仍须按约办理，倘系无领事管束之洋人，则由委员自行审断，仍邀一外国官员陪审，一面详报上海道查核。倘两造有不服委员所断者，准赴上海道及领事官处控告复审。

7. 有领事之洋人犯罪，按约由领事惩办，其无领事之洋人犯罪，即由委员酌办。至华民犯罪，即由该委员核明重轻，照例办理。

8. 委员应用翻译书差人等，由该委员自行招募，并雇洋人一二名看管一切，其无领事管束之洋人犯罪，即由该委员派令所雇之洋人随时传提管押，所需经费，按月赴道具领。倘书差人等有讹诈索扰情弊，从严究办。

9. 委员审断案件及访拿人犯，须设立一印簿，将如何拿人，如何定断缘由，逐日记明，以便上司查考。倘办理不善，或声名平常，由道随时参撤，另行委员接办。

10. 委员审断案件，倘有原告捏砌诉词诬控本人者，无论华洋，一经讯明，即由该委员将诬告之家，照章严行罚办，其罚办章程，即先由该委员会同领事官酌定，一面送道核准，总期华洋一律，不得稍有偏袒，以昭公允。①

① 在章程厘定的次年，法国领事提起抗议，不愿受其约束，于是另设法界会审公廨于领署，上海也就有了两个会审公廨。

章程的主要内容有以下五个方面：

(1) 规定了会审公廨组织问题(章程的第 1、8 条)，会审公廨由上海道选派同知主司其事，内设通事、翻译、书差等人，均由委员雇用，并可另雇洋人二名，可以作为办理无领事裁判权国人案件之用。

(2) 规定了会审公廨管辖范围(章程第 1、2、4、7 条)，会审公廨受理租界内华人之间、外国人诉华人的民、刑案件，发落限于枷杖以下的罪名，军流罪以上的由县审理，命案验尸也归上海县。以管辖对象划分，可分人、物、土地三类。首先以人为对象，公廨管辖包括华人为被告的民刑案件，以及无约国人为被告的案件。具体分为：第一，华洋诉讼，即外国人为原告、华人为被告的民事案件，或外国人为被害人、华人为加害人的刑事案件；第二，纯粹华人之间的民刑事案件；第三，“无约国”人民的案件，即“无约国”人民相互之间的民刑事案件，华人或“有约国”人民为原告、“无约国”人民为被告的民事案件，或华人或“有约国”人民为被害人、“无约国”人民为加害人的刑事案件。其次，以物为对象，会审公廨受理“钱债与交易各事”的民事案件，以及限于“枷杖以下罪名”的刑事案件。若以土地为对象，公廨管辖限于英美租界内。①

(3) 规定了领事参与审判问题(章程第 2、3、6、7 条)，领事有权参审或派员参审的案件有：第一，凡牵涉洋人到案的案件，须由领事或派官员与谳员会审。若是纯粹华人之间案件则不得干涉。第二，对洋人雇用之华人涉讼案件，领事官或领事派员到堂听审，若案件不牵涉洋人，则不得干涉。第三，华洋互控案件，若一方无领事管束的外国人，则由委员自行审断，仍邀外国官员陪审。第四，无领事国人犯罪，则由委员酌拟罪名，详报上海道核定，并与一有约国领事会商酌办。

(4) 规定了拘提犯人的办法(章程第 3、5 条)，对逃入租界的中国人犯的拘捕问题，由谳员直接拘捕，不用县票，也无需工部局华人巡捕协助。拘提为外国人雇用的华人，则应先通知该管领事，如为领事服役的华人，则须经领事允准，方可拘捕。

(5) 规定了上诉程序(章程第 6 条)，华洋互控案件、有约国人诉讼或无约国人诉讼，若对委员审判不服，得向上海道及领事官上诉。

---

① 需注意的是：公共租界内有两处地方即天后宫、江海关属于“非租界”地区，是不受租界当局管辖的，而是属上海县管辖，自然这里发生的案件不属于会审公廨管辖；另外在租界与县城的交界之处，往往成为管辖权纠纷的经常发生地，加之租界的几次扩张，更使这一问题不可忽视。

这个章程对于中国法权的侵夺，如诸多学者所指出的，主要有三个方面：一是提传外国人雇佣的华人，其权操于领事手中；二是对于无约国人民与华人混合案件，领事有陪审权，“无约国”人民之间案件，领事亦有会审之权；三是领事与公廨委员处于平等地位，会同审案，然而又可与道台处理上诉案件，能够变更公廨委员的判决。①

但就当时上海地方政府官员来说，此机构的设置以及章程的制订，都是一个无奈的选择，即使官员的颟顸无能亦是其中原因。同时也是寄望以此书面章程对其前身理事衙门的某些超越管辖的司法实践予以修正。②然而章程内容本身存在不少缺陷，如一些条款内容存在歧义，或者没有准确地界定，致予外人得以会审之借口。比如章程第3、4条规定“牵涉洋人到案”领事须参与审理，在外国人看来，只要牵涉洋人利益的案件就须会审，而租界内许多案件已很难分清是否属于纯粹华人之间的事，尤其是在涉及租界管理方面，生活在租界里，即属于这个社会的一分子，其行为举止牵涉治安秩序等。因此在外国人眼中，即使是华人之间的案件，只要涉及租界秩序或外国人在华的利益等，就一概须由领事参与会审。③当然，即使章程内容无歧义，恐怕也难逃后来之结果。

各自立场不同，对这个司法机构的理解和期望随之不同。④对于外国人来说，这是一个无法令其满意的章程，包括对会审公廨管辖范围的限制、对

---

① 梁敬錞：《在华领事裁判权论》，商务印书馆1930年版，第105—107页；徐公肃、丘瑾璋：《上海公共租界制度》，第163—164页；蒯世勋编著：《上海公共租界史稿》（上海文史资料丛刊），上海人民出版社1980年版，第381页。

② 如对租界内中国犯人的拘押无需再用洋局华捕就是一例。但随着外国人的权力扩张，很快被废除了。

③ 如1922年驻京外交团就中国提议的五点有关会审公廨修正案照会外交部，其中就有“在租界内发生之刑事案件无一不与工部局维持治安及秩序之责任有关，故精确言之，租界内并无纯粹华人刑事案件”之言。可见，在外国人眼中，租界内发生的刑事案件有关租界内治安，自然很难与外国人利益无关。参见《上海会审公廨史略》，《国闻周报》（第2卷第25、26期），载何勤华、李秀清主编：《民国法学论文精萃·诉讼法律篇》（第五卷），法律出版社2004年版，第210页。

④ 如郭泰纳夫认为，章程忽略了两个问题，一是忽略了会审公廨成立之前对华人犯罪的审判依赖于外国领事，二是忽略了中国谳员在审判中如何能在陪审官的指引下实现司法的公正。参见A. M. Kotenev, *Shanghai: Its Mixed Court and Council*, Shanghai: North China Daily News & Herald, 1925, p.72。这是1925年郭泰纳夫写此书的观点，在一定程度上反映了当时不少外国人的心态——他们西方人才是法律公正的象征。而这种心态并非不值一提，正因为此心态才在一定程度上使得他们对会审公廨现状的不满，要求进行改革。虽然外国人期待对会审公廨进行改革的根本原因恐怕在于其自身利益的追求。这亦是对会审公廨如何评价的复杂之处。

陪审官权限之限制、中国谳员职级太低等。尤其是在实践中，这些问题屡次为外国人所指责，亦是被认为迫切要求改变的地方。①

在会审公廨正式成立之前，中外双方就已因管辖权限等问题产生一些不谐之音，现在章程对于公廨的管辖权以及陪审官权限，均予明章限制。因此中外双方继续因管辖权限、陪审官的权力等问题进行争执。外国人认为会审公廨管辖权不应该仅限于英美租界，而应该扩张到中国县城，甚至提出设立一个类似独立县署机构以专理华洋诉讼案件。而陪审官的权力问题，在会审公廨设立之初，华官希望能削减外国人在会审公廨的权力，主要是削减陪审官的权力，并向外人要求订立章程明文规定，审判案件的权力须完全由中国谳员执行，陪审官不得干涉，但实际上外国陪审官却与中国谳员共同执行审判之权。②而且驻沪领事们自始并不打算仅仅视会审公廨为一个与他们无关的纯粹中国司法机构。相反，随着租界内事务的日益繁杂，租界内治安管理等的日益重要，尤其是外国人早把租界看成排除中国管辖之外的一块"飞地"，租界内的所有事务他们有权管辖，也必须管理，否则影响其在中国的利益。因此在他们看来，只要居住在租界内，即使是中国人之间的案件也必然牵涉他们的利益。即如一个外国学者所说："在一个为外国贸易和居住保留的地区内一定不会承认一个受羁绊的管辖权。"③双方在权限认识方面无法达成一致。

谳员的官职低微以及审判的不独立性亦是外国人耿耿于怀，一再希望予以改变的问题。按照章程规定，会审公廨谳员由上海道台委派，职衔为同知。而在实践中产生两个问题：一是谳员由道台委派，案件的审理往往受道台的制约，而被认为道台才是会审公廨背后真正的审判官。行政权对司法审判的干涉，致使司法审判缺乏必要的独立与公正的保障。二是谳员职级较低，尤其有时任命与知县同级官员，甚至由知县的佐贰官担任谳员，在牵涉比他职级高的官员之案件时，其审判必然会因诉讼当事人的身份而影响

---

① 英国领事麦华佗在1874年度贸易报告中指出，会审公廨"仍由于完全不足以达到该机构的原定目的而引起公众的关注"，并认为迫切要求做到三点："第一，首席会审员应享有比目前更适合于租界需要的民法和刑法方面的裁判权；第二，会审公廨应较能独立和正直地执行有关的公职；第三，应有较完整的过程，彻底从租界内驱逐那些已定罪和判刑的坏人。"参见李必樟译编：《上海近代贸易经济发展概况：1854—1898年英国驻上海领事贸易报告汇编》，上海社会科学院出版社1993年版，第356、357页。

② 参见夏晋麟：《上海租界问题》，中国太平洋国际学会1932年版，第42页。

③ F.L.Hawks Pott, *A Short History of Shanghai*, Shanghai Kelly & Walsh, Limited, St. John's University 1928, pp.67—68.

判决，从而不利于租界的秩序。①外国人因此提出更换谳员需得到领事允许，干涉对谳员的任命。1904年会审公廨谳员张炳枢因事撤差，沪道改派孙建臣代理，英、德、美三领事具文加以干涉，谓："廨务日繁，孙某年老不胜任，张某撤差难予同意，应转令其永留此任；否，亦当暂时留任。"函末并云："嗣后更换谳员，必须先行知照，俟本总领事照允，始可办理。"②

在驻沪领事与工部局董事们看来，正是由于会审公廨谳员的低职位、外国陪审官审判案件的权力有限、管辖权的限制等，才导致了居住在租界内的外国侨民对会审公廨的批评：处罚的不足直接鼓励了犯罪，陪审官的权轻和谳员的职卑阻碍会审公廨作出合理判决，从而影响租界的治安，损害居民利益。这些对会审公廨的指责为报纸及英国商业部（the British Chamber of Commerce）所宣扬和支持。③

正是以上原因，自章程制订之后，外方一直未放弃对章程的修改。随着时间推移，租界的不断扩展，租界内居民日增，范围愈广，在章程的适用上实际已"日有变更"，外国领事之权限亦日增。加之租界恶性案件日增，驻沪各国领事认为修订会审公廨的规则，对于维护租界的治安及其发展极为重要，故领事们提交北京外交团要求修改公廨章程。虽然几次的修改稿未得到中国政府的认可，但会审公廨在实践中已逐渐弃原先的章程不用，与既定方向愈离愈远。

二、章程的几次修改与结果

1869年章程本规定有效期为一年，但实际上一直有效。只因外国人日益对会审公廨不满，不断寻求对章程的修订，实践中也已远离章程。1875年，驻沪领事团召集会审公廨的外国陪审官会议，磋商改良会审公廨之法，认为"现行制度，微特于刑事案件，未能处置得宜，即于民事案件，亦罔克孚洽众望"。当时英国副领事认为会审公廨的根本问题在于"除非根本改正法章，于陪审官以较大之权限，并制定中国新刑法，而公布之，公堂事务，殊鲜改良之望，不仅城内中国当道之藉端推托，须求应付之方，且有更大之困难，

① 如一次工部局下属工务委员会需要填没北京路一处妨碍公共卫生的明沟，但这块地产属于一个高官，他要将池塘加以装饰作为观赏之用，他威胁陈谳员不得在公堂支持工部局对他的诉讼。参见罗苏文：《上海传奇——文明嬗变的侧影（1553—1949）》，上海人民出版社2004年版，第126页。

② 梁敬錞：《在华领事裁判权论》，商务印书馆1930年版，第109—110页。

③ William Crane Johnstone, *The Shanghai Problem*, Stanford University Press, Stanford University, California, 1937, pp.139—140.

即欧人视为重大之罪犯行为，华官视为轻琐而可恕，而外人视为轻琐者，华官反视为重大而应惩办也”。①会议之后，陪审官遂要求有权处罚轻重罪名，并减少移送人犯去内地受审定罪。而且外国人的不满与日俱增，更由各团体上书驻京公使团请愿，要求修改条约。②不过驻京公使团以遵守条约为由没有同意。1876 年订立的《中英烟台条约》中有以下规定：“……中国亦在上海设有会审衙门，办理中外交涉案件；惟所派委员审断案件，或因事权不一，或因怕招嫌怨，往往未能认真审追。兹议由总理衙门照会各国驻京大臣，请将通商口岸，应如何会同总署议定承审章程，妥为商办，以昭公允。”③该条约虽然明文规定了审理中外刑事混合案件，原告一方可派观审员到对方法庭观审，对审判进行干涉。但对于上海的会审公廨并未规定具体改革的办法，这对殷切希望改革会审公廨的外国人，显然大为失望。④

1879 年北京公使团（包括英、美、秘鲁、意大利、日本等国公使）开会，讨论各种重要事项，包括条约口岸的司法管辖问题。在司法会议上，提交了有关会审公廨的报告，而以美国公使西华德（George F.Sward）提交的备忘录为代表。在其备忘录中除了会审公廨的历史沿革及与其他提交的报告内容相同外，还提出以下几点：一是要保证谳员的同知官衔；二是要保证会审公廨的改革，避免上海知县的干涉，即使不行，也要道台与知县同在会审公廨审理案件；三是让政府为会审公廨及其工作人员提供资金及薪俸；四是要求

① 参见夏晋麟：《上海租界问题》，中国太平洋国际学会 1932 年版，第 42 页；A.M.Kotenev, *Shanghai: Its Mixed Court and Council*, Shanghai: North-China Daily News & Herald, Limited, 1925, pp.77—78。

② 主要包括以下几件事：一是认为应设置警务官一员，由外人担任，以代会审公堂之责；二是要求领事及其代表，应与中国问审官有同等权限；三是提出中国刑律及审问方法，有认为不适用时，应依照英国刑律及审问呈式定谳。参见夏晋麟：《上海租界问题》，中国太平洋国际学会 1932 年版，第 42—43 页。

③ 此条约对华洋混合案件的“观审”问题作了如下规定：“中国各口审断案件，两国法律既不同，只能视被告者为何国之人，即赴何国官员处控告；原告为何国之人，其本国官员只可赴承审官员处观审。倘观审之员以为办理未妥，可以逐细辩论，庶保各无向隅，各按本国法律审断。”这往往成为外国人在中国派员观审、会审的依据。参见王铁崖编：《中外旧约章汇编》（第一册），三联书店 1982 年版，第 348 页。

④ 参见徐公肃、丘瑾璋：《上海公共租界制度》，第 165 页。郭泰纳夫也认为，该条约不仅不足以解决难题，也不足以满足外人在华的殖民利益，而且自条约制订后，会审公廨的地位比较以前更含混繁杂。参见 A. M. Kotenev, *Shanghai: Its Mixed Court and Council*, Shanghai: North-China Daily News & Herald, Limited, 1925, p.80。英国领事麦华陀则说：“会审公廨已经到了苟延残喘的地步，而且在我屡次建议的彻底改革能被采用前，必将继续这样地拖下去。”李必樟编译：《上海近代贸易经济发展概况：1854—1898 年英国驻上海领事馆贸易报告汇编》，上海社会科学院出版社 1993 年版，第 395 页。

外国陪审官尽力在审判中实践修改的程序规则；五是鼓励外国陪审官提出更多的令人满意的惩罚原则等。①司法会议将这些提议由外交团转交给总理衙门。1880年4月末西华德还以个人身份与总理衙门负责官员会晤，讨论这一问题，得到了总理衙门的允诺，答应考虑外交团的要求，并写信给当时反对改革会审公廨的上海地方政府官员。中美《续约附款》第4款规定："……原告之官员于审定时，可以前往观审，承审官应以观审之礼相待。该原告之官员，如欲添传证见，或查讯、驳讯案中作证之人，可以再行传讯。倘观审之员以为办理不公，亦可逐细辩论。"②对会审公廨来说，这些规定只是对早已存在的事实予以条约化而已，甚至比这走得更远，不过对于外国人来说，条约的明文规定可使一切更有依据，与中方的交涉也就更有章可循。

1898年在上海的一些外国人集合开会讨论修订会审公廨章程之事，起草了19条规则，于10月3日提交给英国总领事。③当然这只是外国人单方面的非政府性行为，但从其内容上来看，要比1869年章程更详实，涉及范围更广。这既包括外国人对改革会审公廨的期望，又包括对当时已实践惯例(超过原来章程规定的范围)的成文化。

因管辖权限问题，公共租界会审公廨与法租界的会审公廨常发生冲突。1902年又定会审衙门追加章程，以规定双方的权限。按照此章程，凡纯粹华人间的民事案件，采用以原就被的原则，华人原告应向被告居所所在地的会审公廨起诉。"华被洋原"之间的诉讼，则视原告国籍而定，若原告为法国人，无论被告居住在何租界都由法租界会审公廨审理，即使是居住在公共租界；原告若是其他国人，被告即使居住在法租界，亦由公共租界会审公廨管

① William Crane Johnstone, *The Shanghai Problem*, Stanford University Press, Stanford University, California, 1937, p.142.

② 参见王铁崖：《中外旧约章汇编》(第一册)，三联书店1982年版，第380—381页。

③ 19条内容大致有：(1)公廨谳员的地位、职权等、命令的签署及执行权问题。并指出谳员的职责必须是纯司法性的。(2)牵涉外国人利益的案件，都必须由领事或副领事参加审理，对判决不同意，案件则交由道台和领事组成的更高一级法院审理；无领事国人案件，由谳员与有领事权的外国陪审官会审。在以上案件中，一方若对谳员判决不服，都可以提交道台或高级领事再审。(3)在一些与谳员职别相同的华人为被告的案件，必须由道台和原告所在国领事会审。(4)中外之间的案件必须平等、不偏倚地审理。(5)所有被公廨判监禁的犯人都必须关押在公廨及工部局的监牢。(6)公廨及其监牢的开支须受道台及领事的监督。(7)公廨的书记官长须记录案件的相关信息，并接受领事、道台及谳员的监督。具体可参见 A.M.Kotenev, *Shanghai: Its Mixed Court and Council*, Shanghai: North-China Daily News & Herald, Limited, 1925, pp.103—104。

辖。同年，一个英国委员会利用跟中国从事商务谈判的机会，提出将会审公廨尽可能地英国化，即会审公廨完全由工部局控制，华籍会审官将不再由上海道台指派，而直接由满清皇帝任命，由工部局任命和支薪的唯一外籍会审官，将管辖所有外国人的司法案件，而且由工部局的巡捕代替华籍会审官的捕役。①英国在公共租界的势力要比其他国家强，自然在司法方面也希望能独立控制。当然，这仍是其一厢情愿。

1905年上海领事团拟再次请求修改会审公廨章程，会同商决续订十一条，转送北京公使团，由北京公使团照会中国外务部提议修改。其内容如下：

第一　(甲)上海会审公堂所有词讼案件，应立华文册档，将每案分注册中，按次编号，收状日期，两造姓名，籍贯何处，控告何事，开审后所有按日堂谕，堂断，以及复讯，上控，讯办各事，亦须一一注明，并将结案之堂谕详注册中。(乙)所有刑名案件亦须照立华文册档，一切详注各条与上文同。(丙)以上两项册档凡与本案确有关涉之人，皆许随时查阅。

第二　会审公堂所审各案，除中外会审官员商定有关风化之案应行密讯外，其余各案均须任人公听。

第三　会审公堂华官应以实缺同知任为正堂，凡控告洋泾浜北租界内无论何品之中国人员均可一律审断。又应有一二华员任为副堂，以便承讯正堂交审之案，其品位应不亚于候补同知，其委撤之权均操之上海道。

第四　(甲)除通体关涉华人案件外，其余各案均应有外国官员会审，此外国官员应视各国商民照约应得之利权由各国领事官分别委派。(乙)中外堂官如有意见不合未能结案之处，应请上海道及案内外国人之本国总领事官或领事官复核。

第五　会审公堂牢狱须照洋泾浜北租界工部局止疫章程办理，并由该工部局医官稽查。

第六　凡居住洋泾浜北租界内之华人，无论何案经会审公堂提究传讯，所出之提传各票应由领衔总领事画押盖印，方能施行，若被告系外国商民雇用者，其提票兼须该东人之本国领事画押盖印，方能行提。

第七　凡词讼刑名各案如有外国会审官在座，两造均可聘用律师，

---

① 吴圳义:《清末上海租界社会》，台北文史哲出版社1978年版，第22页。

惟律师先须呈明已在驻沪本国领事署堂下邀准，方能在会审公堂充当律师。

第八　凡审讯案件，本案之中外堂官如以为律师不遵命令，即可暂禁其在本堂充当律师，其暂禁限期不出一个月。如经该律师之本国领事官允诺，则暂禁之限可展至六个月。

第九　凡审讯案件如照华例并无成案可查，会审公堂应照商民相沿之法公平断谳。

第十　凡案内所有之人，务须悉遵会审同知随时所定由各国领事公允之堂断。

第十一　凡原有之章程各条与此项续改章程不相抵牾者，仍照旧施行。①

这一修改章程虽然并未得到中国政府的正式同意，然而实际上大体已依此办理。

1905 年“大闹会审公廨”案件激起上海社会对外国侵占中国法权的极大愤慨，中外双方几乎剑拔弩张。1906 年 3 月各国使团在这种状况下，与中国外务部订立协定，重新按照 1869 年《洋泾浜设官会审章程》，缩小会审公廨权力，对于刑事案件仅有判监禁 60 日的权限。各国使团训令上海领团，务须严格遵守，并放弃 1869 年以来领团所订的一切章程和规定。但由于上海领团的坚决反对，各国使团又于同年 4 月与中国外务部达成新谅解，承认诉讼程序悉照原状，并允准对刑事的判禁期改为 5 年。②刑期 5 年以上的案件则移送上海县办理。但这仅是“文本”之说，事实上会审公廨判 5 年以上的案件多有，甚至有判监禁 20 年、25 年之案。

1911 年辛亥革命之后，因上海县知县的逃去无踪，工部局乘机接管了会审公廨，加之，新成立的民国政府百端待理，头绪纷繁，未予顾及。会审公廨对命盗案的勘验缉捕判决之权再次付诸实施。1912 年上海地方审判厅初建，开始对双方管辖权限问题予以重视，拟定上海地方审判厅与会审公廨管辖案件简章，包括刑事交涉讼案十一条，民事交涉讼案四条，附则三条，以期厘清双方管辖权限。

① 法权讨论委员会：《上海会审公廨概述》，《东方杂志》第二十卷第二十号，第 125—126 页。另外，当时上海地方官员对此提出的修改意见，参见上海市档案馆藏，卷宗号 Q187-1-1208，第 33—40 页。

② 邓克愚、顾高地：《列强在上海侵夺我国司法权的史实》，载《列强在中国的租界》，中国文史出版社 1992 年版，第 38 页。

刑事规则十一条：

第一条 刑事案件以事实发生地为管辖，若地方审判厅与公廨管辖地均为事实发生地时，以先受公诉者为管辖。

第二条 会审公廨得判定三年以下之监禁及三百元以下之罚金，若罪名在应判刑罚之上者，应送地方厅办理。

第三条 依前两条所规定有管辖权之案件，若案中人犯住址或迁避在所管辖界外者，得彼此协提送案。

第四条 协提令状应将被告住处或事实发生地等事事详载，地方厅移提者送由会审公堂转请领事签字，由原告持票人持赴捕房派捕协提；公廨移提者送由交涉使签字盖印，由原持票人持赴地方厅派警协提，惟彼此均须预审后始能送案。

第五条 传提证人不必预审，惟交案后讯系共犯或附带犯罪人应即送回预审后再行移交。

第六条 搜查证据吊取赃物发封产业，彼此行文应于移文内将全案证据详录以凭核办。

第七条 凡关于盗窃等案在界外吊取赃物者，应照下列各款分别办理以期迅速。

甲 地方厅已受理之案件由厅行文捕房签字径提。

乙 警局发见尚未送厅之案件由局行文捕房签字径自提。

丙 捕房或公廨管辖之案件由该捕房或公廨行文警务长签字径提。

丁 捕房或公廨在地方厅管辖地面吊赃，如警务长认该案未管辖错误者应即送由地方厅核办。

第八条 公廨在内地他处移提人犯，应行文上海地方厅转移办理，提解到沪时仍由上海地方厅预审后送案。

第九条 公廨审断刑事应于每月将所犯罪名人数列表呈送交涉使转移地方厅存案，其判定监禁三年以下者一年以上、罚金三百元以下百元以上者，并须详录案由证据。

第十条 公廨审理外国人告诉或告发华人案件，依第二条之规定移送地方厅办理者，照约由该管领事到庭观审。

第十一条 公廨判决之刑事案件，如当事者不服得控告于地方厅，再不服得上告于上海高等分厅，其公廨依第二条规定移送。地方厅判决之刑事案件，如当事者不服得控告于上海高等分厅，高等分厅未成立以前由地方厅呈请高等审判厅临时组织之，如系外国人告诉或告发者，准该管领事到庭观审。

民事规则四条：

第一条　民事案件以被告人所住地为管辖，若多数被告人住所地不同时由宿舍人之合意定之。

第二条　会审公廨得受理三百元以下之财产诉讼，其婚姻嗣续等人事诉讼及三百元以上之财产诉讼概贵地方厅管辖。

第三条　刑事第三条、第四条第六条之规定民事案件准用之但不必先行预审。

第四条　民事判决不服上诉准用刑事上诉之规定。

附则三条：

第一条　洋泾浜会审章程与本章程不冲突者均有效力。

第二条　领事观审不得干预本案之判决。

第三条　公廨所用法律以江苏议会议决者为准，俟中央法律颁定后一律改遵办理。

该规章基本上是重申双方的管辖权限与拘提程序，仍强调会审公廨管辖权限在于监禁三年以下、罚金三百元以下之案件；双方在各自界外拘提犯人，应遵守规章，协提送案。因此，双方发生争议也就主要有以下两个方面：一是会审公廨受理判决在三年以下、罚金三百元以下案件。如"杨树浦新家浜地方盗劫案"、"戳毙华捕毛九康案"两案均判被告监禁十年，公廨谳员未予承认，但外国陪审员以此定案，双方争持不下。二是华界拘提租界内华人，则需至会审公廨签字盖章要求协提，若是洋人雇用之人则视为华人。如1912年上海地方审判厅票传郭晋英到案一事，遭到意大利领事诘问，其缘由在于郭晋英系意大利商人阿密达的买办，但地方审判厅传票上既无领袖领事的签字，也无意大利总领事签字。地方审判厅解释为原告诉状称其住居闸北，被告辩诉状上亦称居住城内穿心街，均未声明住居租界，因此上海地方审判厅传郭晋英无需遵守上述规章。①也正因为双方的摩擦，国人的抗争，加之民族运动风潮的席卷，经过三年的过渡时期，从会审公廨到临时法院，最终结束其历史命运。

从1869年至1927年，会审公廨成立制定的《洋泾浜设官会审章程》在实践中早已原貌全非，"改弦更张"。对会审公廨章程的修改以及在此过程

① 《上海地方审判厅司法实记》(第三册)，作者不详，南华书店1912年版，第7页。

中中外双方的交涉，反映出西方列强对中国司法的侵夺、中国政府及民众的民族与主权意识的增强，并与之抗争。其侧面，在特定前提下可以说，章程的修订也是适应当时租界发展的一种体现，或者更准确地说，章程其实是对当时会审公廨正在实践变化的具体规则加以成文化，固然是以逐渐侵蚀中国司法主权为代价，但这是不可否认的事实。而这一会审公廨的规章也逐渐为其他租界所效仿，只是由于各种原因，尚不足以与原生地上海的会审公廨相提并论。

第二节　审判权限的变化：扩张与萎缩

会审公廨是一个设立在租界内的由中外审判官组成的中国司法机构，由于外国人对会审公廨权力的不断侵蚀，致使会审公廨在权限上逐渐发生变化，既有会审公廨自身对外管辖范围及审判权限的扩张，同时又因外国人对会审公廨的逐渐控制而导致会审公廨在一些权限上的萎缩。本节即对此问题加以论述。

一、会审公廨管辖权的扩张

会审公廨管辖权的扩张不仅体现在章程修订上，虽然修订章程往往导致又一次的权限扩张，其管辖权在会审公廨的日常运作以及中外交涉过程中逐渐地得到了扩张，当然最瞩目的莫过于 1911 年会审公廨完全受外国领事团与工部局控制。

会审公廨管辖权限的扩张主要表现在以下三个方面：

第一，审判权限的扩大。根据《洋泾浜设官会审章程》，会审公廨的审判管辖范围仅限于钱债、斗殴、窃盗等民刑事案件，发落罪名限于枷杖以下。会审公廨受理租界内民刑事案件的一部分，刑事案件较重大者，大多移送到县衙审理，民事案件则以道署为上诉法庭，但会审公廨陪审官往往不顾双方协定的章程，对应该移送上海县衙审理的案件先自审判处罚，初期是在最大权限内实行处罚。如 1874 年在一起一广州人被控犯严重伤害罪的案件中，陈福勋谳员主张把犯人移交县城，由比他职别高的官员审理，但遭陪审官反对，理由是前几天一个犯人被控非法藏有武器，送到县城受审，但过了一两天又出现在租界，并再次违法而被抓。陪审官认为会审公廨的最大权限仅是判杖责 300 下及枷号 3 个月，因此主张此案最好的解决办法就是直接判处笞杖，并枷号 3 个月，期满后由领事安排与道台会面讨论对犯人进一步的处罚。谳员对此建议予以默许。最后此犯人被杖责 300 下，枷号 3 个月。[①]至于之后如何，《北华捷报》并无相关记载。但可以肯定的是，外人认为此处罚的严厉性绝没有超过所犯罪之严重性，罪罚基本相当。

此案中，外人表面上追求的是有罪须有罚，罪罚相当。其背后却是对维护租界内秩序重要性的考量，而不是强调法治观念。不过随着外国人在租界内权力愈增，摆脱中国政府的控制欲望就愈强，其外部表现是几无止境的突破权限。在会审公廨判决中已出现超越权限的刑期，甚至判处无期徒刑。1902 年的"万福华案"，被告由英国领事判处 10 年监禁，"闹天宫案"的被告被判处无期徒刑。[②]辛亥革命之后，会审公廨权限更大肆扩张，无论民刑事案件，凡被告为租界中之华人者，概以会审公廨为唯一法庭，无其他法庭可以干预之，此时会审公廨居然成为最高级之法庭，其案件之多，民事案中价值之巨，除北京大理院外，他种法庭，殆无其匹。[③]尤其是对死刑案件的审结，更是其权限极度扩张的体现。

第二，管辖范围的扩大。随着租界的几次扩张，会审公廨的管辖范围也随之扩张。另外，还把管辖权延伸到租界与华界交界之处，对这些地方发生的案件也加以管辖审判。如美国副领事兼陪审官赫德雷在其报告中说："公堂审案之权，略经推广，即对临近租界之界外外人，有刑事行动之案件，亦得接受。盖此等案件，以便利故，胥在会审公堂进行。又上海港内水上各案，如轮船失窃等，罪犯由海关节制之水上巡警捕获后，亦送法会审公堂审问，定谳后上解至城内县监执行。"[④]

二、会审公廨权限的受控

会审公廨权限的变化，除了管辖权的向外逐渐扩张外，还存在另一层含义，即在外国人对会审公廨的日渐加强监控下，会审公廨的本身职能权限的自主性却开始缩小，如审判须受工部局委派的督察员监督，拘提犯人须受巡捕房限制、犯人的关押管理权受控等。这与管辖权限的扩张是同一手段的双向效应。是因工部局对诉讼审判活动的变相参与，尽量做到为其所用，而

---

① *North China Herald*, November 26, 1874, pp.522—523.

② 邓克愚、顾高地:《列强在上海侵夺我国司法权的史实》，载《列强在中国的租界》，中国文史出版社 1992 年版，第 32 页。

③ 丁榕:《上海公共租界之治外法权及会审公廨》，《东方杂志》第 12 卷第 4 号，第 10 页。

④ 夏晋麟:《上海租界问题》，中国太平洋国际学会 1932 年版，第 53 页。

使得会审公廨权力受限。[①]权限的受控主要体现在：

第一，提传被告权力的缩小。由于会审公廨与上海县衙的职权未明晰，[②]华案控诉及审理，与上海县衙之职权相混。章程中虽言徒罪以上，交上海县衙审判，然而轻罪的审判，上海县衙亦未尝无权。所以有时原告诉诸会审公廨，而被告复诉诸县衙。会审公廨审理的华案，上海县衙亦可移提。华人之刑事案件，除捕房解讯外，被害人或告发于巡捕房，或告发于会审公廨。而依照章程规定，除洋人雇用的华人须将案情移知领事，由领事交案外，其余概由会审公廨选派差役办理，因此廨差与县差均有权在租界内自由传提被告。但后来廨差提人，往往须以提票知照巡捕房，派捕协提，之后此提票又须经领袖领事签字，其后则非经领袖领事签字，不能协捕，非协捕不能提人，而华官遂无权提传被告。这已非章程所规定的，但至光绪二十年间，则已成惯例。[③]1903 年 4 月 19 日工部局规定新章：(1)所有租界内华人和外国人，无论何案，未经会审公廨核明，一律不准捕捉出界；(2)界外差人不准入界擅自捕人；(3)界外华官所出拘票，需经会审公廨定夺，派员协捕；(4)界外厘金局巡丁不准在界内收捐、扣货等。[④]并且对会审公廨廨役或中国其他机构内的差役严格限制其权限，尤其是不可侵犯租界巡捕之权限。1906 年 7 月 8 日星期日万国商团队伍通过租界时，会审公廨的一些差役陪同，在队伍通过街上时指挥交通。董事会认为对这种“篡夺”巡捕本职行为，值班巡捕应提出抗议。如果这些差役在及时警告后仍拒绝停止这种活动，则应将他们逮捕起来，并决定致函谳员予以严格警告。[⑤]可见，会审公廨差役其行为在租界内的活动受到严格限制，根本不可染指巡捕之职。1911 年工部局接管会审公廨之后，会审公廨差役全部撤换为巡捕。

第二，会审公廨的诉讼审判权受监督限制。主要是工部局委派西捕对会审公廨的案件审理进行监督管理。董事们认为会审公廨差役和跟班常常与巡捕相勾结，发生不法行为，其原由在于没有遵照工部局向领事团提出的建议，即由捕房监督会审公廨管辖权的行使，因此这些弊端也就无

① 而从中方谳员的权限来看，还受到外国陪审官对其权力的侵蚀。外国陪审官不仅违背章程的规定，从华洋混合案件须由中国谳员与外国领事或领事派员会审，发展到对纯粹华人案件的干涉，而且外国陪审官极力控制会审公廨的具体审判。

② 当然在当时上海政府官员看来，会审公廨只是在租界设立的一个临时的机构，是上海县派出机构。自然无需明确职权分工。

③ 参见丁榕：《上海公共租界之治外法权及会审公廨》，《东方杂志》第 12 卷第 4 号，第 7 页。

④ 史梅定主编：《上海租界志》，上海社会科学院出版社 2001 年版，第 14 页。

⑤ 上海市档案馆编：《工部局董事会会议录》第十六册，上海古籍出版社 2001 年版，第 651 页。

法根除。[①]并且须委派西捕监督会审公廨的审判经过。

关于委派西捕监督公廨之事，中外双方进行了长时期的交涉协商。下表为领事团、上海道台、工部局之间就此事进行的交涉、妥协。

三方交涉表

时　间	发函双方	内　容　节　录
1905 年 4 月 15 日	会审公廨谳员给领袖领事发函	“获知西虹口捕房向此处派来印捕，诧异莫名。公堂大门以内，均系余独掌，捕房无任何干预之权。余有权立即驱逐印捕，而毋庸函请英国总纲领事向巡捕房转达对此事的抗议。”
1905 年 4 月 29 日	工部局函由领事团转交道台	工部局函称因列强好意，会审公堂谳员才得以入住外国租界履职，对华民管辖须受当地环境限制，租界的行政管理不可能隶属中国政府，强调：“该谳员的会审公堂，是一个掌管司法的混合法庭。如果它对判决的执行和囚犯的拘留不受外人社会及其代表者管辖，它作为会审公堂存在的理由就不复存在。”
1905 年 5 月 2 日	道台致领袖领事函	“今工部局忽派巡捕看管会审公廨，不但侵夺主权，实属藐视中国。”按照条约章程，工部局实无权派员监督。
1905 年 6 月 5 日	领袖领事致道台函	反驳道台来函提到的所有中国衙署等不归工部局节制，系中国主权的观点，认为这“不适用于会审公堂房屋。首先，因为它并非纯粹中国衙门；其次，因为那块土地是外人所有的财产，登记在英王陛下总领馆名下”。
1905 年 7 月 4 日	工部局致函领袖领事	工部局提出一些警务规定：“有拘票或无拘票被捕的囚犯，从被捕开始就由巡捕房监督和控制，直到判决下达；由外籍捕头负责现场检验施刑；判笞杖囚犯在判决后带离法庭，在谳员规定时间内带回受刑；女犯关押在新女监。”认为这些详细程序能保证会审公廨制度的施行，尤其是华人囚犯关押可处于巡捕房掌控中。
1905 年 7 月 13 日	领事团致函道台	重申工部局在 7 月 4 日函里提出的观点（可见领事团在犹豫之后决定支持工部局）。
1905 年 8 月 30 日	领袖领事致函工部局	与工部局达成妥协，提出以下几个问题：由西籍巡捕代替印籍驻扎会审公廨，负责执行陪审官同意之判决，观察施刑，并确保其后的释放；巡捕每周向领袖领事提交报告等。
1905 年 9 月 25 日	工部局致函领袖领事	任命一名西籍候补巡官(Cadet)每天参加会审公廨庭审，建议将其职责扩大到对所有民刑案件进行登记。并请求领事团同意巡捕出席民事诉讼案，对所有外国陪审官签署的判决作常规登记。
1905 年 10 月 12 日	领袖领事致函工部局	表示不同意工部局扩大权限的请求，认为有关会审公廨的改革应由北京方面讨论。

注：表格资料参见郭泰纳夫：《上海会审公堂与工部局》，朱华译，上海书店出版社 2016 年版，第 145—149 页。

---

① 上海市档案馆编：《工部局董事会会议录》第十五册，上海古籍出版社 2001 年版，第 677 页。

1905年10月18日工部局董事会对道台提出的解决工部局与中国政府之间争端的折衷方案进行讨论，其中第三条是撤走在会审公廨值勤的捕房巡长，其职务由领事馆的一名雇员接替，负责监督惩罚的执行。董事们表示无法接受这一方案，认为领事馆助理员的作用仅是形式，并将再次丧失外国人对会审公廨真正的监督。①不仅如此，还提出会审公廨审理的案件须设立注册簿和登记簿等，以便掌握会审公廨对捕房解送案件的审理情况。②督察长定期提交报告给工部局有关会审公廨审理情况，一旦发现有悖其管辖租界原则之事件，则通过施压、交涉等手段以期达到其目的。至少在1906年1月，一个说中文的外国捕头不可阻挡地出现在会审公廨的公堂上。其职权类似于公堂的登记官，要仔细地专门登记“所有案件的各种日常文书，包括证词和判决”，每天向工部局汇报，每天旁听捕房送交公廨的案件，尽量记录判决。③

对会审公廨的监督还包括了对案件的移送以及管辖范围等。如1910年7月23日一个名叫童顺生的帮会成员被控抢劫，会审公廨判其5年监禁，送往县城处罚。按照判决，此犯应在1915年7月才可释放。但大概在1911年1月28日就被释放了，因为该犯在其后的七周内已两次在租界内被捕。为此督察长报告工部局提请注意。④甚至外国陪审官对判决或裁定的同意，也会因代表工部局的督察员的反对，而发生纠纷，甚至因此改变判决。如1911年的一个发生在租界边界的案件，会审公廨谳员与外国陪审官都一致认为应送县城管辖，却遭到督察长的反对。1911年3月13日发生了一起案件，一个名叫Tsiang-Tsung-Fah的人被控偷了一条船，价值32元。美国陪审官Gale在指控书上签署了送交县城审理的意见，但助理督察员把指控书再次提交到会审公廨，反对把案件移送上海地方政府管辖，其理由是案件发生在租界边界的一条小支流上，处于工部局管辖范围之下。之前，已有不少案件在他的要求下，会审公廨改变了裁决，归公廨管辖。言下

① 在会议讨论中，据说反对捕房巡长待在会审公廨，主要是他的制服给人产生是他控制公堂诉讼活动的感觉。因此董事们认为如果需要的话，准备同意由便衣巡长执行此项职责。参见上海市档案馆编：《工部局董事会会议录》第十六册，上海古籍出版社2001年版，第602页。对于此问题，没有发现中方官员有此一说。但从情理上看似乎是可能的，因为在当时的情况下，无论是谳员还是高于他们的地方官员对于外国人的态度是妥协更多于抵制，但他们也无法忽视民众的舆论。在这种矛盾的心态中，既无法抵制外国人的压力，又无法让外国人堂而皇之地进入公廨进行监督，恐怕提出这点也在常理之中。

② 上海市档案馆编：《工部局董事会会议录》第十六册，上海古籍出版社2001年版，第603页。

③ 郭泰纳夫：《上海会审公堂与工部局》，上海书店出版社2016年版，第159页。

④ 上海市档案馆藏，卷宗号U1-2-655，第28—35页。

之意，此案也不应例外。[①]这样的事例绝非少数，在工部局及领事团的坚持交涉下，上海地方官员往往妥协。[②]在工部局及领事团看来，只要是租界内事务皆属其管辖范围，除非是当事人自愿离开租界，但若是在引诱之下离开的，仍需送回租界进行审讯。

此外，对公廨谳员的监督也在某种程度上使会审公廨本身自主性权力受到限制。1909年6月8日警备委员会提交一份警务报告，引述若干例子证明代理襄谳谢某的行为不正当，由董事会讨论以采取措施。[③]

1911年之后在会审公廨内设立检察处。检察处的设立是工部局能够控制公廨的一个措施。案无大小，不论民刑诉讼概由检察处支配排讯，即会审公廨内人员之黜陟、俸给之多寡，其权悉操于该处。因此在国人看来，即使讯判之权不在该处，而实则殊可左右一切，名义上是会审公廨的附属部分，实则是最高机关。[④]

第三，羁押犯人及判决执行权限的缩小。对于违警案件的被告向来由各巡捕房羁押，但后来延伸到对民事诉讼被告的羁押及其监管，与此相应地，会审公廨羁押犯人的权限缩小。英国陪审官在1904年即已指示今后凡是需要扣押的被告都将关在捕房而不关在会审公廨。董事会决定要求英国陪审官以正式方式向工部局说明观点并提出要求，同时批准巡捕房对会审公廨民事诉讼被告的监管条款。[⑤]对于判刑后须执行关押的犯人的关押权亦逐渐被蚕食。

会审公廨初设时，除了交由县城执行外，男犯一直关押在各捕房或工部局的监狱，无论是审理前的羁押还是判决后的监禁，但女犯例外。因此会审公廨并没有设立专门的监狱，仅在公廨内设立审讯室和拘留所。1904年外

---

① 上海市档案馆藏，卷宗号U1-2-655，第61—67页。

② 如1908—1909年间发生的一起案件，1908年11月督察长向工部局董事会报告有关逮捕朱胜朝问题，说此人是被引诱进入县城，并以欠债为由被拘留。12月谳员下令搜查该犯人开设在广东路上的商行。1909年1月谳员要求把目前由捕房保管的钥匙和保险箱移交给当地官厅。董事会指出此人未经审讯之前，这样做不合常规。直到12月工部局收到领袖领事的来信，说是因为朱胜朝之事，领袖领事与县衙之间进行了旷日持久的交涉，现在已被送回会审公廨审理。参见《工部局董事会会议录》第十七册，上海古籍出版社2001年版，第579、583、588、643页。

③ 总董认为应该首先由陪审官提出反对意见——可见陪审官除了陪审会审外，还有一个功能，即监督谳员审理案件中的不当行为等。只是因为这位代理襄谳已不再担任此职位，恢复了原来的看守之职，所以工部局已无需采取行动。参见上海档案馆编：《工部局董事会会议录》第十七册，上海古籍出版社2001年版，第619页。

④ 上海市档案馆藏，卷宗号Q179-4-6。

⑤ 上海市档案馆编：《工部局董事会会议录》第十五册，上海古籍出版社2001年版，第641页。

人开始把注意力转向女犯的关押场所。工部局对会审公廨女牢进行了调查，在会审公廨有两间房关押女犯，一间容纳15名女犯，另一间容纳13名女犯和儿童；而且对重犯和非重犯人没有分开关押。外人认为关押女犯的会审公廨监所条件太差，要求把女犯关押到工部局监狱，遭到中方谳员及道台极力反对。[①]1904年12月7日董事会会议上提交了会审公廨谳员的来信，通知工部局说，谳员已接到道台指示，凡在会审公廨的女犯仍留在该处，不必转移到工部局监狱。[②]1905年12月8日发生"大闹会审公堂案"，即是双方因女犯的关押场所而发生冲突，甚至大打出手，最后中方关闭了公廨，停止审理案件。此案将在下文详细论及。

对于由会审公廨审判但暂押在西牢的犯人，外国人亦想对此进行管理控制。如1906年6月6日约翰逊(J.E.Johnson)到西牢男子牢房查看，因看见有8人被押，但未在其记录中，刚好谳员在场，于是问谳员这些犯人犯了什么罪，何时入牢？谳员认为这是由其管辖，对方无权管辖。约翰逊认为他只是想知道这些人被带到会审公廨的原因。双方发生纠纷，但谳员还是主动地拿来相关文件给外国人查看。当时的工部局警备委员会副督察员M.O.Springfield认为在这之前，谳员每逢约翰逊巡查监牢时总是设置各种障碍。[③]

在会审公廨内建立监狱，本应归谳员之责，但对于外国人来说，亦是其管辖的范围。1906年6月27日董事会会议，就谳员送来关于在会审公廨院内建造一座能容纳200名以上犯人的新监狱的申请书和平面图，进行充分的讨论。总董指出，在租界内或者紧靠租界的周围，建筑一座完全由华人控制的监禁华人罪犯的监狱，都是对租界安全和良好秩序的严重威胁；却又表示可以有条件地答应。其他董事们意见与之分歧，坚持认为从过去到现今以至将来，均不许在任何情况下建造一座如此的建筑物，并由董事会将此决议呈交领事团，要求立即毫无含糊地通知中国当局，决不答应此项建筑。在持不同意见的总董辞职后，马上选举亨利·盖西克接替其职，在本届工部局年度余下时间内担任总董。[④]

---

① A.M.Kotenev, *Shanghai: Its Mixed Court and Council*, Shanghai: North-China Daily News & Herald, Limited, 1925, p.118.

② 上海档案馆编:《工部局董事会会议录》第十五册,上海古籍出版社2001年版,第692页。

③ 上海市档案馆藏,卷宗号U1-2-643,第47页。

④ 上海档案馆编:《工部局董事会会议录》第十六册,上海古籍出版社2001年版,第647、657页。

最后，对于执行之权，原章程本规定由会审公廨执行枷杖管押之判决，徒刑以上，由县判决执行，但后来对于会审公廨案件判决的执行，则归捕房执行。

三、个案的分析：公廨预审权与女犯关押地之争

会审公廨的权限本由1869年《上海洋泾浜设官会审章程》规定，但因租界治安与秩序关涉外国人在华利益，于是工部局、领事团不断地超越该章程所定的权限。对于1902年修改意见与会审公廨在三十多年存在期间所形成的"先例"，1906年5月31日比利时总领事、领袖领事薛福德就俞鉴波案致函工部局，充分表达了领事团对管辖权扩张的基本看法："无视该章程（即1902年的修改意见——引者注）是这个租界成长的合理结果，租界的成长不可避免地提出了改变这个租界司法管理章程（指1869年的章程——引者注）的要求。可悲的是中国政府并不总是认识到这些变化及其后果"，先不论领事团其说是否荒谬和枉顾中国主权，领事团、工部局的这一基本看法必然与中国政府及地方代表上海道台、知县发生矛盾，甚至是冲突。如前所述，权限的扩大是中外双方角力的结果。而这一过程是伴随着某些案件的发生而进行的。比较有代表性的如1883年"工部局巡捕曹锡荣杀人案"，开启租界内所有案件皆须经会审公廨预审的制度，[①]1905年大闹会审公廨案，因女犯关押地双方在公廨大打出手，演绎一幕悲喜剧。

大闹会审公廨案指1905年因黎黄氏携带十几名女孩护送其丈夫灵柩回广东，但经过上海被工部局巡捕以"拐骗人口"罪起诉到会审公廨一案。[②]无论是当时的报纸还是后来论著中多涉及其案。

其具体案情是：1905年12月8日，粤籍四川官眷黎黄氏护送其丈夫灵柩乘船回原籍广东，其携带婢女15名，随伴4人，行李百余件。途经上海，工部局巡捕房据镇江来电，说是拐匪，便将该氏拘捕至会审公廨，以"拐骗人口"罪名控告。会审公廨谳员关炯、金绍成会同英国副领事德西门审理此案。黎黄氏供称所携的女孩是亲戚托买，都有身价凭据。时任会审公廨谳

① 对此案，在本书第五章第二节会有着重分析。

② 另需指出的是，有一文章论及"大闹会审公堂"案与上面所述则不同：1905年冬天上海居民黎黄氏的幼子在英国人所办的教堂内玩耍，被牧师用鞭打得遍体鳞伤。黎黄氏到教堂与牧师理论，语伤牧师。牧师以扰乱教堂、破坏宗教等罪名控告黎黄氏于会审公廨。参见《文史资料存稿选编》（晚清·洋务上），中国文史出版社2002年版，第262页。根据诸多的资料以及档案材料可见这应是有误。

员的关炯认为工部局警方所控的黎黄氏诱拐罪证据不足，拟判押会审公廨女牢再审。不料陪审官英国副领事德西门却认为此案固应查核再审，但须由巡捕押回捕房。关炯指出这既违反会审公廨章程(根据章程规定，凡没有经会审公廨作出判决的人犯应该由会审公廨的押所看押，只有会审公廨作出判决的人犯才送入捕房监狱服刑)，又未经上海道台批准，不能应允，即命廨役将黎黄氏带入会审公廨牢房。德西门粗暴地说："本人不知有上海道，只知遵守领事命令。"命巡捕带回人犯。关炯愤怒地回答："既如此，本人也不知有英领事。"令廨役将黎黄氏带下。德西门喝令巡捕与廨役争夺人犯，打伤两名廨役。副谳员金绍成前往劝阻，险遭棍击。廨役将大门关闭，巡捕挟人犯不能出，向关炯索取钥匙，关大怒："你们毁门可，打公廨可，即杀官亦无不可，索钥匙则不可。"彼此争持良久，最后巡捕强行打开廨门，将黎黄氏一行带往工部局新建成的捕房西牢。

第二天，上海的广东人同乡会——广肇公所联合各省驻沪的商绅联名分别致信外务部、商务部及两江总督、江苏巡抚，要求向公共租界提出抗议，取消德西门的陪审官资格，开除与事件相关的巡捕。沪道袁树勋亦在此形势下数次根据事实约章，向英总领事及领袖领事提出抗议。但英国领事馆坚决不同意撤去德西门陪审官的资格，并认为在本案未结之前，黎黄氏须由担保人交付 500 两方可释放。驻京使团因中国外务部提出抗议，电令上海领团，眼下女犯应监禁于会审公廨押所，如欲变更，当再通知。上海领团接到命令，即通知工部局将黎黄氏释放。工部局捕房将黎黄氏及送济良所的 15 名女孩，径送广肇公所释放。这更激起上海人的愤怒。12 月 18 日，公共租界的部分商店举行罢市，数以千计的群众在广肇公所的带动下冲击老闸捕房，关、金二谳员闻警，出面弹压无效。捕房忽又起火，南京路市政厅前亦有群众拥集。公共租界万国商团出动，巡捕对群众开枪，是日华人中有 11 人被杀，30 余人受伤。形势至为严重。第二天即 19 日道台与工部局主席安徒生(Andersen)及警备委员会委员布兰特(Platt, a member of the Watch Committee)就会审公廨事宜和租界治安问题进行商讨，双方对四个问题明确取得了一致意见。如果这些条件为领事团所接受，则道台将在第二天重开会审公廨。但当天下午四点道台会晤领事团委员会的代表后，因领事代表意见不一致，使得道台否认其正式的承诺，重新坚持要求撤走在会审公廨的英国陪审官和捕房巡官。工部局因此对领事团不满，认为这暴露出目前的体制不足之处，即各国在本埠的代表无法在任何重要问题上取得必不可少的一致意见，各个时期诸如公开赌博、牛捐、女犯等问题的决定，领袖领事们作出的明确决定却被个别领事单独的行动所否决。①尽管如此，最后达成结果：会审公廨重开，之后女犯关押在会审公廨监所，但谳员必须保证改善监所条件，并定期由工部局的卫生官员检查。12月23日在闭庭几日后，会审公廨重新开庭受理案件。②

大闹会审公廨案件发生后，英国公使向清政府提出8万元赔偿的无理要求。南洋大臣周馥在致外交部函中说："按照公堂原订章程，华民案件与西人无涉者，领事不应过问，德为门违章擅押，实为祸首。"对于外国人的赔偿要求认为："证以众论，核之事实，中国万万不能赔偿。"但面对如何解决德西门违反章程的问题时，周馥却"照复霍领事，语极和平含蓄"，认为在上海很难同英领和议，因为一则英国领事推诿，二则商界学界兴起风潮，担心不但没解决，反而生事。③在双方的交涉协商过程中，外方提出调查大闹会审公堂案中的巡捕在公堂的行为，但是中方谳员通知董事会，中国政府不愿意参加大英按察使司衙门按察使对工部局巡捕的行为进行拟议中的调查。对于此的原因，虽没有材料说明，但大致可以揣测主要是因为：即中方巡捕行为根本不需调查，外方的行为只不过是掩耳盗铃，最多也只是形式而已。后来也就因中方的不愿意参加而作罢。④但是这样对于中国政府来说也是丧失一次与外方交涉的机会，尤其是巡捕在会审公廨的行为远超越其职责。虽然外方对女犯的监禁有所让步，但对于中方提出的免职德西门及撤走在会审公廨的巡官则没有答应。外交使团仍指示艾尔斯巡官照常在会审公堂恢复值勤。⑤

此案之发生，并非是一时冲突所致，实是长时期双方因关押女犯发生争执最终引发暴力事件的结果，其背后是中外双方的权限之争。会审公廨监禁审判后的犯人场所，一般分以下几种：一是关押在各巡捕房；二是在工部

---

① 上海市档案馆编：《工部局董事会会议录》第十六册，上海古籍出版社2001年版，第612—613页。

② A.M. Kotenev, *Shanghai: Its Mixed Court and Council*, Shanghai: North-China Daily News & Herald, Limited, 1925. p.129.有关"大闹会审公廨案"的详细过程，在诸多论著中均已提到，如薛理勇的《旧上海租界史话》，上海社会科学院出版社2002年版，第61—62页；《列强在中国的租界》，中国文史出版社1992年版，第37—38页。

③ 中国第一历史档案馆藏：南洋大臣周馥光绪三十二年二月二十八日致外交部函。转引自马长林：《晚清涉外法权的一个怪物——上海公共租界会审公廨剖析》，《档案与历史》1988年第4期。

④ 上海市档案馆编：《工部局董事会会议录》第十六册，上海古籍出版社2001年版，第614、618、619页。

⑤ 上海市档案馆编：《工部局董事会会议录》第十六册，上海古籍出版社2001年版，第619页。

局监所；三是关押在会审公廨自己的监所；四是移送县衙监狱执行。后来随着犯人日渐增加，各监所无法容纳，工部局决定新建监狱，1903 年 8 月新监狱准备就绪，女犯监房也在筹备之中。1904 年 12 月双方就会审公廨的女犯监所发生纠纷。会审公廨谳员通知工部局，说是他已接到道台指示，并已与英国陪审官协商，凡在会审公堂的女犯仍留在该处，不必转移到工部局监狱去。[①]这遭到工部局的反对，双方因此发生争执。谳员为此拒绝审理一件可能判处徒刑的案件，理由是等待道台解决女牢的问题。总董建议，今后根据逮捕状拘留的妇女应立即送入女牢，万一谳员拒绝审理此案，则这些妇女仍送回女牢，直到警备委员会认为她们拘留的时间足够为止。[②]领事团致道台的信中认为在会审公廨按照文明要求加以改革之前，所有女犯应送工部局监狱监禁。[③]之后又进行了一番交涉，最后终以会审公廨的重新开审，女犯归会审公廨关押，但监所须定期由工部局卫生官检查而结束。

可见，大闹会审公廨案虽因黎黄氏一案引起，但却是长期以来的争执冲突没有解决的结果。当然，还存在一个中外双方观念层次的冲突。一个女子带着十五个年轻女子，既非子女，又非亲属，在巡捕们看来，有“拐骗”嫌疑，应予以查实治罪。但在当时的中国，一个官员的遗孀带着十五个丫头，自是私事，不容干预。[④]因此“大闹会审公廨”案由于中外不同的观念，与会审公廨的司法程序以及中国司法主权问题糅合纠结一起，成为在 20 世纪初继“苏报”案后的又一起与会审公廨相关的著名中外冲突事件。

四、权限变化的特点及原因分析

会审公廨权限发生变化，实际上包括两个方面，一是从会审公廨对外案件的管辖范围来看，不论是审理案件的范围还是实际的地域管辖均已超出原来章程所定；二是就会审公廨内部权限来说，却开始逐渐出现萎缩，如审判权受工部局委派督察员的监督，工部局对被告的提传、对犯人的羁押以及判决执行权的侵占都使会审公廨权力在发生萎缩。

从整体上说，会审公廨在逐渐扩大其权限，而其扩大的权限却又为工部局、领事团等所监控。而且自 1911 年会审公廨完全为驻沪领事团及工部局所控制后，会审公廨的权限发生从量到质的变化，不只是陪审官会审案件的

---

① 上海市档案馆编：《工部局董事会会议录》第十五册，上海古籍出版社 2001 年版，第 692 页。
② 上海市档案馆编：《工部局董事会会议录》第十六册，上海古籍出版社 2001 年版，第 581 页。
③ 上海市档案馆编：《工部局董事会会议录》第十六册，上海古籍出版社 2001 年版，第 584 页。
④ 施宣圆主编：《上海 700 年》(修订本)，上海人民出版社 2000 年第 2 版，第 244—245 页。

范围扩大，而是工部局对会审公廨的完全控制已成事实。这时会审公廨的从属关系已游离于中国司法衙门系列之外。

会审公廨之所以在权限发生以上的变化，其原因是多方面的，既是外国人主动侵夺的结果，也有中方官员被动消极的退让，以及时局变幻的因素作用。而这些因素集中表现莫过于1911年辛亥革命的发生对会审公廨的影响。随着武昌起义的爆发，时局大变，11月3日上海宣布光复，道台避局居租界，华界则忙于行政当局的新旧更迭，而会审公廨不仅因此暂停其审判活动，更因谳员的出逃、资金的卷走使会审公廨处于瘫痪的状态，根本无法进行日常运转。①但租界内社会秩序却需维持，在这与19世纪五六十年代上海时局具有某种相似的状况下，领事团们几乎是“驾轻就熟”地开始“接管”租界内属于中国政府的司法管辖权。11月9日，领事团发布通告称：“如有不逞之徒，以干涉或恐吓手段，阻碍此等居民生业之安全；或以干涉恐吓手段，勒索此等居民，捐助任何党派款项，一经查出，定即严惩，决不宽贷。”②11日领事团颁布告示，正式宣布由工部局管理会审公廨。12月2日，领事团让工部局代管会审公廨的一切开支，包括支付全体人员的薪俸，谳员的薪水则由领袖领事主持，在道台的担保款内拨发。而会审公廨发出的传票、拘票亦归巡捕房负责，原有的差役解职。如此一来，会审公廨则纳入工部局的掌控之中。

除了外国人的主动侵夺外，还须提到的是中国官员的退让亦是会审公廨管辖权扩张以及转移外国人控制的一个重要原因，如拘提犯人，1863年领事主张提拘人犯，应由领事签字，且须经过工部局巡捕执行，上海道竟同意。即使在1869年会审公廨正式成立后，实践中拘票往往须盖有领事的印章，并得到工部局捕房的协助。虽然在1887年7月一次董事会会议上，领袖领事表示他曾与总董在一次谈话中，提到他对会审公廨所发逮捕妇女儿童的拘票也要盖上领事印章一事有点疑惑，董事们即就捕房若接到未盖有领事印章而须捕房执行的拘票该如何办理的问题进行讨论。一周后，总董认为他已查阅自1866年到目前为止的领袖领事与董事会之间的往来信件，董事会一向是坚持会审公廨在租界内不能拘捕任何人，除非它所发拘票上

① 当时会审公廨两个谳员一走了之，6万两的涉讼存款不翼而飞。由于会审公廨除了刑事案中的保证金和罚金外，所有银钱都由谳员及其僚属共管，工资由各科主管统一领取，科内人员实得工资连名分上应得的半数都不到。这样一来，公廨无疑处于瘫痪中。参见罗苏文《上海传奇——文明侧影1553—1949》，上海人民出版社2004年版，第136页。

② 夏晋麟：《上海租界问题》，中国太平洋国际学会1932年版，第54—55页。

盖有领袖领事的印章，而且须得到工部局捕房的协助。①而实际上 1886 年上海道台已发布命令："如未得领袖领事签字允准，不得在租界内拘捕人犯。凡拘捕人犯，应由捕房之援助。"之后县差或廨差若拘提犯人，未得到领袖领事签字及工部局捕房协助的，则要受到惩罚。如 1903 年 3 月 17 日宝山县差役，奉宝山县命，在新闸路拘捕人犯，因该差役没得到领袖领事的签字，以及工部局捕房的援助，经会审公廨判处 300 枚笞。又同年 22 日会审公廨役差，奉公廨委员命令，在闵行路拘捕人犯，亦因事前未得领袖领事的签字及工部局捕房的援助，由会审公廨处以 200 枚笞。②

会审公廨虽然是为审理租界内华人为被告的案件而设立的司法机构，但并不限于司法性质，而是具有司法兼理行政的性质。其主要原因是，随着中国政府在租界内的权力日渐削弱，甚至没有领事同意，根本无法行使管辖华人的职权，在这种状况下，对于租界内的华人事务，上海地方政府官员须通过会审公廨进行间接管辖，或者通过会审公廨作为中外交涉的中介。当然，会审公廨的主要职能仍是司法审判。

第三节　会审公廨的职能：司法机构兼具行政职权

会审公廨的设立因时势所致，确切地说是为审理租界内以华人为被告的案件而设，已如上文对此的初步分析，无论中文名称的"会审公廨"还是外文的"Mixed Court"，也无论是中外双方对此机构的设想及期望存在的巨大差异，会审公廨主要的任务是审理案件，其主要职能为司法审判似无可置疑。但同样不可否认的是，会审公廨除主要司法职能外，还承担不可忽视的行政职权，与中国传统衙门有诸多共通之处，其原因恐怕有以下两个方面：一是会审公廨虽作为近代社会的一个或畸形或复杂的特殊产物的存在，其机构带有过渡、杂糅的时代烙印，既具有传统县衙机构的"侦、检、审"职能的特征，也具有近代司法机关的特质。二是租界与华界的分隔而治，会审公廨暂时承担中外沟通、交涉的某些行政辅助职责。本节重点探讨会审公廨在主要司法职能之外的行政职责。

---

① 上海档案馆编：《工部局董事会会议录》，上海古籍出版社 2001 年版，第 588—589 页。

② 徐公肃、丘瑾璋：《上海公共租界制度》，载《上海公共租界史稿》（上海史资料丛刊），上海人民出版社 1980 年版，第 166—168、381—387 页。

一、主要职能:司法裁判

会审公廨以审理案件为主,谳员每日的职责即是受理案件并予以判决,其承担的审理任务极为繁重。

会审公廨受理租界内除了外国法庭管辖外的一切民刑事及违警案件,即租界内以华人及无约国人为被告的民刑事案件,而租界内的居民绝大部分为华人。可见会审公廨审理的案件量绝非租界内的其他法院可比,即使是当时的上海县署也无法与之相比。①一个法国国际法学者在 20 世纪 20 年代认为会审公廨审理的案件比当时世界上任何一个法院都多。②在会审公廨存在的七十八年间,审理了大约有 550 万件案子(以此推算,每天近 200 件案子)。其中会审公廨受理的华洋诉讼案件占上海的华洋诉讼案件的十分之八九,而上海发生的华洋混合案件占全国的十分之七八。③

会审公廨受理案件如此繁多,自然与租界内的居民绝大多数是华人相关,但这并非主要原因,尤其是与一墙之隔的华界相比。笔者以为原因大致有以下四个方面:

(1) 租界以"冒险家的乐园"声名远扬,不仅吸引华界及周边地区的华人涌入租界,而且也使希望来中国发财的各类外国人选择上海,租界社会纷繁复杂,各种矛盾突起,纠纷日增,而矛盾纠纷的解决赖于会审公廨的审理。

(2) 租界与华界相比,社会管理复杂程度要高得多,使得会审公廨受理的案件大幅度增长。如几乎任何违反租界管理条例的行为,均须经过巡捕房解送到会审公廨,由谳员审理处罚。而居住在租界内的华人因对这些西方近现代管理方式的不习惯以及受传统文化、观念的影响,致使诸如随地便溺、车马闯入人行道、倒挂鸡鸭动物等琐案屡屡发生。

(3) 会审公廨具有相对开放性的诉讼制度。这与会审公廨的司法性质、巡捕房解送案件以及外国陪审官的会审等因素相关。当然,诉讼率与权利意识增强相关,"诉讼率可以作为法和权利的意识发达程度的衡量指标",但笔者同意美国学者海利(Haley)所言:"任何人在其权利受到侵害时都会

---

① 1885 年 9 月 5 日新任谳员来沪,暂代谳员职务的葛绳孝大令准备于下午升堂审结所有未结案件,应释者释,实在急切不能了案者只能移交新任接办,并且对于新任谳员罗司马在川沙移交公事不过琐案四件表示感概:殊见该处之清闲,不若会审署之公事纷繁也。参见《申报》1885 年 9 月 5 日。

② 参见 Jean Escarra: "the Extraterritoriality Problem", 2. *China Law Review*. 15, 19(1929)。

③ 王立民:《上海法制史》,上海人民出版社 1998 年版,第 276 页。

积极利用诉讼，关键在于一个社会能否为国民利用诉讼提供制度上的保证。”①在中国传统“厌讼”文化及追求“无讼”理想下，明清时期却出现“好讼之风”“健讼之风”，这与当时社会开放的诉讼制度相关。②

(4) 不仅是刑事案件的日增，而且因经济的发展、社会的开放等均使民商事诉讼增加，包括债务、合同履行、抵押、租赁、破产等发生的纠纷。如会审公廨曾记载其开庭 76 次共审理了 268 件民事案件，平均一次开庭要审理 3.5 件民事案件，③这再加上巡捕房解送的刑事案件等，公廨审判任务之重可想而知。

二、兼具行政职权：交涉与协助管理

会审公廨是设立在租界内的司法衙门，与中国传统地方行政机构的“行政司法合一”性质不同。④其主要职责是审理案件，但除此之外，它还要负责其他事务，即涉及对租界内华人行政管理方面，以及充当中外双方交涉的中介，准确地说是其上级道台与外国领事团之间的事务交涉(与工部局之间的交涉往往是通过领事团进行的)。这些事务从性质上说，属于行政职能范畴，而不是司法职能。

(一) 交涉之中介

会审公廨主要职能是审理案件，但因其所处的特殊地位，谳员还须承担行政职责，扮演一种中间人的角色，即如郭泰纳夫所说：“他接受了扮演两种角色，一方面是外国社区(租界)与租界内的中国居民之间的中介，另一方面是道台与本国租界内居民之间的中介。”⑤

第一，担任中外之间的中介职责。因外国人在租界逐渐排斥中国政府对其的管辖权，租界内居住的绝大多数又是华人，在他们眼中，会审公廨一如其他地方衙门，谳员即是为其作主的“父母官”。如 1906 年租界内肩挑摊

① Haley, J.O.: *The Myth of the Reluctant Litigant*, Journal of Japanese Studies, 1978, p.362，转引自范愉：《诉讼的价值、运行机制与社会效应——读奥尔森的〈诉讼爆炸〉》，《北大法律评论》1998 年第一卷第一辑，第 160 页。

② [日]夫马进：《明清时代的讼师与诉讼制度》，载王亚新、梁治平编：《明清时期的民事审判与民间契约》，法律出版社 1998 年版，第 418 页。

③ 上海市档案馆藏，卷宗号 U1-3-1869。

④ 有学者指出“行政司法合一”之说并不确切，因为自古以来就没有过与“行政”相对的“司法”，“司法”是“行政”应有的一种职责。参见郑秦：《清代司法审判制度研究》，湖南教育出版社 1988 年版，第 35 页。

⑤ A.M.Kotenev, *Shanghai: Its Mixed Court and Council*, Shanghai: North-China Daily News & Herald, Limited, 1925, p.76.

贩三四百人因受巡丁欺压,到会审公廨要求谳员维护其利益,当时谳员关炯即写信致工部局,内容如下:

> 1906年10月9日,关写信给工部局:租界内肩挑户贩三四百人,持香投廨联名禀称伊等在租界一带贸易小本经纪,其母本自三四百文,最巨至三四元者,不论家口多少之人,全赖此活,设遇连日风雨必致东奔西借,困苦情形大概皆然,祸因牛肉公司饬派巡丁稽查坏货,从此日无安刻,皆因该巡丁等喜怒自如,不论货之有无高低,该巡丁等设不如意,遇见一担即曰次货,立喊挑跟送至捕房,敢不惟命是听,小贩等倘回一言或挑跟稍迟,即迁怒(原文是恕)连连掌颊,拳殴足踢,任其所为,内有惧痛手挡,即曰殴打巡丁押送公堂请办,如忍耐之人连担送捕房请验者判罚洋三角之外,担中不论多少货物,以及卖下余钱均归乌有,被虐情形尽难枚举。查工部局设丁查货章程,为恐次货坏人,有碍治安,会伊等皆遵章贸易,实为生命起见,别无可活,兹受虐待,禀求照会牛肉公司查明该巡丁等是否在路均如上项所为,严行撤禁,永除虐待等情,据此查肩挑负贩之人悉系租界安分良民,今该巡丁如此凌虐甚至拳殴足踢。迨至捕房罚三角而担内卖存余钱货物均归乌有,何以需索虐待情形如此之甚,如果属实,殊与租界治安有碍,除批示外,相应据情函致即请鬼董查照,希即查明牛肉公司所派巡丁因何如此凌虐良民,并望切实禁止以免肇事,为荷顺颂。(即送工部局　雷大人启　会审署缄)①

在此事件中,这些小贩备受牛肉公司巡丁的凌虐,寻求会审公廨的帮助,但会审公廨谳员也只能照会工部局,希望工部局查明此事,并期望工部局"切实禁止以免肇事"。又如《申报》1910年3月3日记载:公共租界内各车主集合到工部局要求免加捐税,未果,转而到会审公廨"呈递公禀",请代为与工部局协商,公廨谳员也在与英布副领事商议,答应会与工部局商量,令其散去。

除了担任租界内华人与工部局之间的中介外,会审公廨还担负租界内外人与租界外上海地方政府之间的中介,不仅仅是交涉。如1915年2月3日的工部局董事会会议上督查长转来会审公廨谳员的函件,附有中国政府奖章与锦旗,奖给捕房侦探股的三名探员,以表彰他们去年二月间捕获了八名强盗。②中国官员若是要前往租界与外国领事们商议事宜,其地点也自是

① 上海市档案馆藏,卷宗号U1-5-16。

② 上海档案馆编:《工部局董事会会议录》第十九册,上海古籍出版社2001年版,第579页。

会审公廨。①

第二，上海道台与租界内华人之间的中介角色。这更多地表现在会审公廨依照道台指示，对租界内华人居民进行管理。下文即详论之。

(二) 颁布告示与协助管理

颁布告示是传统衙门采取的一个很重要的管理措施，性质要视其具体内容而定。凡是涉及诉讼程序或案件审理方面的告示应属于司法范畴，而除此类事务之外，对租界内居民进行相关行政管理的告示等，应属于行政管理范畴。这包括实施工部局、上海县府颁发的各种公示、规定及通告，以及会审公廨自身因管理需要而颁布之告示。

会审公廨颁布告示，以其内容划分，大致可分为司法范畴的告示和纯粹行政性管理的告示。前者是就案件的审理及相关通告或宣传遵纪守法之类颁布告示，如 1908 年 8 月 20 日董事会会议上宣读了领袖领事来函，转来了道台一份关于发生在 7 月 9 日的谋杀案的布告，以及严惩违法犯罪行为的告诫。②这里仅就后者详细论述。

颁发的告示内容涉及对租界内华人管理的各个方面，包括捐税交纳、交通管理、关涉风化、食品卫生等。分以下几方面论述：

1. 应工部局要求颁布告示

此类告示所占比例应不在少数。工部局管理租界，颁布众多规章条例，其中许多是针对居住在租界的华人而设，比如禁止倒提鸡鸭、缴纳人力车执照捐税等，违反规章由巡捕解送至会审公廨审理，同时又要求会审公廨颁布告示，通令租界内居民遵守。如一则“租界会审分府陈司马奉行禁止扎挂鸡鸭告示”，即因英领事照会，据工部局禀称“界内鸡鸭等铺每将活鸡活鸭用绳缚足倒挂街市，观其形象甚觉苦楚”，故要求会审公廨颁布告示，“谕鸡鸭铺户以后贩卖鸡鸭，均须安置栏内，切勿倒挂街市”。③若是工部局或其下属机构要求公廨派差役催缴捐税等，有的谳员亦会先行颁布告示催缴。④

2. 根据上海道台指令颁布告示

上海道台指令颁布的告示分两种，一是上海道台根据领事照会，命令会

① 如 1873 年 9 月 2 日，上海道沈秉成因美租界边界之事与英领事、美总领事前往会审公廨论辩协商。参见汤志钧主编：《近代上海大事记》，上海辞书出版社 1989 年版，第 300 页。

② 上海档案馆编：《工部局董事会会议录》第十七册，上海古籍出版社 2001 年版，第 566—567 页。

③ 不仅规定铺户须遵守，还在告示中规定肩挑贩卖者亦宜用篮筐盛放，不可倒挂挑卖。《申报》1872 年 10 月 26 日。

④ 《申报》1875 年 7 月 20 日。

审公廨颁布相应告示。如上海道曾根据英领事的照会，命令会审公廨谳员颁布告示，要求租界居民须遵守工部局规定。二是上海道对租界内华人的行政管理，由会审公廨谳员颁布告示实施。租界由外人管理，但租界内居民绝大部分是华人，上海地方政府官员既不可能完全忽视，又无法进行有效管理，只能在领事团的控制下实行一定的管理权。如租界内刚兴起煤油灯，虽然这较传统的豆油灯要亮且价廉，但近年发生多起火灾，起因皆为火油灯失慎，酿成巨灾。上海道刘瑞芬为此颁布"禁用火油点灯示"。①后来电灯始兴，上海道邵友濂令会审公廨谳员陈福勋，"查明中国商人点用者共有几家，禀候核办"。于是陈谳员经查明，"饬差协同地保按户知照，禁止电灯，以免不测"。②

3. 会审公廨机构自身颁布的告示

会审公廨谳员亦会主动地承担起其管辖范围内的职责。③此类告示同样不会少见，除了谳员初次上任颁布"安民告示"或"新官上任三把火"之类的就职告示外，④对租界内涉及治安、风化等颁发告示，予以管理。如严禁妇女入肆饮茶吸烟，"煌煌条示，黏贴通衢"，⑤并且令出惟行，罗谳员谕令各班差役除茶烟等馆见有妇女立即拘拿外，设有闲游街头倚立门口者亦当协捕拘拿送公廨法办。⑥其令不可谓不严。

（三）颁发告示之程序

会审公廨无论是根据工部局指示对租界内华人颁布告示或者要求居民遵守工部局章程的告示，⑦还是自身颁布的告示或根据上海地方政府的指示颁布告示，均须遵守一定的程序，即受领事团及工部局之管辖。

在租界内颁布告示须得到领事团以及工部局的同意。初期，中国官员在租界内张贴通告、告示不受租界约束，但逐渐地受到限制，即须经过领事团及工部局的同意。至少在1869年中国政府在租界颁布告示问题已开始

① 《申报》1882年3月18日。

② 《申报》1882年11月10日。

③ 这样事例并不少见，如1881年2月16日谳员陈福勋传大观、天仙、金桂等三处戏园主到案，谕令凡遇忌辰不准开演，各园主遵谕具结。参见汤志钧主编：《近代上海大事记》，上海辞书出版社1989年版，第372页。

④ 《申报》1885年9月17日。

⑤ 《申报》1885年8月7日。

⑥ 《申报》1885年10月17日。

⑦ 如1880年8月20日董事会会议上，收到领袖领事的来信，其中是会审公廨谳员颁发的告示，命令人力车夫要遵守工部局所制订的马路交通管理条例。参见上海档案馆编：《工部局董事会会议录》第七册，上海古籍出版社2001年版，第716页。

引起领事团与工部局的注意，在 1869 年 12 月 17 日董事会会议上，工部局抱怨会审公堂谳员在事前未知照工部局的情况下，便张贴告示。虽然领事团会议认为："中国当局在租界境内张贴通告要首先取得工部局的同意，这是没有必要的。但为了在这一特殊事件中防止引起误解，会议同意应通知道台，不论何时，他或任何其他中国官员打算在公共租界境内张贴通告，应事前将布告送交每一缔约国的领事察阅，以避免不必要的信件来往。"但工部局董事会会议决议，对于那些事前未提交工部局的在租界内张贴的告示和通告，只要立即取下通告即可。①有的通告实际并没有经过工部局的同意，但谳员却借用董事会的名义发布通告。②其原因恐怕在于外国人要比中国的地方政府官员更具威慑力，何况是在外国人控制下的租界。到 1876 年时，华官在租界所贴告示，已有须经工部局加盖图章的事实，而没有经过此种手续的，皆被捕房撕掉。

对于告示还须盖上工部局的印章，领事团最初对此表示不满。③1876 年领事团与工部局就告示需要工部局盖图章还是由外国陪审官签字发生争议，但最后工部局的意见占了上风，规定凡中国官厅告示，经领袖领事签字之后，即交与工部局，由工部局巡捕单独或会同衙役张贴。④

自此以后，无论是道台还是会审公廨，颁布告示都要经过领袖领事，并由工部局董事会会议决议是否允许在租界张贴。因此，所有告示须经工部局及领袖领事的签字盖章才可在租界内张贴，否则遭受被没收或撕毁的结果。⑤而签字盖章意味着上海地方政府及会审公廨颁布告示皆须经过外国人的审

---

① 1869 年 12 月 17 日工部局董事会会议，参见《工部局董事会会议录》第三册，上海古籍出版社 2001 年版，第 745—746 页。

② 会审公廨谳员发布一份通告，命令妓院老鸨在阴历十一月三十日将妓院关闭。在通告内称是通过领事团应董事会之请发布的。实际上是未经工部局授权而借用了董事会名义。参见《工部局董事会会议录》第三册，上海古籍出版社 2001 年版，第 748 页。

③ 在 1894 年 1 月 16 日董事会会议上，领袖领事来函要求总董解释为什么在盖有领袖领事印章要在租界张贴的告示上又盖工部局的印章？领事们认为本届工部局僭取了过多的租界控制权。而董事会的法律顾问则认为："只有工部局有权决定何者可以或不可以在租界街道张贴，显然条约国领事们是无权干涉工部局及其受委托之事务的。"董事会回函认为盖工部局印章以保护告示很有功劳，而现任工部局不过是遵循其前任习惯做法而已。参见《工部局董事会会议录》第十一册，上海古籍出版社 2001 年版，第 598—599 页。

④ 具体争议，参见蒯世勋编著：《上海公共租界史稿》，上海人民出版社 1980 年版，第 403—404 页。

⑤ 此种例子同样不胜枚举。如 1906 年 4 月 25 日的工部局董事会会议上，董事会从本月 21 日捕房报告获悉，没收了贴在广东路的两张未盖领袖领事和工部局印章的布告，会议决定提请中国当局注意遵守正常手续。参见《工部局董事会会议录》第十六册，上海古籍出版社 2001 年版，第 638 页。

查,其实质在于排斥或最大限度地排斥中国官厅对租界内事务的管辖权。

（四）颁布告示程序的实质意义

对于中国地方政府在租界颁布告示,在形式上必须经过领袖领事及工部局的签字盖章,其实质意义在于外国人对租界的一切事务的控制,从而排斥中国政府对租界内事务的管辖。如《申报》1910 年 3 月 10 日就记载了租界领袖领事认为会审公廨出的一则告示超出了成例与章程,是对租界政治的干预,从而拒绝签字盖印,并向上海道去函质疑。①

为此对告示内容进行审查。工部局不赞成在租界内张贴对一些无足轻重事务的告示,主张将公告用于宣布本地政府重要事情,②而且颁布的告示应限于"影响到公众福利的重要问题"。即使同意张贴有关商标的告示,但若是张贴很多,而不是几份,对于工部局来说,也是不容许出现的,显然这是对它管辖权力的一种侵犯。③

不仅如此,对于告示上有违此宗旨的文字或文意,也要予以禁止。如 1906 年 1 月 23 日工部局董事会会议讨论是否允许在租界内张贴一则道台告示问题,董事会认为此告示在公文本意上显然是无可非议,但此告示很可能被理解为本地政府有权在保护租界方面采取积极行动。董事会决定征求英国领事馆对该公文措词的意见,若无害处,将指令捕房立即张贴。④在告示上出现了一些工部局认为他们无法接受的用词或语句时,则禁止张贴。⑤

---

① 当时会审公廨驳斥了这一说法,认为:(1)知县系租界会审委员,租界政治正是其职权;(2)会审公廨章程内并无不能干预租界政治之条;(3)自公廨成立以来,颁发的告示不计其数;(4)有成案在,1905 年大闹会审公堂案时,外人依赖谳员的一纸告示才镇定扰乱之人心,既然以前可以怎么现在就不行?(5)租界为中国地方;(6)告示事因丝厂女工闹事,捕房不能管束,若公廨不加以告诫,岂非酿成更大事端?并要求道台念其"关系备廨事小,关系国体事大",照会领袖领事切实磋争。参见《申报》1910 年 3 月 10 日。可见,在会审公廨及中国官员看来,租界是中国地方,中国有权进行管辖,而且会审公廨并不限于审理案件。

② 如领袖领事在关于某牌子的卷烟采用特别商标的告示上盖章,但董事会反对将告示用来发布一些无足轻重的声明,只是领袖领事已盖章,工部局只好同意。不过工部局仍致函领事团表示其反对意见,虽然领事团回复说商标的侵犯并非小事,董事会亦同意此说,但仍认为对于此类情况采用发布告示的办法,还不如在会审公廨进行正式注册更为可取。并要求领事团遵守与工部局在 1908 年所达成的协定,即将公告用来宣布有关本地政府的重要事情。参见上海档案馆编:《工部局董事会会议录》第十八册,上海古籍出版社 2001 年版,第 614、617 页。

③ 上海档案馆编:《工部局董事会会议录》第十九册,上海古籍出版社 2001 年版,第 620、621 页。

④ 上海档案馆编:《工部局董事会会议录》第十六册,上海古籍出版社 2001 年版,第 621 页。

⑤ 1906 年 2 月 7 日的董事会会议上,领袖领事转交了拟在租界内张贴的南京总督的布告,内有这样的用语,称工部局是在华人和西人管理之下的团体。董事会认为这无法接受,决定不得张贴该项布告,并向领事团解释这一决定的理由。《工部局董事会会议录》第十六册,上海古籍出版社 2001 年版,第 624 页。

由上所述，会审公廨行使一定的行政职权。不惟如此，租界内的华人视会审公廨为中国政府设立在租界内的本国机构，一如租界外的衙门或地方机构。一旦在租界内遇到权益被侵犯，首先想到的即是会审公廨，或请求救济，或要求与外国人交涉，或进行抗议请愿。[①]而不仅仅是一个司法机构。从这个意义上看，会审公廨与县署、道府之类的政府机构类似。

不过，与道署、州县相比，会审公廨的行政事务则要少得多。州县虽是基层行政机构，但在地方行政中扮演极其重要的角色，与其上司相比，“兴除利弊，不特藩臬府能说不能行，即督抚亦仅托空言，惟州县则实见诸行事，故造福莫如州县”。[②]知县掌管一县之政，除了为朝廷征收赋税、征发徭役外，“凡养老、祀神、贡士、读法，表善良、恤穷乏、稽保甲、严缉捕、听狱讼”等都必须“躬亲厥职而勤慎”，亲自操办，责无旁贷。这些事务相当于现代的财政、治安、审判、教育及福利等。[③]而这些庞杂的行政事务则非会审公廨所能及。

会审公廨的行政事务与县署相比，主要差异在于：一是县署管辖范围要比会审公廨大得多，尤其是具体事务方面。虽说州县最为重要的是“钱谷”与“刑名”，但其他事务却也不少，种类也繁多。而会审公廨的行政事务仅限于颁布告示及交涉中介之责，包括按照工部局的意见或道台的指示进行颁布告示或通告。当然也有会审公廨谳员根据居住在租界内华人的要求，为维护其利益计，主动颁布告示。二是在权限方面，会审公廨的行政职权要小得多。往往处于协助地位，无论是根据哪方意见或指示，抑或主动行为，均须经领事及工部局的签字盖印，否则只有落个被巡捕撕毁的命运。但即便存在以上的差异，两者的基点还是相同的，不仅处理行政事务的方式无实质性差异，而且对行政事务的管理亦无相应制度设置。

也有研究者认为会审公廨已不具备传统县衙的一身兼具侦查、审判、执行多职的特点，知县是一县的最高行政官员，又是唯一的检察官、法官与法医。从章程上看，会审公廨已是一个比较明晰的司法机构。而且谳员在租

---

① 1898 年工部局发布 1317 号文，宣布菜场各摊租铺新价规定：凡鱼鲜、肉类、蔬菜摊贩一律集中菜场营业，并按月交纳税金五角至两元。沪上菜贩等数百人前往会审公廨抗议，并到上海县署请愿。1900 年各店铺代表二十余人前往总领事署及会审公廨，要求减轻房捐，英领事与会审公廨同意核减。参见汤志钧主编：《近代上海大事记》，上海辞书出版社 1989 年版，第 538、552 页。在这些商贩眼中，会审公廨是一个政府机构，并不仅仅是一个解决纠纷的地方。

② 《平平言》卷一，第 10 页，转引自瞿同祖：《清代地方政府》，范忠信、晏锋译，法律出版社 2003 年版，第 29 页。

③ 郭建：《帝国缩影——中国历史上的衙门》，学林出版社 1999 年版，第 38 页。

界内颁布告示及参与中外交涉，无定例，且多出现于会审公廨前期。[①]的确，从“洋泾浜北首理事衙门”的出现、章程的内容、中外方的设想来看，会审公廨定位是一个管理租界内钱债、斗殴、窃盗、词讼等案件的机构，颁布告示和交涉也无定例，且大多在前期。1911年之后的会审公廨被工部局接管，谳员薪资归由工部局支付，其司法审判性质更为凸显。因此，本书认为会审公廨与传统衙门存在异同点，如果说传统衙门具有司法行政双重职能，那么会审公廨的主要职能是司法审判，但兼具一定的行政职权，这两者不可等同而言。1911年之后的会审公廨更成为了较为纯粹的司法机构。

① 唐香梅：《上海公共租界会审公廨——纠纷解决机制》，复旦大学2008年硕士学位论文。

第三章　会审公廨中外审判官的裁判考察

法院必须以法官的存在为前提，法庭的运作也必然要以法官的活动为条件。而法官的活动即是裁判。“徒善不足以为政，徒法不足以自行”（《孟子·离娄上》），“人”的因素在法律发展中起着举足轻重的作用，“职业法学家”的形成与发展是西方走上法治道路的决定因素之一。会审公廨中方谳员与外籍陪审官，两个群体拥有不同的法律知识背景，不同权力的象征，在共同的司法裁判中表现出什么样的关系？双方何以发生裁判冲突？其冲突如何表现？又是怎样解决的？对这些问题的解答，也许为更深入地研究会审公廨提供另一视角。本章以会审公廨中外审判官的裁判活动为考察基点，对两者裁判产生的关系进行分析，着重论述双方裁判冲突的主要表现及解决，并探究其发生的原因。

第一节　中外审判官的设立与裁判权的变迁

根据1869年4月20日正式公布修改后的《洋泾浜设官会审章程》第1条规定，由上海道“遴委同知一员，专驻洋泾浜”，受理租界内相关案件。会审公廨既然名为“会审”，则必然设置与中方谳员（Magistrate）同等地位的外籍陪审官（Assessor）。[①]章程第2条规定，“凡遇案件，牵涉洋人必应到案者，必须领事官会同委员审问，或派洋官会审”。因此，在不考虑那些由谳员独审的案件，会审公廨审判官包括了谳员和陪审官。

① 以1911年为界，之前分别称为谳员及陪审官，之后称为会审员，译名的不同从某种程度上显示了机构变更、时代的变化以及权力的演变。但为避免行文的复杂化及区别起见，笔者在论述时仅把中方审判员称为谳员，外国领事委派参与审判的领事或副领事等称为陪审官。

一、中外审判官群体映射

（一）会审公廨的中方谳员

1911年之前，会审公廨谳员由上海道委派，最初为一名，后来因诉讼案件日增，遂增加了一名副谳员。因此审判员包括谳员与襄谳员（即副谳员）。[①]除了1864年5月1日—1869年间担任洋泾浜北首理事衙门的几名理事外，[②]1869—1911年间会审公廨谳员有18名。[③]1911年至1927年间，会审公廨的中方会审官比较固定，设正会审官一名，有代表公廨之权，并主持廨内行政事项。当时为关炯。副会审官六名，分别为：余应望、李修梅、陆绍宗、孙调鼎、邵树华、韩宗潮。[④]这些会审官或者是从法政学校毕业，或曾担任实践审判，或两者兼具。不过对孙调鼎的任命，却引起一些争议。[⑤]在分析前先简要列表如下（见下表）。

除关炯[⑥]为后人熟悉及研究外，其他谳员大多在不被关注之列，其缘由除了这些谳员没有关炯与外国人为维护主权而抗争的事迹外，资料的缺乏

---

① 1905年外国领事提议修改会审章程，包括在谳员之外增添一名副谳员，遭上海道台反对。但实际上因诉讼案日多，仍增加了一名副谳员。参见史梅定主编：《上海租界志》，上海社会科学院出版社2003年版，第280页。不过根据《申报》记载，1895年因“会审公廨事件繁冗，道宪刘康侯观察深虑宋莘乐通判一人难于兼顾，特委洋务提调郑翰生大令兼办帮审事务”。见《申报》1895年6月3日。在此之前，已因案件甚多，谳员不堪重负，道台委派县署官员帮审。1886年4月，即派宋莘乐二尹帮办各案。后来担任正式谳员一职。参见《申报》1886年4月2日，以及书后附录一。

② 首任理事为陈福勋，但之外还有其他官员担任审判员，因资料缺乏，不知其名。《北华捷报》这段时间有关案件记载中只有各位理事的姓及官名，如“Chu, Hai-fang-ting（海防厅）”、“Wang Wei yuan（委员）”等。有的案件是由两名中国谳员与外国陪审官共同审理。

③ 具体的谳员与副谳员名单及基本情况可见书后附录一。有的情况过简，因所据资料较为零散。

④ 余应望为首席副会审官，国立法政学校优等毕业，曾任沪南第一初级审判厅监督推事。李修梅为二席副会审官简任职存记江苏任用县知事，四等嘉禾章，1917年任职。陆绍宗为三席会审官，日本法政大学法学学士，曾任上海地方审判厅实习推事。1919年任职。孙调鼎为四席会审官前江苏候补县知事，奉贤县知事，1924年任职。邵树华为五席副会审官，1924年任职。韩宗潮为六席副会审官，1924年任职。参见《上海公共租界会审公廨组织大纲及办事情形》，上海市档案馆藏，卷宗号Q179-4-8。

⑤ 1912年7月31日的工部局董事会会议上曾提交了一份警务报告，有关孙调鼎不适宜担任该项职务的证明，不过总董从领袖领事处查清此项遴选是受到严格限制的，至少孙的当选与关炯无关，对其任命是由陪审官们推荐的。会议因此决定，如果没有出现孙先生不能胜任或行为不检的确凿证据，则不提出正式反对意见。见《工部局董事会会议录》第十八册，第619页。对于工部局来说，会审员人选要在形式上做到公正即与正会审员关炯没有纠葛，更重要的是由陪审官们推荐，自然无碍。

⑥ 关炯，字絅之。全书统一为关炯。

会审公廨谳员与会审员情况简表

谳员会审员		任职时间	籍贯	学衔或教育背景	官职
谳员 1869—1911年	陈福勋	1869.4—1883.11	浙江钱塘人		候补知县
	张秀芝	1872.9—1872.11	直隶宛平人	监生	江苏候补同治
	谢国恩	1875.8—1876.7	浙江余姚人	监生	江苏候补知州
	黄承乙	1883.11—1885.6	浙江余姚人	廪贡	江苏试用通判
	葛绳孝	1885.6—1885.9	浙江慈溪人		候补知县
	罗嘉杰	1885.9.7—1886.6	福建上杭人	贡生	川沙抚民同知
	蔡汇沧	1886.6—1894.2	浙江德清人		补松江府拓林通判
	宋治芳	1894.2—1895.8	浙江归安人	附生	江苏候补知县
	屠作伦	1895.8—1897.7； 1905.3—1905.7	直隶宛平人	监生	江宁南捕通判
	翁笠渔	1897.7—1897.10； 1899.4—1900.11	湖南湘潭人	监生	江苏候补知县
	张义澍	1897.10—1898.6	湖南武冈人	监生	军机处存记补用直隶州知州
	郑翰荪	1898.6—1899.4	广东人		后担任法租界公廨谳员
	张柄枢	1900.11—1903.5	广西灵川人	监生	江苏候补同知
	孙建臣	1903.5—1903.10	浙江归安人	监生	江苏候补同知 1902.9.17—1903.5期间担任法租界公廨谳员
	邓鸣谦	1903.10—1904.2	广东香山人	监生	江苏候补知县
	关炯	1904.2—1904.3； 1905.3.17—1907.3.29； 1905.7—1907.10	湖北汉阳人	举人	江苏候补知县
	黄煊	1904.3—1905.3	福建人		江苏候补知县
	宝颐	1907.10—1911.11	蓝旗人		江苏候补知县
正副会审员 1911—1927	关炯	正会审员		通晓英语	
	余应望	首席副会审官		国立法政学校优等毕业	曾任沪南第一初级审判厅监督推事

续表

谳员会审员		任职时间	籍贯	学衔或教育背景	官职
正副会审员 1911—1927	李修梅	1917年任职，二席副会审官			简任职存记江苏任用县知事，四等嘉禾章
	陆绍宗	1919年任职，三席会审官		日本法政大学法学士	曾任上海地方审判厅实习推事
	孙调鼎	1924年任职，四席会审官			前江苏候补县知事，奉贤县知事
	邵树华	1924年任职，五席副会审官			
	韩宗潮	1924年任职，六席副会审官			

亦是一个重要原因。笔者仅从《申报》、《北华捷报》等报纸刊登的案件，以及《工部局年度报告》、《工部局董事会会议录》等档案资料中，寻绎这些谳员的活动痕迹，包括案件的审理、对外国人的心态，如何交涉或妥协。虽然这些资料是零星、片段的，但在缺乏对他们的整体叙述资料的情况下，依据这些资料也显得弥足可贵。为避免主观意识的强加，笔者尽量做到所得结论是建立在材料之上，而不是空洞的臆测。

第一，遴选委任问题。根据1869年章程规定，谳员是由上海道台委任，应具"同知"职衔（官制在知县之上），而实践中担任会审公廨审判工作的官员，职衔往往同于知县，而且多为候补知县。甚至是知县佐吏在庭审判。谳员由上海道遴选委任，选任条件并无特殊的固定标准。与当时其他官员相比，谳员一般要熟悉当时"夷务"，至少要了解西方习俗以及如何与洋人打交道，对通商方面也要具有一定常识。[①]关炯的出任与其精通英语、对西学颇有所知等不无关系。而陈福勋对洋务的留心及实践也是被选任谳员的重要原因。但除此之外，似乎与传统官员的选拔相差不大，对谳员的法律知识及

① 英国总领事在1891年度上海贸易报告中，曾指出当年由于蔡汇沧谳员因病休养使审判一再拖延，而他的临时代理人则因对欧洲习俗和上海经商的一般情况缺乏知识，致使除了最简单的民事案件外，对任何案件都显得不能胜任。参见李必樟译编，张仲礼校订：《上海近代贸易经济发展概况：1854—1898年英国驻上海领事馆贸易报告汇编》，上海社会科学院出版社1993年版，第769页。

司法实践无具体规定。从表3.1.1中可知,这些谳员学衔可考者有12人,其中8人是监生,1人是附生,2人是贡生,1人是举人。这些谳员监生出身,也就是清代官场上的"异途",其官职基本为候补知县、同知等,无法实任。而所谓候补官员实是官员数量激增与官位严重短缺之间的矛盾造成的,官员试用期满却无空缺,只能候补。据学者统计,1902年江苏全省各候补道员80人,候补府厅州县超过1 000人,候补佐贰杂职超过2 000人。①而这些候补官员在清末洋务运动兴起后有了新的去处,即近代中国出现的传统体制外的新型机构,甚至成为新式机构的"主要和实际参与者、管理者和经营者"。②会审公廨在当时上海人眼中是"新衙门",身处租界,外国人参与其事务,自然也被视为新时代之下的临时机构,谳员出身候补官员也是自然事,虽然章程规定遴选同知担任谳员。在此背景下,这些谳员的职业训练和司法素养自然与传统官员并无二致。不过,考虑到会审公廨审判事务与县衙审案有所不同这一事实,从上海县衙调派来会审公廨进行帮审的县尹等较低级别的官员,一般要等他们熟悉审判,并与洋人打交道一段时间以后,才会委任其为正谳员。1911年之后正副会审官均由领事团推举,推荐曾任法官者及有法律经验者担当。这些会审员的职业训练和司法素养至少有了一定的法律知识储备。如余应望和陆绍宗皆法律专业教育背景。

第二,任职时间以及升迁方面,也不同于其他官员,"既非实缺,无俸满升调之期"。③谳员的更换相对外国陪审官来说并不频繁。如公廨谳员陈福勋曾对英国副领事达文波(Devenbor)说:道台委派我试办一年,而现在已七年,然而自我到公廨后,贵国领事已调换二十余员。④会审公廨初期及后期比较稳定,中期更换谳员比较频繁。其原因各异,其中固然有谳员的个人因素,如身体、才能等不能胜任,也有因与外国陪审官发生激烈冲突从而被迫去职的,但更主要的是以工部局为代表的外国人对会审公廨的日渐控制,

①② 肖宗志:《候补文官群体与晚清政治》,华中师范大学2006年博士学位论文。

③ 两江总督刘坤一奏称:"上海会审公廨委员,既非实缺,无俸满升调之期,即不能与实缺官员一同迁转,致劳绩久著者,格于成例,无阶可升。……此后会审公廨委员,无论同通州县选派是差,拟请均作实职会审同知,名曰差缺。臣会同抚臣奏明派委,并自到差之日起,扣足六年,期满办理无误,照出洋异常劳绩专案保奖,其廉俸等项,仍不照实缺开支。倘有办理不善,声名平常者,仍随时撤换参办。奏入,下部议,寻议于同知直隶州内拣选委派,六年期满后,仍照原衔升转。允之。"[清]朱寿朋编,张静庐等校点:《光绪朝东华录》(第一册),中华书局1958年版,总第989页。

④ 《申报》1875年1月18日。另外如1877年1月至1877年7月期间,英美陪审官就各有三人,中方谳员一直是陈福勋一人。见"Law Report", *North China Herald*, January—July, 1877。

以及与会审公廨自身管辖权之间的矛盾冲突。当然，也不能忽略20世纪初的上海，民族主义风潮席卷而来，拒俄运动、抵制美货、抗议日厂，政治浪潮风起云涌，作为会审公廨处理华洋冲突、法庭主体的谳员自然成为矛盾焦点，谳员的去职、更换也自是较为频繁。后期则因外国人的完全控制，公廨谳员的选任也由其控制，因此谳员名单固定。

第三，与选任相关的薪金问题。初始公廨谳员由上海道委派，薪金自然由中国政府支付。但在1911年辛亥革命之后，会审公廨由工部局接管之后，谳员由领事选任，至于薪金问题，本来当时的上海商业总会希望由他们支付，但领袖领事要求总董采取行动，立即将至1911年12月15日为止的薪金发给会审公廨的华籍工作人员，并贴出一张已由领袖领事做好准备并获得其批准的通告，宣称此事即将执行。此目的在于排除商务总会的干预，因为该机构正设法打破已获准的领事团之步骤。①饮水思源，谳员的薪金发放归属权可以左右谳员在审判中的立场，这是当时上海商业总会及驻沪领事团都心知肚明之事。

另外，公廨谳员虽然受多方力量的限制，如租界外须听命上海道，重大案件的管辖权归上海县衙，租界内又时刻在领事团及工部局的控制之下。但谳员在审判中仍体现出个人色彩。下文即对前后两个任期最长的会审公廨谳员予以考察。

之所以选择第一任陈福勋和最后一任关炯为考察对象，其理由在于：一是这两人在公廨担任审判官的时间最长，有关资料也较丰富，皆非其他谳员可比；二是陈福勋作为第一任谳员，可以说见证了会审公廨的成立、发展的最初近二十年，而关炯则是公廨的后十几年审判官，经历了会审公廨为中国司法机构到完全被工部局控制，并见证会审公廨的收回。因此这两人在会审公廨的重要性自非其他审判官可比，具有代表性。

陈福勋，浙江钱塘（今杭州）人，字宝渠。初至沪，留心洋务。咸丰末年，佐理会防局，擢海防同知。同治初年，办理机器铁厂。②自1867年就开始担任谳员的职责，1883年11月12日退休。③他在会审公廨的时间将近十七

---

① 上海档案馆编：《工部局董事会会议录》第十八册，上海古籍出版社2001年版，第578页。

② 吴成平主编：《上海名人辞典》，上海辞书出版社2001年版，第295页。可见，陈福勋对洋务的留心及实践是他被选任会审公廨谳员的重要原因。

③ Motono Eiichi，H.A.Giles versus Huang Chengyi：Sino-British Conflict over the Mixed Court，1884—1885，East Asian History 1996，p.138.谨在此感谢日本学者Motono Eiichi（本野英一）给我复印并寄来他的这篇文章。不过根据《申报》记载，1883年11月10日黄芝生即黄承乙已正式接任。见《申报》1883年11月10日。

年，仅次于关炯[1]。外国人对他的评价总的来说，比较肯定。“尽管他偶尔因‘有时反复无常的判决’而遭到批评，但基本因他尽量对每人公正的正直心而受人尊敬，因此他的退休也就让上海的英美居民感到遗憾。”[2]

从《申报》对陈福勋审理案件的相关记载来看，陈福勋也应算是一个能体恤百姓疾苦，对外国人也不唯唯诺诺的官员。首先陈为人较仁慈，能关心百姓疾苦，有着受儒家思想熏陶的传统官员的基本素养。如他为体恤枷犯，念示众犯人曝晒于烈日之下，于心不忍，特地自己购买帽子数十顶送给各枷犯顶戴。在其任职期间，派华医时常到押所察看犯人。[3]英国领事麦华陀认为“主持会审公廨的陈会审员是一位异常善意的官员，他对外国人和中国人同样做到努力尽职，因而是值得称赞的”。[4]在他卸任之时，各商民送万民伞、德政牌等，以示对其在会审公廨公正审理案件之嘉奖。[5]1880 年两江总督刘坤一曾上奏要求对陈福勋任差出力给予嘉奖，并奏请会审公廨委员也应与实缺官员一样可以升迁。[6]10 月 31 日，清廷洋务即以尽心洋务，授予上海会审公廨谳员、江苏候补知府陈福勋以知府用，并赏加三品顶戴。[7]1883 年陈福勋辞职卸任。之后，先后担任了洋务局提调、水利局总办、巡防局总办等职，直至 1893 年去世。

外国人对陈福勋抱有好感还有一个原因，即他对洋务的了解以及与外国人交往之道要胜过其继任者黄承乙，外国人对黄承乙甚表失望。有学者认为原因在于一是其品级的低下，按照会审章程的规定，公廨谳员应是四品官员，但黄是六品；二是黄对公廨法律程序表现出相当地无知。[8]

不过笔者以为，外国人不满的原因恐怕并不仅仅是对黄承乙本人的发难，主要还是中外双方在公廨权限、审理方式等方面产生的矛盾日益尖锐。

---

① 关炯担任会审公廨谳员，从清末到民国曾经四任此职，前后近二十年。这可见会审公廨谳员更换并不频繁。

②⑧ Motono Eiichi：“H.A.Giles versus Huang Chengyi：Sino-British Conflict over the Mixed Court，1884—1885”，*East Asian History 1996*，p.138.

③ 《申报》1875 年 7 月 22 日；1885 年 7 月 8 日。

④ 李必樟译编、张仲礼校订：《上海近代贸易经济发展概况：1854—1898 年英国驻上海领事贸易报告汇编》，上海社会科学院出版社 1993 年版，第 356 页。

⑤ 洋布公所诸董及钱业诸董公皆送万民伞一顶，并送德政牌及匾额。德政牌二对，上写：曰柔远能迩，曰惠周服贾，曰息讼安良，曰厦庇穷黎。匾额上写：泽被群商。见《申报》1883 年 11 月 10 日。当然这不可予以过高估计。不仅因为在《申报》中我们常可看到商绅送匾牌给离任之官员，而且这也是沿袭下来的一种官场应酬。参见郭建：《帝国缩影——中国历史上的衙门》，学林出版社 1999 年版，第 305—306 页。

⑥ 见[清]朱寿朋编，张静庐等校点：《光绪朝东华录》(第一册)，中华书局 1958 年版，总第 989 页。

⑦ 汤志钧主编：《近代上海大事记》，上海辞书出版社 1989 年版，第 369 页。

早在陈福勋任职期间,外国人就已开始不满会审公廨这一机构的运作。1875年领事团召集公廨外国陪审官开会,讨论改进公廨事宜,认为公廨不仅在刑事审判方面,而且在民事案件审判上也无法令人满意。之后更提出法庭最好独立于地方政府之外。在1883年11月6日的董事会会议上,领袖领事来信称中国政府已任命黄承乙接替陈福勋,当时副总董询问是否需要采取措施来使中国当局给公堂任命一位有地位的朝廷官员,建议最好由北京任命一位官员来主持一个独立的法庭,这位官员应该完全不受当地政府的控制。①在黄承乙继任后,外国人甚至想使租界成为一个独立司法地区,并希望提交给驻京公使们,由他们对中国政府施加影响,以达成其愿。②

可见,在陈福勋任职期间,外国人就已不满会审公廨,并期望进行改革。之后随着形势的不断变化,会审公廨谳员处境更为艰难。关炯担任了近二十年的谳员,其面对的早已不同于陈福勋所处之局势,也就更见其真章。

关炯(1879—1942),名炯,字絅之,湖北汉阳人。1895年考中秀才,后就读于武昌博文学院,专修英语和数学,1901年中举。他承袭父业提倡教育,曾在武昌创办了当时湖北第一所民办普通中学及速成学堂。1902年奉旨分发以同知衔。1902年末,上海道台袁树勋正处于洋务交涉困惑、涉外人才奇缺的窘境,由于关炯学贯中西,名声远扬,便将其招募在道台衙门任洋务翻译。此后1903年、1904年、1905—1908年曾三次或短期或长期担任上海公共租界会审公廨谳员,1911—1926年继续担任会审公廨正会审员。著有《会审公廨补阙记》,对其担任谳员以来会审公廨的沿革、主要大事、艰难交涉等作了详实分析。后人对关炯的评价主要是他在会审公廨任职期间与外国人进行周旋、斗争,维护了国家主权,保护人民权益。③关炯以力保主权为己任,虽然在他看来,弱国无外交,而他又乏后援,以个人之力量无异于

① 上海市档案馆编:《工部局董事会会议录》第三册,上海古籍出版社2001年版,第540页。

② 在1884年3月31日会议上,提交了由179位纳税人(代表352票)签署的来信,信中要求董事会对下述申请是否可取进行考虑,即请求北京的各外国公使,利用他们对中国当局的影响,使洋泾浜北首的外国租界成为一个由一位知县级的官员负责的具有独立司法权的地区。上海市档案馆编:《工部局董事会会议录》第三册,第561页。

③ 他与当时的工部局、外国领事在多方面进行了交涉,具体包括:法律的适用、土地所属、廨役西捕对峙、廨役存废、男女押所收管、公廨门首不挂有西文的标记、罚款归属、清理处不交堂费、保留晚堂、不改变公廨原来中文印信、公廨工作人员应由中国政府选派、中国国家机关涉讼不在公廨受理范围、华洋民事诉讼华洋原告都得"交保"等。见上海市档案馆藏,卷宗号Q179-4-6。

"螳臂当车、禽泥填海",但也"尽一分心力,藉保一分之主权"。[①]正因为关炯在国人眼中是一个敢于同外国人抗争的官员,在会审公廨收回之后,钱化佛以公谊私情,和翁国勋及商界联合会会长王汉良等发起,向总商会、教育会、各同乡会提议,为关炯建一"去思碑",以纪念关炯在会审公廨担任谳员时敢于与外国官员进行交涉,而不似以往的谳员媚外,动辄以外国官员意旨为取向,主权自行剥夺,结果形同傀儡。虽然终没立碑,但也可见关炯在当时人眼中是个维护国家主权,敢于同外国人斗争的"强项令"。[②]

因会审公廨所处租界之特殊地位,谳员扮演一种中间人的角色,"一方面是外国社区(租界)与租界内的中国居民之间的中介,另一方面是道台与本国租界内居民之间的中介"。[③]可想而知,国人对这些公廨谳员的定位及褒贬都会因此而起,租界内的本国居民及各种团体将会审公廨视为政府派往租界代表国人利益的机构,官员自然成为维护其利益的"青天老爷"。一旦谳员与外国人交涉不力,便会遭到诸多指责。事实上会审公廨因所承担的特殊角色,不仅使会审公廨机构本身发生变化,如1905年大闹会审公廨案件,甚至引发几乎全国式的运动,如1925年的五卅事件。[④]谳员也就成为中外交涉矛盾发生的直接承担者,他们既要处理租界内外的关系,即中国政府与租界内的外国之间的矛盾,又要处理租界内部的矛盾,即租界内中国居民与外国居民的矛盾,其中又掺杂着国家、民族利益,还有个人尊严等。这些问题集中在会审公廨的审理案件及行政事务的处理上,[⑤]最终表现在与外国陪审官的关系上。当然不仅仅与陪审官发生矛盾,在审理案件中与工部局下属的巡捕及后来设立的督察员同样发生冲突。[⑥]

(二) 会审公廨的外籍陪审官

会审公廨之所以引发当时国人的激烈情绪以及后人的研究兴趣,在很大程度上是因为陪审官的存在。会审公廨的审判以中国官员为主导,但无

---

① 上海市档案馆藏,卷宗号Q179-4-6。

② 《三十年来之上海》,钱化佛述、郑逸梅撰,学者书店1947年版,第63页。上海市档案馆藏卷宗号:Y15-1-141。

③ A.M.Kotenev, *Shanghai: Its Mixed Court and Council*, Shanghai: North-China Daily News & Herald, Limited, 1925, p.76.

④ 当然这些事件往往是导火索式的,并不能因此忽视或低估其他社会因素的变化。

⑤ 主要是审理案件方面,但行政事务也是一个不可或缺的职责,主要是颁发上海县衙的公告等还有工部局的章程等,甚至工部局通过公廨实施其规章,成为公廨与工部局、领事之间大多数摩擦的产生原因,见A.M.Kotenev, *Shanghai: Its Mixed Court and Council*, p.96。

⑥ 如档案中曾记载,1906年6月5日审理一件案子,因谳员反对巡捕的发言,竟然加以辱骂。第二天阻止副督察员进入男子牢房以询问。见上海市档案馆藏,卷宗号U1-2-643,第50页。

论是今人还是当时人，都认为会审公廨审判实质上在起决定性作用的是这些外国领事委派的陪审官。[①]那么如何看待这些人？他们不是真正的法官，即使他们看起来是法官，甚至他们相信自己是法官。[②]作为一个群体，他们具有一致性，即都是为维护其本国人利益而被委派到会审公廨与中方官员“会审”的审判官，但因各自所在国在租界的势力、利益差异及个性方面的因素，则隐现着作用的差异性，而且他们审理的并不仅仅是直接涉及本国人利益的案件，加之需要维护租界社会的公堂秩序、某种程度上追求法律公正等多重因素作用，无不使会审公廨的审判更为复杂纷呈，因此对这一群体的评价难以简单论断。

按照条约与规章，凡是涉及以有约国人为原告的案件以及涉及外国人利益的案件相关国皆有权派员进行观审、会审。会审公廨的外国陪审官在数量上要比中国谳员多，更换也较为频繁。阿查利(Chaloner Alabaster)是首任英国陪审官。陪审官一般分为两类：常任陪审官与临时陪审官。前者是指每周固定时间进行陪审的外国官员，后者是指凡是涉及本国人的相关案件才去公廨参与审理的官员。常任陪审官除了英美两国陪审官与会审公廨相始终外，其他国家陪审官不尽相同。在早期仅由英美两国陪审官组成，英国陪审官一周四次，美国陪审官(总领事或其翻译员)一周两次；[③]后来则增加了德国领事担任陪审官(星期六为其轮值日，英国陪审官减少一次)；后又改为英、美、日、意四国陪审官轮流陪审。其值日的次序是英国领事为星期一、三、五，美国领事为星期二、四，日本领事与意大利领事为星期六，人数是美英各 2 人，日意各 1 人。自 1911 年以来，华人民事案件中亦开始由领事团推选领事官或副领事官充任陪审官，其任期为一年。并公举领事按照一定的值日日期到会审公廨陪审，被推举的英领事为 1 人(原来是 2 人)，美领 2 人，日领 1 人。值日次序是：

---

① 清政府之所以将会审公廨参与审理的外国官员称为“陪审官”，是为了突出中方谳员在会审中的主导地位。对“陪审”、英文“assessor”、法文“assesseur”含义进行比较解释，可参见侯庆斌：《晚清中外会审制度中华洋法官的法律素养与审判风格——以上海法租界会审公廨为例》，《学术月刊》2017 年第 1 期。虽然该文是对法租界会审公廨法官的研究，但公廨外国“陪审”性质一致，也同意其观点，这三个称谓并不完全契合这一职位。鉴于其所处时代和历史情境，本书一概用“陪审官”之称呼。

② Teemu Ruskola: “Law without Law, or Is ‘Chinese Law’ an Oxymoron?”, *William & Mary Bill of Rights Journal* [Vol. 11: 655 2003], p. 11. http://ssrn.com/abstract=412380 American University—Washington College of Law.

③ A.M.Kotenev, *Shanghai: Its Mixed Court and Council*, Shanghai: North-China Daily News & Herald, Limited, 1925, p.54.

	星期一	星期二	星期三	星期四	星期五	星期六
英　领	下午	上午	\	上午	下午	上午
美　领	上午	\	上午、下午	下午	上午	\
日　领	\	下午	\	\	\	\

资料来源:《法律评论》第10期。

一些特殊国家,如苏联人的民刑事案件自1924年5月30日中苏协约订立后与华人民事案件一律办理。智利因条约上无领事裁判权,智利领事屡次派员来会审公廨陪审,但都被会审官拒绝,呈报交涉署有案,故亦照华人民事案件办理。德国人的民刑事案件自1924年11月起由领事团选举欧战时之中立国领事而能德语者陪审。其余外国人为原告之案件以该管领事官或副领事官陪审。①陪审官出庭人数,一般为一名。但亦要视具体案情而定。若是原被告双方牵涉为外国人雇佣者,或牵涉外国人利益者,出庭观审之陪审官往往会达四五名之多,可谓奇观。

在陪审官轮值时,若是因为有事未能出庭参与审判,则有以下几种处理方式:一是由中方谳员独审,这类情况并非少见,②当然这可能都是有关华人之间的案件或巡捕房解送的琐案,若是外国人为原告的案件或者牵涉外国人利益的案件,则不会让谳员独审,往往推迟审理,直至有权会审的陪审官到堂审判。二是陪审官未至,捕房将各案改日再解讯。③三是由他国官员代行其责。④

至于陪审官的资格,起初并无限定,一般都是由各国的领事或副领事担任,有的陪审官对华文华语皆能熟悉,有的不懂,则在审理案件时配一名翻译。⑤至于是否熟悉中外法律、有无法律实践并无相应规定。⑥因此出任陪审官的领事或副领事们十之八九不是出身于法学院,没有司法经验,他们不但不熟悉中国法律(恐怕也不愿熟悉中国法律),甚至对自己国家法律也不

① 上海市档案馆藏,卷宗号Q179-4-8。

② 《申报》1885年7月2日;1885年5月9日。

③ 《申报》1886年3月28日。

④ 如本因奥国正领事夏士会审,但因有公事,则由德国翻译连梓到堂与当时谳员罗太守会判各案,见《申报》1885年11月22日。

⑤ 如1885年新任陪审官、英国副领事佩福来就通华文华语。见《申报》1885年8月1日。而在一些案件是由两个外国人与一中国官员坐堂审判,这往往有一个即是翻译员。

⑥ 被选担任陪审官是因为其对中国的了解,而不在于其是否有法律知识或司法资格。See Westel. W.Willoughby, *Foreign Rights and Interests in China*, Baltimore Maryland, The Johns Hopkins Press, 1920, p.54.

见得熟悉。在审理案件时不仅不适用中国法律，对自己国家的法律也摒弃不用。同一案情同一犯罪，甲国领事判决不同于乙国领事的判决，即使是同一领事对类似性质的案件判决出入也甚大。①不仅在审理华洋案件时“因华洋法律歧异，审判时每难遵循一定之法律标准”，而且“判决之前后矛盾，领事之倔强跋扈，层见叠出”，这一切皆因“唯视领事临时之意旨为准”。②而究其原因，郭泰纳夫一语道破：外国陪审官不是法官，甚至不是会审官，其责任是在于保护外国人利益，而不是为了正义。③1911 年之后才明确规定陪审官由领事团推举，并由能通晓华文而曾受法律教育之领事官或副领事官担任。

如上所言，陪审官参与审判，原本是为了维护本国人利益，自然受其本国总领事的管辖，更何况许多陪审官自身即是各国领事。因此陪审官之间会因各自代表的国家利益不同而发生争执矛盾。如会审公廨审理在德国护送之下向印度运送走私武器一案中，英德两国陪审官因权力之争发生冲突。甚至英国陪审官声称若是德国陪审官在英陪审官出庭时仍坚持登上法官席位，则将召集巡捕将其逐出。④此外，领事们所代表的利益与纳税人会议代表的租界利益亦存在差异，而且陪审官并不一定就意味着其是本国利益的代表，不可否认某些陪审官仅是从法律程序或审理案件的角度，可能考虑的只是案件本身，而非外交利益或租界利益。从而与工部局的管辖权发生小摩擦亦在所难免。当然陪审官总归是处于领事团之下，对于工部局之意见亦是无法置若罔闻的。如英国陪审官曾想建立关于拘捕证与传票不需给领袖领事盖印而由陪审官自己签字的办法。董事会自然加以反对，并致函英国总领事。几天后，英国陪审官表示赞同董事会的看法，并遵守所制定的办法。⑤

---

① 认为陪审官“十九系昧于法律绝无司法经验之领事，其判案也不惟不依据中国法律，并各该国之法律亦摒弃，不顾同一案情同一犯罪，不惟甲国领事所判之案与乙国领事所判者绝不相同，即甲国领事今日所判之案亦往往与作日所判者同罪异罚”。如“一偷窃犯因窃取棉被，被判徒刑二年，而隔数日一罪犯窃取价值二百余元之金首饰，却只判处徒刑三个月”。《司法部对上海租界会审公廨调查报告书》，《法律评论》合刊，1924 年 5 月 10 日，转引自马长林：《晚清涉外法权的一个怪物——上海公共租界会审公廨剖析》，《档案与历史》1988 年第 4 期，第 55—56 页。

② 参见王德昭编著：《各国在华领事裁判权制度》，独立出版社 1933 年版，第 36 页。

③ A.M.Kotenev, *Shanghai: Its Mixed Court and Council*, Shanghai: North-China Daily News & Herald, Limited, 1925, p.94.

④ 上海档案馆编：《工部局董事会会议录》第十九册，上海古籍出版社 2001 年版，第 626 页。这自然与英国在租界内的势力相关，初期工部局董事皆为英国人。

⑤ 上海档案馆编：《工部局董事会会议录》第十九册，上海古籍出版社 2001 年版，第 581、583 页。

陪审官之间一般不会发生冲突，当然并不排除因个人性格、法律知识等不同而与其他陪审官意见不一，即同类案件的具体审判或处理方式不一。如比较喜欢自由的美国陪审官就因擅作主张，而导致工部局的不满。①

中方谳员与外方陪审官组成会审公廨的审判员，共同审理案件，审判权由中国谳员与陪审官共同行使，但在实际审判中陪审官的意见占了主导，甚至巡捕只视陪审官的判词为有效，否则不予执行。英国副领事兼陪审官卜勒特在其记录中说："公堂判决，由谳员及陪审官共同行之，若双方意见有不同时，判决即为无效，惟实际上判决之权，类皆为陪审官占夺，盖陪审官之判词，巡捕即视为有效，如判执行。"②当然以陪审官的意见占主导地位，其原因并不仅仅是巡捕或工部局的原因，还有较为复杂的因素夹杂其中，如中方谳员的妥协、对相关法律的不懂等，而且也并非后人所说的完全由陪审官控制，双方关系或冲突或和谐，因时因人因案皆有所不同。因双方各自代表的利益、立场不同，自会审公廨成立以来中外审判员就引发了诸多冲突，而且在众多案件中，双方审判意见不合更是常事(大多时候是以中方谳员的让步为解决)。下面两节即主要阐述中外双方在审理案件中所发生的冲突及其解决方式，并就其中原因进行详细分析。

二、中外审判官裁判权的变迁

《洋泾浜设官会审章程》规定了中外审判官的许可权，但形势的发展使得双方裁判权力不断发生变化。章程规定，中方谳员的裁判许可权是审理租界以华人为被告(无约国人同于华人)的民刑事案件，刑事案件仅限于"枷杖以下罪名"，若是"华人犯案重大，或至死罪，或至军流徒罪以上"，则由"上海县审详办"，命案归"上海县相验，委员不得擅专"。而陪审官的权力，章程第2条规定，凡是"牵涉洋人必应到案者，必须领事官会同委员审问，或派洋官会审"；第3条规定，"凡为外国服务及洋人延请之华民"，如果涉讼，则"至讯案时，或由该领事官，或由其所派之员，准其来堂听讼"。凡案件不牵涉洋人，则由中方谳员"自行讯断，各国领事无庸干预"。若是"无领事管束之洋

① 一美国陪审官在几个案例的起诉书上批注了意见，认为这些犯人在接受笞刑后就应当当堂释放，并因此事与当值巡官(工部局委派监督会审公廨审判的督察员——笔者注)发生争吵。为此工部局董事会写信给领袖领事，指出三位陪审官在行动上最好取得一致，并致美国领事认为他的陪审官已超越其本身职权范围，一意孤行。见上海档案馆编：《工部局董事会会议录》第十六册，上海古籍出版社2001年版，第595页。

② 夏晋麟：《上海租界问题》，中国太平洋国际学会1932年版，第52—53页。

人与华人互控案件”,谳员自行审断,但要邀请一外国官员陪审。

中外审判官许可权之争早在洋泾浜理事衙门建立之初就已产生。时任陪审官的阿查利及麦根在该法庭记录中曾说:“华官希图减陪审官许可权,要求于法章内,注明判案之权,须完全由华官执行,实则陪审官对于判决一途,异常注意,皆与华官共同执行”等语。①会审公廨成立并已制定章程,但如一个外国学者所言:“在一个为外国贸易和居住保留的地区内一定不会承认一个受羁绊的管辖权”。②驻沪领事与工部局董事们认为谳员的职位低、陪审官裁判权力有限、管辖权的限制等,导致居住在租界内的外国侨民对会审公廨的批评:处罚的不足直接鼓励了犯罪,陪审官的权轻和谳员的职卑阻碍会审公廨作出合理判决,从而影响租界的治安,损害居民利益。这些对会审公廨的指责为报纸及英国商业部宣扬和支持。③不仅如此,驻沪领事和工部局董事们不断通过修改章程以及具体实践,扩张陪审官的裁判权力(当然,从某种意义上也是扩张中方谳员的裁判许可权,毕竟形式上判决是中外审判官共同作出的)。

1875 年,驻沪领事团召集会审公廨外籍陪审官开会,磋商改良会审公廨之法,英国副领事认为会审公廨根本问题在于“除非根本改正法章,于陪审官以较大之许可证,并制定中国新刑法,而公布之”,否则会审公廨难有改良之希望。④1879 年北京使团(包括英、美、秘鲁、意大利、日本等国公使)召开会议,讨论条约口岸的司法管辖问题。美国公使西华德(George. F. Sward)提交改革会审公廨备忘录,要求保证谳员的同知官衔,避免上海知县的干涉,外籍陪审官应在审判中实践修改的程序规则等。⑤1898 年居沪外国人对会审公廨章程提出了修改意见 19 条,提交英国总领事,1905 年上海领事团再次要求修改章程,会商续订 11 条,由北京公使团照会中国外务部提议修改。但未得到中国政府的正式同意,但大体上已实际依此办理。⑥1906 年 3 月中国外务部与各国使团订立协定,重回 1869 年章程

① 夏晋麟:《上海租界问题》,中国太平洋国际学会 1932 年版,第 40 页。

② F.L.Hawks Pott, *A Short History of Shanghai*, Shanghai Kelly & Wslsh, Limited, St. John's University 1928, pp.67—68.

③ William Crane Jonustone, *The Shanghai Problem*, Stanford University Press, Stanford University, California, 1937, pp.139—140.

④ 参见夏晋麟:《上海租界问题》,中国太平洋国际学会 1932 年版,第 42 页;A.M.Kotenev, *Shanghai: Its Mixed Court and Council*, pp.77—78.

⑤ See Willian Crane Johnstone, *The Shanghai Problem*, p.142.

⑥ 参见法权讨论委员会:《上海会审公廨概述》,《东方杂志》第 20 卷第 20 号。当时上海地方官员对此提出修改意见,参见上海市档案馆藏,卷宗号 Q187-1-1208,第 33—40 页。

规定权限，但遭上海领事团坚决反对。1911 年辛亥革命爆发，谳员宝颐携款逃逸，领事团和工部局乘机接管会审公廨，“会审”范围从刑事案件延伸至民事案件，从华洋案件扩张到纯粹华人案件，会审公廨游离于中国司法机构之外，直至 1927 年过渡为临时法院，1930 年真正成为中国司法机构。

在这一权限不断扩张过程中，中外审判官裁判权力相较原章程来说，已发生了极大的变化：(1)陪审官的裁判权力不断扩张，“会审”范围从华洋混合扩张到纯粹华人案件，包括民刑案件；刑事案件的审限也从监禁 60 日到刑期 5 年，实践中判罚 10 年、20 年、无期徒刑乃至死刑也非个案，远脱逸章程的规定；陪审官的审判意见往往占主导地位，谳员视其脸色行事。(2)谳员的裁判权力日渐萎缩，虽然在形式上因会审公廨管辖权已超出章程规定，许可权发生“水涨船高”，但实际上权力不断萎缩，不仅因陪审官的权力扩张，而且还因工部局的控制(陪审官也在一定程度上受限于工部局)，如审判权受工部局委派的督察员的监督，工部局对被告的提传、对犯人的羁押以及判决执行权的侵占等。

因此，根据 1869 年章程，中方谳员与外方陪审官组成会审公廨的审判官，在牵涉外国人利益的案件中行使“会审”之权，会审公廨作为中国司法机构，应是以谳员为主导。但随着领事团和工部局对会审公廨审判的日益控制，谳员的裁判案件权力不断受限制，谳员作出判决往往要“商之”陪审官，须与陪审官意见一致，而陪审官不仅不限于“陪审”，而且在审判中占主导地位。甚至巡捕视陪审官的判词为有效，否则不予执行。也正因如此，谳员在与陪审官“会审”中很难做到“一团和气”，双方因裁判而发生的或冲突或和谐，因时因人因案皆有所不同。

第二节　中外审判官在裁判中的关系考察

根据 1869 年章程规定，在涉及外国人利益的案件中，外国领事有权参与审理，但自会审公廨设立之初，中外对此设想存在差异。外国人从租界内的秩序着眼，极力想建立一个有力的司法机构，甚至设想在租界内设立一个独立的警察法庭。而中国地方政府只是面对华人大量涌入租界，无法控制，相对被动的情况下采纳了外国人的建议，当然这并不代表地方政府在一些具体事情上的不交涉与退让，如中方审判员的管辖权限、公廨适用的苦役刑罚等。因此外国人在公廨设立之后，极力扩张公廨的管辖范围，扩大外国陪审官的权力，在具体案件审理上与中国谳员产生分歧时，也总尽力使中方谳员服从其意见。这使双方的关系表现得甚为微妙，更是复杂，总的趋势是从相对和谐发展到逐渐交恶，其原因既有社会形势发展的背景作用，也有公廨自身演变因素，还有双方审判员各自性格等掺杂其中。下文拟就双方关系之具体表现及解决方式进行论述。

一、双方关系及矛盾发展阶段

中外审判官之间关系复杂多变，合作与抵牾并存，貌似敦睦却蕴藏矛盾冲突，这些主要体现在双方"会审"的裁判之中。因资料的零碎和缺失，若想准确、完整、深入地研究双方裁判关系，并非易事。笔者尽可能在有限的资料基础上勾勒出中外审判官"会审"而表现出的复杂关系，尤其是两者间的矛盾冲突。

会审公廨，早已远离一般人的视野，但历史的记载却给后人以追寻的线索。透过当时媒体显示的图像与文字，中外审判官之间的关系总体上表现出从和谐向逐渐交恶发展的趋势，从陈福勋与陪审官的多年合作，到黄承乙因与英陪审官翟里斯龃龉不断而很快离任，从几任谳员的"唯唯诺诺"到关炯的"怒发冲冠"；震惊全国的案件也"此起彼伏"，如 1903 年《苏报》案、1905 年的"大闹会审公廨"案、1925 年的"五卅惨案"，会审公廨日渐成为全社会的焦点，中外矛盾趋向白热化。但历史是多质态的，中外审判官在长期"会审"的关系上，表现出合作、融洽的另一面，虽然这并不意味着双方的"和谐无间"。

中外审判官相处比较友好或平和体现在多方面。如双方来往的友好姿态，新任谳员到任时，往往会先拜访各国领事，自然包括陪审官，而有的陪审官在到任时亦会拜访，谳员则回拜。[①]这是官场应酬，但同时也是初次相识的机会。有时中国官员还邀请"驻沪英美德奥等国领事官到署饮宴，是亦欢联与国之道也"。[②]中外政府官员的相处融洽也有利于审判官之间在裁判方面的合作。而双方相对和谐期间，会审公廨的审判工作就会比较顺利，外国领事团与上海地方政府也能保持相对友好关系。更主要的是，在对案件的调查、审判方面，双方也表现出合作的姿态。从《申报》对会审公廨审理案件

① 《申报》1885 年 8 月 1 日。而逢长至令节，各中国官员循例拜贺，西官亦至华署恭贺令节，而公廨亦停办一日。见《申报》1885 年 12 月 21 日。

② 《申报》1885 年 9 月 19 日。

的零碎记载中，我们常可以看到，中方谳员往往在作出判决前“商之”陪审官，而在《北华捷报》记载中，我们同样可以看到，陪审官往往也在与谳员商议后作出某种裁决。

双方的合作、平和注定不能长久。随着国际法观念的增强、民族意识的发展，外国人逐渐控制下的会审公廨，已不仅仅是一个租界内的司法机构，它更成为一个国家主权丧失的标志，一个民族屈辱的象征。在此种状态下的会审公廨，犹如不断充气的轮胎，迟早要爆裂。尽管中外审判官双方关系需要长期合作，并一度平和相处，但终因中西法律观念在审判方面的矛盾、华洋居民在租界内不平等以及国家主权的被侵犯等，致使各种矛盾纠葛，会审公廨的审判已不再是纯粹的司法活动。双方在合作中酝酿着矛盾，只是具体表现的形式及激烈程度均有所不同，而在某种因素的诱导作用下，矛盾就会演变成激烈的冲突与对抗。以两者关系来划分，大致可分为三个阶段：

第一阶段为1864—1883年。这是双方相对平和期，虽然1875年中外审判官双方关系已开始从较为平和转为逐渐交恶。但在陈福勋任职期间，基本保持了双方的和谐。当然“冰冻三尺非一日之寒”，自会审公廨初建就已埋下双方冲突的种子。

第二阶段为1883—1911年，是矛盾相对频发期。1885年、1897—1898年、1900—1902年、1905年、1910—1911年间是中外审判官发生矛盾的较集中时期。①这几个时期双方发生矛盾的具体事件并不尽相同，或者说双方冲突的表现形式并非一致。其矛盾的多样化频发并不否定背后隐藏着的性质相似。1885年双方审判官之间发生比较严重的冲突，最后以中方谳员的去职为结束。不过外国陪审官也另换他人。②1897—1898年主要因租界的扩张，中外双方之间的矛盾日显。而1903年的《苏报》案、1905年的“大闹会审公堂”案更使会审公廨成为当时国人关注的焦点，也频繁出现在今人研究的视野中，甚至因此忽略了会审公廨的其他方面。

第三阶段为1911—1927年，是矛盾炽化期。1911年辛亥革命之后，工部局接管了公廨，双方的矛盾自然变得更为激烈，不过其时并非一触即发，一直到20世纪20年代中期因各种因素的作用，才掀起了收回会审公廨的高潮，双

---

① See William Crane Johnstone, *The Shanghai Problem*, Stanford University Press, Stanford University, California, 1937, p.144.

② 当时调厦门副领事佩福来来沪，以接替翟副领事。这在中方人士看来：“中西会审官小有龃龉，中国既将华官调开，英国自应将英员调去，此正以见英署钦差之调度有方，相接以礼，中英睦谊从此益敦矣。”参见《申报》1885年8月1日。

方矛盾也不再限于对会审公廨各种改革的问题上，而是根本的归属问题。

二、双方冲突的主要表现

中外审判官因裁判发生的冲突或矛盾，其表现多样，程度不一，大致可分为冲突程度较轻、较重、最为严重三个级别。

冲突程度较轻、比较柔和的是反对对方的判决意见，表现为口角之争，言语有欠礼貌、风度。其具体发生原因主要有：案件审判程序的意见不一致、反对判决过轻、过重等。比较常见的是外籍陪审官不满中方谳员的判决，认为判决过轻、过重或应改判。如在一个偷窃案件中，徐再三被控偷窃英国牢狱内羊肉野鸡之类，钱和尚被控收买羊肉，谳员陈福勋判责一百板，枷示两礼拜。但英国副领事达文波(Davenport)表示反对，认为必须监禁三个月，期满后遣送回籍。其理由是租界内"小窃自日多一日"。陈反驳，认为依照大清律例，此判已从重。达文波则说："租界窃贼轻判在外国新闻纸已言之不可胜数，并准备以后工部局拟不将人犯押至公堂，而自行发落。"最终案件折中处理："徐姓荷校两月，责百板"，①对于租界内窃案"层见叠出"，双方常因尺度不同而发生矛盾。陈主张："按中国律例，小窃重则施以枷杖，轻则杖而不枷，屡犯案者本地人则发交地保严加管束外，县人则递解回籍取保释放。"继而提出："案大赃重须办流徒以上罪者仍用中国律例科罪，若案小赃轻者则照西律罚作苦工几月，发交工部局转发化莠为良局交工头管束。"②而陪审官则认为对于累犯应重罚。如1876年8月发生的一起偷窃案件，仍是陈福勋和英国陪审官达文波会审。王法根(Wong-Fan-King)被控偷窃一商店的一匹丝绸，案情很快弄清，陈谳员想宽大处罚，但遭陪审官反对，认为对惯犯必须重罚。双方争执不下，陈福勋讽刺道：要么你干脆把罪犯勒死算了。显然，陈有很大怨气但面对洋人却不好发作，却只好说气话。陪审官则回答："我并不想勒死罪犯而是要公正处罚，只是希望你能公正地审理本国人。"③双方发生争执或对判决意见不一致的情况下，表面上是双方妥协，折衷判刑，但实际上却是谳员的退让，同意予以重罚。④对于判决的轻重问题，自会

① 《申报》1875年1月18日。

② 《申报》1875年1月19日。

③ *North China Herald*, August 19, 1876, p.182.

④ 又如仍是达文波参与会审的一起盗窃案件，一个人顺手牵羊地从一商店盗走数目极少的一点现金，只是这人以小偷小摸而出名。陈准备轻罚，但遭反对，最后施以重罚，枷号三个月。见 *North China Herald*, August 26, 1876, p.212。

审公廨成立以来双方意见不合就已逐渐显现，但其实我们也不可因上述争执而对谳员的处罚轻重问题认识绝对化。如1877年5月17日审理的一起案件，一马夫偷了另一马夫内有32元、一张10两的银票及价值21元衣服的盒子。陈判该犯杖责200下，枷号3个月，然后监禁3个月。其处罚不可不谓重。①

冲突程度较重的是反对另一审判官的判决意见，在裁判过程中不欢而散，负气不出庭参与审判，甚至发展到双方大打出手。此类冲突比较频繁地发生在黄承乙任职期间(1883.11—1885.6)，他与英国陪审官翟里斯(H.A. Giles)副领事之间屡次发生裁判中断事件，翟里斯"以太守明斥其非，心有不服，往往盛怒以立向外走出"，导致巡捕房所解送的案件不及审完又带回。按照当时规定，若是案件"未经审断，尚待商榷者"，另择下次该陪审官会审之日，仍再行复讯。复讯之日，陪审官不出庭，案件则由谳员一人独审。如1884年9月5日公廨早堂审理的一起行窃案，在沙逊土船上工作的李毛六因行窃四块烟土被当场抓获，被巡捕解送公廨审理。洋行船主怀疑船上失窃的其他烟土亦是李毛六所窃，禀请谳员追究细查。谳员黄承乙商之翟里斯，"查明再讯"。9月8日早堂此案再次会审。黄承乙与翟里斯就裁判尺度及李毛六应拘押捕房还是押所争执不下，互不相让，最后谳员拂袖而出，陪审官愤然离席。②之后翟里斯缺席了9月10日、12日、15日的会审日，这三日巡捕房解送的案件，由黄承乙谳员一人独审。③1885年5月两人又因"洋药局巡丁案"再起冲突，"揎臂大闹，信口谩骂，致成两部相下之局"，④冲突升级。案情大致是：三名自称洋药局巡丁，有腰牌在身，夜晚经过私土洋行，适逢躲雨暂作停留，但当夜洋行值班人员关得棠看见他们在门外徘徊观望，形迹可疑，知照巡捕，由巡捕将三人解送至公廨审理，巡捕指认三人中的陈阿四是租界无赖，曾因犯事送案惩办。陈阿四等人坚称自己无辜，仅仅避雨。黄承乙与翟里斯对案件的具体裁判发生分歧，翟里斯认为陈阿四有前科，又于夜间鬼鬼祟祟，必有蹊跷，应予严惩。而且洋药局巡丁之弊早有所闻。但黄承乙认为陈阿四虽有前科，但此案并无证据，洋药局巡丁之弊非自

① 此案虽然涉及当事人是受雇于外国人，但陪审官未参与审理。见 *North China Herald*, May 19, 1877, p.501。

② "英界公堂琐案"，《申报》，1884年9月6日；1884年9月9日。

③ 参见《申报》1884年9月11日、13日、16日相关报导。

④ 参见《申报》1885年5月31日。

己所能干预，而且此案原被告皆为华人，应由谳员独审，陪审官只能听审，无权干预。翟里斯勃然大怒："华人控告华人之案，如有好官，原应由华官独断。"黄承乙拍案而起："本分府有何不好？本分府秉公办事，毫无偏私，恐怕是你有偏见！"翟里斯大骂黄承乙是该死的奴才，黄承乙毫不相让，大骂翟里斯是无耻的领事。事情发展到这种程度，双方已开始失去了理智，动起手来。翟里斯扔掷硃笔时刮到黄的衣服，致其朝珠脱落，翟里斯转身出去，黄承乙从后面推其一把，高喊滚出去。①两人公然在公堂上演了一场闹剧。最后，以黄承乙的去职为结束。不过翟里斯也另换他人。②这是自会审公廨成立以来审判官冲突比较严重、持续时间较长的一次。

与此相似的是，美国陪审官以拒绝参与"会审"案件进行威胁，逼谳员就范。如1910年2月4日美国陪审官就以在会审公廨监所不公正地关押一个为美国人雇佣的买办(Shi Kuo-yung)为由，拒绝出席陪审，直到此犯人被带到会审公廨或从监狱中释放。谳员与道台商议后，没有答复。陪审官见没有释放此犯，遂拒绝继续审理当天的案件，离开了会审公廨，而助理陪审官早已离开。最后谳员不得不妥协。1910年10月美国陪审官再次拒绝审理直到谳员同意其要求。只不过这次是因当地华报对他与宝颐(副谳员)就"Li Chun-lai"案言论不恰当的报道。③

冲突最为严重的则是裁判的中止，双方矛盾的无法调和，致使中国政府一度关闭会审公廨，停止一切审判活动。如"大闹会审公廨案"发生后就曾短暂地关闭公堂。不过，这在会审公廨历史上也是极为少见的。在此之前，也曾因会审公廨女犯监所问题，谳员拒绝出庭审判，领事团与道台进行交涉，最后公廨重新恢复案件审理。④

冲突表现不一，程度不一，解决也不限于单一方式。

三、双方冲突的解决方式

第一，裁判发生矛盾冲突，中外审判官双方直接进行协商，最终达成妥

---

① "大闹公堂"，参见《申报》1885年5月30日。

② 当时调厦门副领事佩福来来沪，以接替翟里斯副领事。这在中方人士看来，"中西会审官小有龃龉，中国既将华官调开，英国自应将英员调去，此正以见英署钦差之调度有方，相接以礼，中英敦睦从此益敦矣"。参见《申报》1885年8月1日。

③ A.M.Kotenev, *Shanghai: Its Mixed Court and Council*, Shanghai: North-China Daily News & Herald, Limited, 1925, pp.157—158.

④ 上海市档案馆编：《工部局董事会会议录》第十五册，上海古籍出版社2001年版，第692页；第十六册，第581、584页。

协，或者以一方的让步而解决。如上述的因判罚尺度不同而发生的矛盾，自会审公廨成立以来就已逐渐显现，双方往往以一种妥协、折中判刑的方式解决，这比较常见，尤其是一些裁判巡捕房解送的违警案件。虽然实际上常以谳员的退让、同意重罚为解决。[①]当然，我们也不可因此进行判断的绝对化。如上述以重刑判处马夫轻微偷盗的案件，在一定程度上反映了谳员对于盗窃等琐案的判决具有随意性的特点。

第二，双方冲突比较严重时，陪审官以拒绝出席参与审理案件等方式威胁或迫使谳员妥协，直到谳员答应其主张或要求。除此之外，还通过双方各自上级进行交涉，以缓和双方矛盾、解决问题。如上述所言，1884年秋冬之后，黄承乙与翟里斯发生裁判冲突时，就选择"往赴正领事愬告，并以其情达之道宪"，"屡经劝解"，之后双方"和颜悦色，并无争执"，直至发生"洋药局巡丁案"，双方再次爆发冲突。而比较突出的就是"大闹会审公廨案"，会审公廨因此停止一切审判活动，之后道台与工部局、警备委员会等进行商讨，达成一致意见，并与领事团代表会晤，继续协商，以达成谈判结果。关闭公廨几日后，又重新开庭审理案件。

当然，并不是很严重的冲突才会诉诸各自上级协商解决，即使是中外审判官在判决细节上出现不同意见，也会一致同意交由双方上级解决。[②]因为领事团指示陪审官，中外审判官裁判一致才是会审公廨良好运作的保障。

如果不仅审判官之间发生冲突，而且在其各自背后的中外政府双方矛盾也无法调和，那么就会导致会审公廨的一度关闭，直至政府双方协商解决。不可否认，这已超出裁判范畴，体现了"帝国之鞭"与"寡头之链"[③]之间的一种力量博弈。

在考察了中外审判官裁判矛盾冲突的主要表现和解决方式后，仍不可忘记的是，双方并非总是剑拔弩张，仍有不少时候双方以貌似敦睦合作的方式出现。即使是发生矛盾冲突，其程度及发生原因都呈现出很大差异。下节即主要对双方发生冲突的原因进行分析。

---

① 如仍是达文波参与会审的一起盗窃案件，一个人顺手牵羊地从一商店盗走数目极小的一点现金，只是这人以小偷小摸出名。陈准备轻罚，但遭反对，最后施以重罚，枷号三个月。见 *North China Herald*, August 26, 1876。类似此裁判结果的案件不在少数。

② 参见 *North China Herald*, September 5, 1900。

③ 在此借用杨湘钧在其专著《帝国之鞭与寡头之链——上海会审公廨权力关系变迁研究》中的两个概念。

第三节 中外审判官在裁判中发生冲突的原因分析

一、中外(审判官)法律观念的差异

会审公廨适用法律的争执,固然是因中外官员所处地位不同,但双方之间的法律观念差异亦是造成矛盾的原因之一。中西法律的差异,双方审判官的法律观念、文化的分歧造成了审判中的矛盾与冲突。尤其是一些不涉及政治的普通案件中,双方的争端矛盾的焦点在于适用法律及程序上。而外国陪审官或多或少地在审判中尽力使会审公廨西方化,尽力平衡中外之间的不同法律观念及司法实践,[①]这也是造成双方矛盾的因素。

首先是法律适用的不同。按照章程,会审公廨审判适用中国法律判决,但外国陪审官往往主张适用西方法律。西方法律体系非常重视程序,英美法系奉行“程序先于权利”的原则,而中国传统法律则不同,追求实质正义要超过形式正义。尤其是两个不同的法律体系所适应的是不同的经济形态及社会需求。西方法律体系是建立在市场经济基础上,商品经济发达,自罗马时期就建立起以私法为核心的法律体系,契约观念深入人心,法律亦有较完备的制度规范。但相对地,中国传统法律是适应自给自足的农业经济,面对的是一个熟人社会,其私法并不发达,民事行为仍以刑法手段以调整。如1883—1884年时为谳员的黄承乙与陪审官之间发生很大的分歧,起因即是在审理一起案件时对“买办”的法律地位界定问题,关键在于买办是否应承担保人责任。这与当时传统法律对“中介”、“保人”等并无相应规范相关。

其次在刑罚观念上的不同。如对苦役及监禁刑罚的适用,外国人认为“由于实行了露天轻度劳动和较长期监禁的制度,会审公廨在处理刑事案件上有了很大的改进”,但这遭到上海地方官员的很大阻力,“中国人在思想上还没有透彻地认识到改造堕落者和使做坏事者获得新生的概念,他们对刑罚的思想是完全与报复和抵罪联在一起的”。[②]

但不可忽视的是,中外双方审判官之间的矛盾冲突,并不尽然是因中西

---

① William Crane Johnstone, *The Shanghai Problem*, Stanford University Press, Stanford University, California, 1937, p.145.

② 李必樟译编、张仲礼校订:《上海近代贸易经济发展概况:1854—1898年英国驻上海领事贸易报告汇编》,上海社会科学院出版社1993年版,第419—420页。

法律差异造成的。尤其是在一些案例中,我们可以很容易发现陪审官并不必然是西方法律体系的代表,反而违背了法治的精神。如在 Mun. Police v. King and anr.的案件中,谳员与陪审官将法无明文禁止的律师行为认定为犯罪;而在 Vinogradoff v. China Merchants Steam Navigation Co.一案中,法庭认定原告(被告的雇员)所受伤害系自己的过错造成的,但却判无责任的被告(雇主)支付巨额赔偿。①一英国陪审官承认,其作出判决依据的是他自己内心的正义而不是法律原则。②在一些盗窃等刑事案件中,陪审官的表现也似乎与西方法治精神相违背。③问题的背后在于更深层次的原因,即利益取向。

二、双方立场与代表利益的不同

会审公廨的中方谳员与外方陪审官虽然共同审理案件,但各自立场及代表的利益不同。会审公廨对于中国政府来说,仅是因形势所逼,设立在租界内的一个司法机构,随着外国人企图控制会审公廨的步步紧逼,中国官员包括上海道台或者会审公廨谳员的上级则想利用谳员减少外国陪审官的影响并达到其政治目的。而租界的市政机关工部局不满意中国人的干涉,尤其是刑事案件。④甚至认为会审公廨对于严重犯罪的处罚未判重刑,仅判以轻微的有期徒刑,是租界内发生"犯罪浪潮"的重要原因。⑤陪审官的立场代表了租界内的外人,不仅要维护其各自国人的利益,还得维护这一外国人居住区的秩序。正因立场利益不同双方发生矛盾甚至酿成冲突几乎是不可避免。

以会审公廨中国谳员而论,由于其所处的特殊地位,决定其在会审公廨内举步维艰。虽然公廨中国谳员与外国陪审官在 1875 年以前就有摩擦,只是两者意见不同互相冲突的时候却不多,但自 1875 年之后,中国谳员的地

---

① Thomas B.Stephens, *Order and Discipline in China—The Shanghai Mixed Court 1911—1927*, University of Washington Press, 1992, pp.89—90.

② 参见 Teemu Ruskola, *Law without Law, or Is "Chinese Law" an Oxymoron*? William & Mary Bill of Rights Journal[Vol.11:655 2003] p.10。http://ssrn.com/abstract=412380 American University—Washington College of Law。

③ 如对于屡犯盗窃的处罚,陪审官主张加重惩罚,而谳员却认为"夫屡犯而置诸重典者,亦须视其案情何如耳!"参见《申报》1875 年 1 月 19 日。这并非个案,参见《申报》1875 年 1 月 18 日。

④ William Crane Johnstone, *The Shanghai Problem*, Stanford University Press, Stanford University, California, 1937, p.145.

⑤ 上海档案馆编:《工部局董事会会议录》第十九册,上海古籍出版社 2001 年版,第 523 页。

位就更是异常困难。一方面要秉承上司之旨意，为国家争体面，为条约争效能，而另一方面一旦行使职权，又得受工部局的限制。因此"谳员所处之地位，进退维谷，直似前有猛虎，后有豺狼，动辄获咎"。[①]中方谳员之所以会处于如此尴尬境地，其原因有三：一是公廨谳员的职级低，由上海道台委派，决定其必须听上海道台的命令，而这最为外国人所抵制。[②]二是谳员的职责是管辖租界内华民，而工部局是租界内实际的行政管理机关，租界内的一切居民均须遵守其制订的规章制度等，两者之间必然发生诸多矛盾，在会审公廨里即表现为代表上海华人利益的谳员与代表外国利益的陪审官们之间的矛盾。[③]三是随着国门的逐渐打开，中外交流日益频繁，国家、民族观念在国人心中日益增强，也使谳员所担任的责任更重，公廨已不仅仅是审理案件之所，还是与外国人争夺法权之所，尤其是在外国人逐渐扩张其在公廨的权力之时，更激起国人的耻辱感，谳员担任的责任更重。

外籍陪审官在审判时，往往以进步法律的代表者或"审判公正者"自居，但其代表居住在租界的外国人利益。自会审公廨建立之始，几乎租界内的外国人均对此不甚满意，认为公廨最大问题是不独立，依附于上海县署，成为其傀儡。这至少有两点不利：一是该公廨许可权只能"了结枷杖之罪，遇有中外要案，欲依罪重惩办，必须解送县署候办，其如何办理，无所藉以悉知，恐与西人极干之事则有从轻发落者"。二是会审华官职权小，"遇有案内声势稍大之人，必有仅看人不看罪而照办之处，以至巡捕有枉拉之失也"。[④]其实质自是担心因此侵害了租界内外国人的在华利益。在一次会议上澳大利亚陪审官提出恢复苦役、囚犯锁在一起的处罚，反对把囚犯移交给县署的制度。首任英国陪审官 Alabaster 则认为除非赋予陪审官更大的权力，颁布新的中国法律，否则改进公廨毫无希望。[⑤]而外国公众在公廨正式成立之

---

① 夏晋麟：《上海租界问题》，中国太平洋国际学会 1932 年版，第 43—44 页。

② 而且因为谳员的级别低，权力小，在遇到比自己职位高的官员是诉讼当事人的时候，很难做到公正，甚至是不受其威胁。因此这常为外国人希望改革的地方之一。如英国领事麦华陀在 1874 年度贸易报告中提出会审公廨迫切需要做到的三点，其中之一即是"会审公廨应较能独立和正直地执行有关的公职"。参见李必樟译编《上海近代贸易经济发展概况：1854—1898 年英国驻上海领事贸易报告汇编》，上海社会科学院出版社 1993 年版，第 357 页。

③ 不过应指出的是，租界内华人利益与外国人利益并非始终处于对立，同样存在共同利益。

④ 《申报》1875 年 1 月 18 日。

⑤ A.M. Kotenev, Shanghai: Its Mixed Court and Council, Shanghai: North-China Daily News & Herald, Limited, 1925, p.77.

后也普遍表示不满，要求建立一个特别警察机构以取代公廨。①甚至希望另设一县“专治租界中外交涉案件，诸事均可参用西律，不致两相窒碍，以更中外相安”。②因此，外国陪审官自诩为进步法律代表者或“审判公正者”，而工部局认为自己担当“保护租界内中国居民免受中国旧的司法审判效率低的侵害”的重责，为租界内的华民“提供了一个走向成功更好的机会和更自由地与外国人交往的机会”，③从而认为上海县署颁布的命令等是干涉了租界内居民的自由，为此规定对所有原告的拘捕都必须有陪审官的签署，即使在纯粹的华人之间的案件。这最直接的结果就是与公廨里谳员发生摩擦。

外国人的不满不仅仅表现为谈论和交涉，工部局以实际行动逐步控制了会审公廨的审判活动。比如拒绝引渡犯人、拒绝由公廨监禁犯人、拒绝向公廨解送案件，④甚至委派警察在公廨值勤，以监督公廨的审判等活动，一旦发现存在不满之处，便通过领事团或领袖领事与上海道台等上海地方官员进行交涉或对其施压等。如有两起案件，在审理之前，公廨谳员就发布了两项查封命令。工部局根据警务委员会的建议，董事会决定向谳员提出，一切案件在处罚之前必须首先进行审理，因为只有这样，租界内居民的财产和权益才能得到保障。在此期间，封闭命令应暂缓执行。⑤工部局采取各种方法以控制会审公廨的运作及审判活动（包括实体及程序上），这些很大程度必须通过陪审官予以实现，中外审判官的裁判冲突也就更为复杂。而认为外国人对会审公廨审判权力的逐渐侵夺，是完全建立在外国人对中国司法实践的不满意，⑥这并不是事实的全部。

三、双方地位不对等与固有偏见

在中国近代史上，中外双方地位的不对等而产生的视差，或者说双方存

---

① A.M.Kotenev, *Shanghai: Its Mixed Court and Council*, p.79.

② 《申报》1875 年 6 月 10 日。

③ A.M.Kotenev, *Shanghai: Its Mixed Court and Council*, p.85.

④ 在 1906 年 1 月 31 日董事会会议上见习警员赫顿向董事会报称，助理谳员即襄谳已拒绝所审内杨树浦捕房巡官艾尔斯所递交的任何案件。董事会因此决定要求领袖领事向中国政府交涉，要求他即助理谳员立即辞职，并指示督察长命令艾尔斯巡官在下星期一即领事团采取必要措施之前，不要向公堂提交任何案件，之后可继续执行其职务。上海档案馆编:《工部局董事会会议录》第十六册，上海古籍出版社 2001 年版，第 622 页。可见对于工部局来说，公廨内中国官员的不合作并不能让他们妥协，只不过成为交涉让谳员辞职或罢免的理由而已。

⑤ 上海档案馆编:《工部局董事会会议录》第十六册，第 652 页。

⑥ Albert Feuerwerker: *The Foreign Establishment in China in the Early Twentieth Century*, Michigan Papers in Chinese Studies, p.20.

在对对方的固有偏见,也是造成会审公廨中外审判官裁判冲突的重要原因之一。

根据1869年章程规定,谳员是由上海道台委任,应具"同知"职衔(官制在知县之上),而实践中担任会审公廨审判工作的官员,职衔往往同于知县,而且还多为候补知县,甚至是知县佐吏在庭审判。外国陪审官是由各国驻沪副领事所担任,公共租界会审公廨陪审官多由英美驻沪副领事担任,法租界会审公廨陪审官主要有三类人:一类是经过法国外交部考试选拔,此后逐渐晋升而成的法国驻沪副领事,具备法学本科学历,对法国民商法和国际条约非常熟悉,这类人担任陪审官为多;一类是从翻译官中提拔而来的法国驻沪副领事,至少有十年以上对华交涉经验;一类是法领馆翻译官,这种比较罕见。[①]那么谳员与陪审官在官员级别上如何?是否同等?根据中英《天津条约》第7款、中美《天津条约》第10款、中法《天津条约》第4款规定,外国领事与道台同级,外国副领事与知府同级。[②]会审公廨作为中外"会审"机构,在清政府看来应是以谳员为主陪审为辅的一种机制,但明显谳员设置与陪审官的副领事职务在外交上是不对等的。陪审官要高于谳员。这种外交不对等地位在实践中必然体现出来,会审公廨作为租界里的中国司法机构,在涉及中外交往、租界秩序的案件中,公廨的审判官自然要维护各自本国人(乃至本国)的利益而抗争,可是地位不对等也会促使外国陪审官的颐指气使,鸦片战争后不平等条约体系下的中外关系也使得谳员在与外国人交往过程中底气不足,而外国陪审官却依仗其背后强大的靠山。因此,谳员与陪审官双方地位不对等是基于以下两个层面:一是作为会审公廨审判官各自的职位不完全对等,二是不平等条约体系下谳员与陪审官所依仗的背后中外关系的不对等。这两个层面无疑都会造成双方关系不和谐,甚而发生冲突。

所谓"偏见"是指自恃优越去看待对方,就如小说《傲慢与偏见》的书名一样,"傲慢"与"偏见"是双生子,外国陪审官就以自己是法律精神、公正审案的代表自居,其必然对谳员的审判能力充满怀疑,同时又认为谳员对外国人也抱有偏见,这种不对等关系带来的固有偏见也促使冲突的发生。如驻沪副领事与英国领事曾在1874年度、1875年度上海贸易报关中坚持认为,在中国人为被告的案件中,中国官员未尽力公正处理案件,"他们着手处理

---

① 参见侯庆斌:《晚清中外会审制度中华洋法官的法律素养与审判风格——以上海法租界会审公廨为例》,《学术月刊》2017年第1期。

② 参见王铁崖:《中外旧约章汇编》第一册,三联书店1957年版,第91、97、105页。

这类讼案时，总是一开始就对外国人具有强烈的偏见；在诉讼过程中，为了适应他们为之辩护的问题的需要，还极力设法改变和歪曲最明显的证据，以致他们的行动实际上是在保护其人民免受审判。例如在涉及打人或当众使用暴力的案件中，即使哪一方面先动手的事实已经毫无疑问，也不能指望中国官方会自发地采取行动。恰恰相反，只有催促和缠着他们，才能使他们尽其最简单的职责去查出和逮捕肇事者。当他们终于开始司法诉讼时，他们还是通过控告顶替受过者或尽可能少的真正罪犯，或者通过判处与犯法行为完全不相称的刑罚，或者通过使要处的刑罚带有明显的勉强性质等，不断试图把诉讼的有效性降低到最低限度。结果他们的行为终于失去了可以制止其人民犯罪的一切作用”。“道台虽然异常明智而且精通洋务，但对条约义务却易于采取一种歪曲了的、有偏见的观点，因而在一切案件中，只要被告是中国人这一事实，就足以使他确信他有为被告辩护的责任而不再采纳公正不阿或实事求是的考虑，也不管所有证据是与此背道而驰的。”①

这种偏见一定程度上导致中外审判官裁判发生矛盾。如一起广州人被控严重伤害他人的案件，陈福勋谳员主张将犯人移交县署审理，但遭陪审官强烈反对，其理由是前几天一犯人被控非法藏有武器，移交县衙审判，但过了一两天又在租界里见到他。②最后谳员默认陪审官的做法，当堂由三个衙役对犯人进行重杖300（每人一次杖二十，直至完成杖数）。在另一起案件中，陪审官明白地告诉被告辩护律师，谳员对具体法律技术（legal technicalities）一无所知，你只要拿出理由即可。陪审官在庭审中对谳员的漠视与轻视，从心理上说，也会成为双方爆发裁判冲突的“隐患”。

四、审判官个人特质影响

无论是中方谳员还是外籍陪审官，其个人品质、性格等因素也会成为双方裁判发生冲突的原因之一，这是一个并非很重要但却是不可不提的因素。

在会审公廨谳员中，任职最长的当数关炯，从清末到民国，曾四任此职，前后近二十年，也最为后人敬仰，个性最为突出。在1926年会审公廨收回交涉将有结果之际，关炯将其任谳员多年来“关于主权事实条分缕析，著之

---

① 《领事麦华陀1875年度上海贸易报告》，见李必樟编译、张仲礼校订：《上海近代贸易发展概况：1854—1898年英国驻上海领事报告汇编》，上海社会科学院出版社1993年版，第356、395页。

② 参见North China Herald，November 26，1874。

于篇”,名为《会廨补阙记》。[1]较详地阐述他与各国领事交涉会审公廨相关事务。尤其是1905年“大闹会审公廨案”中,关炯对陪审官英国副领事德西门的针锋相对、寸步不让,更使他成为会审公廨与外国人抗争的英雄。

陈福勋任职将近十七年,仅次于关炯。外国人对他的评价总的来说,比较肯定。“尽管他偶尔因‘有时反复无常的判决’而遭到批评,但基本因他尽量对每人公正的正直进而受人尊敬,因此他的退休也就让上海的英美居民感到遗憾。”[2]因此,他任职期间与陪审官之间的关系较为融洽。一如当时英国陪审官在其致北京使团的报告中所说:“幸当时道台所派往会审公廨之第一任委员并无中国旧官僚傲慢习气,因轻视西人之故,遂在整顿紊乱不堪中国司法制度上加以种种之阻挠也。”[3]即认为陈福勋并无外国人所不满的“旧官僚习气”及“鄙视西人”,陈福勋与陪审官基本采取合作态度,中外双方之间关系趋于缓和,但正如前述,双方之间在裁判尺度等方面仍存在矛盾。

同样,陪审官的个性也是可能产生裁判冲突的原因。前文言及的翟理斯脾气非常暴躁,被认为在裁判中比较偏信“西人之言,意有所偏则语多执拗,情有所遏则全易嚣陵,并坐堂皇,固非故意与太守相难也”。[4]

而且,在公廨谳员或者更高级的官员看来,审理案件固然是为了判决是非、寻求公正,但因为当时社会形势及公廨的特殊地位,案件的审理已不单纯裁判是非,很大程度上是一种中外交涉,甚至牵一发而动全身。如在会审公廨从事审判多年的关炯,无论是其自己还是后来人对其评价皆着眼于他与外国人的抗争方面,而对其具体审判活动而语焉不详。当然并非所有谳员都如关炯。不过这不是谳员一方的问题,外国陪审官在公廨里扮演的角色亦非一个审判员这么简单,在当时诸多外国人眼中,陪审官不是一个法官,而是一个外国利益的政府代表,他在公廨里的责任是利益维护者。这决定了陪审官不可能成为中立的裁决者。正是以上的因素使会审公廨变得更复杂。

---

① 上海市档案馆藏,卷宗号Q179-4-6。

② Motono Eiichi, *H.A.Giles versus Huang Chengyi*: *Sino-British Conflict over the Mixed Court*, 1884—1885, p.138.

③ 上海市档案馆藏,卷宗号Q187-1-1208。

④ 《申报》1885年5月31日。

第四章　会审公廨诉讼审判的变革与多质态

会审公廨终究是一个司法机构，无论是其建立的初衷还是实践中的主要职责。考察一个司法机构的运作以及对其存在意义的评价，都有赖于对其审判活动的探讨。基于此，本章主要对会审公廨诉讼审判制度及其改革进行考察，以及对会审公廨适用法律作出判决的过程进行分析，并以此对会审公廨的审判试作评述。

第一节　诉讼程序的变革

一、案件的受理

1. 管辖

会审公廨作为中国设立在租界的衙门，其主要职责是审理租界内以华人为被告的案件。根据中国与各国签订的不平等条约，以有领事裁判权国人为被告的民刑事案件，均归其所属国领事管辖。其中涉及华人为原告或被害人的民刑案件，虽由领事审理，但华官有权会审，只是“行之者殊少”。[①]以诉讼对象及案件性质划分，会审公廨受理的案件有：一是凡是领事裁判权国人为原告华人为被告的民事案件，或有领事裁判权国人为被害人华人为加害人的刑事案件。二是公共租界内纯粹华人刑事案件，但按照《洋泾浜设官会审章程》，公廨有权审判的案件限于发落枷杖以下罪名，后来因清末修律废除枷杖军徒罪名，则改为以刑期五年以下为限，以上的案件则移送上海县衙办理。三是纯粹华人民事案件。当然除了以上的案件外，刑事案还包

① 其原因大致有二：一是华官没有这意识，二是由于语言等方面的限制。而这与外国人积极参与中国司法衙门的审判相比，恐怕还有一个根本的原因在于中国官员对保护本国民众权利的漠视。

括了“违警案”，即公共租界内各巡捕房送交的违背租界内相关管理条例规章的案件。这在会审公廨的审判案件中占据很大的比例。至于无领事裁判权国人案件，自是受我国法权支配，也就与华人无异。

简而言之，送交会审公廨审理的案件，有两类：一类是由外国领事委派的陪审官与中国道台委派的谳员会审案件，另一类是由中国谳员单独审理案件。不过这是在1911年工部局未完全控制会审公廨以前。第一类案件包括华洋混合民刑事案件以及纯粹华人刑事案件，虽然名义或形式上我国审判官占据审判主要地位，外国会审领事是陪审，但由于多种原因，判决多迁就会审领事的意思，甚至在诸多案件的审判上操纵于外国人之手。第二类案件是纯粹华人民事案，由我国廨员单独审判，称为华案，每日下午六时至八、九时开庭，①因在晚上审理，亦称晚堂案。②1911年领事团接管会审公廨废除了晚堂，华人民事案件不再由中方官员独审。

2. 起诉

起诉是诉讼的开始，主要分两类，一是巡捕房解送到会审公廨的刑事案包括违警案件。其主要程序如下：被害人诉至捕房或捕房拘获违法犯罪之人，移送到公廨。若有证据，则在24小时内移送。这还包括经过外国领事馆移送的刑事案件。③各捕房巡捕对于现行犯，则当场拘押，若是嫌疑犯，则由公廨发出拘票，还须领事签字。另一类是向公廨提出自诉的民事案件。在洋原华被的民事案件中，往往须提出中外文各一份诉状。④

一般来说，巡捕房解送的案件，随解随审。⑤有时案件太多，谳员会坚持

---

① 有的时候因审理案件较多或案情复杂，审理时间很长，则会延至凌晨才结束审判。

② 与晚堂案相对的是早堂案，是指由巡捕房解案到会审公廨受审，包括违警案与刑事案，区别于民事案件。其审理案件由谳员与外方陪审官会审，而晚堂案则由华官独任审理。参见上海市档案馆藏，卷宗号Q179-4-6。法庭有三：一是楼下法庭(lower court)；二是楼上法庭(upper court)；三是特别公堂(small court)。参见[日]西田耕一：《上海会审衙门制度》，姚之鹤编：《华洋诉讼例案汇编》(第六编)，商务印书馆1915年版，第759—760页。

③ 这类案件往往是洋原华被案件，各外国当事人或其委任的律师向其本国领事馆提出起诉书，领事认为正当，即送会审公廨，公廨即发拘票。

④ 如一日本人诉一华人，则日本人须向其本国总领事或会审官递交日文诉状，向会审衙门中国会审官递交汉文诉状，并以汉文诉状底稿递于领事馆，而被告之华人亦作英文译诉状以备参考。参见[日]西田耕一：《上海会审衙门制度》，姚之鹤编：《华洋诉讼例案汇编》(第六编)，商务印书馆1915年版，第764页。

⑤ 租界各捕房有案必解，本无限定日期。但后来因捕房琐案较前更繁，若英美各捕房同日解案，势必拥挤，而且来不及讯理带回捕房，必徒劳往返，所以由工部局与捕房总巡议定各捕房分期解讯，避免拥挤。所定日期如下：总巡捕房礼拜三五；老闸四两捕房礼拜二六；虹口捕房礼拜一三五；其余新闸、静安寺、戈登路、北四川路捕房仍照常例解讯。见《申报》1913年1月4日。

审完才闭庭，而陪审官则会退庭回去，由谳员独审。若是审理过程中，遇到证据不足、人证未能出庭等原因，则会延迟审理。而民事案件则依照收受次序决定日期审理。这时若有被告虽被传唤，但会审日期未定，如有确实保人，则可以请求保释。若无确实保人，或被告希图潜逃，或其他特殊理由，则不许保释，羁押于留置所等待会审之期。普通诉讼之会审期，因各国民事案件多寡，而迟速不一。英德日本民事案件较多，普通诉状提出后，往往两三个月或五六个月才定第一次会审日期，若是被告住址不明或不能拘提，则会拖得更长。若是担心被告会逃，得先拘案待质。对于一些特殊理由的案件，则可由中外双方会审官商议，提前审理。①

3. 停审期

一般来说，会审公廨除节假日②外每日开庭，但还有其他非常态休息停审之时，不过事因较多，大致有：一是因中方谳员的公、私事未能审案，公事如谒见上司未回，或有要紧事件未暇问案，或随上司出行公干，私事如谳员身体不适，请假数日。在这些日子里，所有案件暂停审理，捕房解来之案均暂停讯问。而谳员往往会事先知照捕房暂停解案至公廨，改日再受理。若时间较长，则须由道宪另派委员代理。③二是皇帝、皇太后或英国女王等中外双方王权代表者的诞辰、“登极之期”等，会审公廨须停止审案。三是会审公廨中方新旧谳员接替之时，亦会因无官员审判而停讯。④还有巡捕房无案件解送，自然也就无案可审。⑤除了以上无官员审理或无案可审的情况，还有因中外之间的矛盾冲突致使会审公廨暂时的关闭。

二、案件的审判及执行

1. 审判及判决书

按会审公廨的规章，凡是涉及外国人利益的案件均由中外官员会审，但

① [日]西田耕一：《上海会审衙门制度》，姚之鹤编：《华洋诉讼例案汇编》（第六编），商务印书馆1915年版，第766页。

② 节假日包括西方习惯上的礼拜日，中国的春节、中秋节、清明节等。还有一个特殊时期，从7月16日到9月15日的两个月，会审公廨也暂停开庭，在此期间公廨处理未审结案件，不过谳员与陪审官双方达成协议，每周有一天时间审理轻微案件以及紧急案件。参见上海档案馆藏，卷宗号U1-3-1869，第6页。不过须指出的是，这是否为每年定例，尚存疑。另外，本按旧章，每阴历年终自除夕停讯至新年初六开堂，但1911年公廨为领事团接管后，外人对此反对，只允许元旦停讯一日，后磋商准于除夕元旦停谳两天。见《申报》1913年2月1日。

③ 这些情况亦非少见，如1886年2月谳员罗太守就因身体微恙而多次知照捕房暂停解案至公廨。《申报》1886年2月18日、2月27日。

④ 如黄芝生与前任谳员交接时，就停讯了四日。见《申报》1883年11月12日。

⑤ 参见《申报》1875年3月2日等。

随着1911年之后纯粹华人民事案件也不再由中方谳员独审，诉至会审公廨的案件均由中外双方共同审理。总的来看，外国陪审官起的作用很大，甚至是完全控制了会审公廨的审判。当然如何控制以及控制的程度却依具体案件而视。

案件的判决在很多时候是由中方谳员作出的，尤其是些只涉及华人之间，且不直接影响外国人利益的案件。外国陪审官则在判决书上签字，表示同意。当然这并不等于中方谳员审判的独立，因为在审理案件的过程中，一方面中方谳员往往会与外方陪审官进行商议，如果意见不合，中方谳员自不会作出判决；另一方面如果外方陪审官对谳员判决持异议，也自会主动提出反对意见，甚至以强势压人，直到中方谳员同意。当然也不排除双方在商议结果上达成妥协，这在案件的判决处罚尺度上颇较常见。一般来说，对于一些案情简单清楚、证据充分的案件，审结迅速。尤其是妨碍交通、违反租界管理条例的案件，往往在很短时间内就结案。而复杂案件，尤其民事案件，则审理要三四次，甚至因案情的复杂及当事人的申请延期而延迟案件的判决。

根据一些旅沪公民因收回公廨问题纷纷对公廨存在的问题及建议发表其看法，其中是关于判决书问题："我国司法官厅对于民刑事案无论大小，一经判决例有判决书，内分'主文'、'事实'、'理由'、'意见'等项提纲挈领，对于各该案之是非曲直使人一目了然，手续虽繁，而为保障人权计故，不得不如是。今会审公廨对民刑事案之判决者一皆以堂谕为标准，寥寥数语与华界官厅之批由无异，因此当事人之败诉者往往不自知其所以致败之由，虽公廨判断极公终不能折服。"在查阅相关档案中，我们可以看到在工部局里有公廨审理的案件的记录，包括原被告双方、辩护人、法官，案由、证据、判决等。但至于是否判决书上有如此内容，尚无相关档案记载。

2. 判决的结果及执行

会审公廨审理案件后判决的结果有：驳回诉讼、押候再审、移交上海县城受审（当然除了移送县署之外，还有移交法租界警局或法公廨收审等）、判决处罚。而判决的处罚种类甚多，主要有：监禁、枷号、笞杖、罚款，这些处罚甚为常见，除此之外，还有驱逐出租界、没收保释金、移送[①]等，并且几种处

① 包括移送父母或监护人、慈善机构、少年犯教养院等，这与前面的移交县署或法租界审理性质不同，移送父母或慈善机构是处罚之一，而移送给县衙或法租界是因为管辖权限之故。当然还有一种缘故是因为监牢犯人太多，没法关押所致。

罚常常合并使用。[1]

据上述所列处罚的种类，基本上是与当时中国刑罚一致。但在等级与执行上并非尽同。监禁、枷号、杖责、罚款，每一处罚都设等，监禁主要有：少于1个月（包括7天、14天、21天）、1个月、2个月、3个月、4个月、6个月、1年、1年以上等；枷号有：少于7天、7天、14天、21天、1个月、2个月、3个月等；[2]杖责有：少于50下、50下、80下、100下、100下以上等；罚款则大小不等，少至1、2元，多至上百上千元，视犯罪情节、标的不同而定。罚款的用途主要是用于捐助慈善机构或医院、补给工部局开支等。[3]当然这并不等于一定有一个量刑标准，很大程度在于谳员的自由裁量。

驱逐出租界也是一种适用较多的刑罚，当然它与一般意义上的“驱逐出境”是不同性质的刑罚，两者最大的不同在于，这种刑罚只是在租界内法院适用，而不是一国之内适用的刑罚。此驱逐刑罚只是指驱逐出租界，出发点自然是为了租界的秩序而将一些危害租界内治安的犯人驱逐出去，此刑罚一般是附加刑，即在执行完主刑如监禁等之后予以驱逐。对于这种刑罚，许多外国人认为其所起的作用太小，[4]有的干脆停止了使用。如1903年10月7日董事会会议上，宣读了会审公廨英国陪审官翟理思的来信，他说他对一般案件，实际上已停止判处囚犯出境，因为这种惩处被认为是完全不起作用的。董事会决定要求会审公廨其他陪审官以翟理思为例，采取同样步骤。[5]因此大概在1904—1905年间曾一度停止使用此类刑罚。1913年至

---

① 根据1910年会审公廨处刑判决以及公廨判决人数的统计，全年的处罚有51 833人数。虽然案件数自然在这数字之下，但我们可以粗略地推算一下，就以平均每两人一件案子来计算，平均每天案件也有七十件。参见1910年《工部局年报》，第52页。

② 枷号的执行地除了通行的在衙门口、城门等外，还有很普遍的地方即是在各自犯案地实行枷号，甚至在一些案件中，把赃物置于枷锁上，如某人被控非法藏有2 500元假币，判100杖、枷号3个月，且把假币钉在枷锁上。See “The Mixed Court”, *North China Herald*, January 4, 1877, p.12.

③ 如1877年7月至12月陈福勋与英国陪审官Gardner审理案件时，共有1 334.10元，其中有600元是给山西救济所；100元是给Fohkien；237元是因工部局要缩减总的开支，用来支付犯人的衣服等；191元是补偿原告；206.10元是给中国人医院。当然在一些案件中罚金并不是都能交付。See “The Mixed Court”, *North China Herald*, January 10, 1878. p.40.

④ 如在当时实践中往往是把犯人驱逐到宁波，不过如此花费甚大，而且发现这些被驱逐出去的犯人很容易又回到上海，致使此类刑罚已失去其主要目的，即阻止原先的犯人再犯罪。见A.M.Kotenev: *Shanghai: Its Mixed Court and Council*, Shanghai: North-China Daily News & Herald, Limited, 1925. p.180。

⑤ 见上海市档案馆编：《工部局董事会会议录》第十五册，上海古籍出版社2001年版，第623—624页。

1914 年间，又因租界内刑事案件的日增，遂开始恢复此类刑罚。但工部局很快发现问题，中国当局并没有将驱逐出境这一刑罚作为普遍适用的原则以符合公廨的要求，这些被判驱逐押送回到其原住地的犯人，因中国官员的释放又在租界内出现了，甚至因再次犯罪而被捕。最后认为恢复肉刑是减少租界内刑事犯罪的唯一措施。①

3. 上诉

关于会审公廨上诉，除了刑事案件不准上诉外，民事案件的普通上诉分为两种：一是原被告均系华人的案件；二是洋人为原告、华人为被告的案件。第一种以沪道为上诉受理机关，一经上诉，外国人无过问之权。第二种之上诉，亦以沪道为法定受理上诉衙门，而由原告国领事莅庭观审。后沪道撤废后，领事团一再开会讨论，拟以各国总领事与会审公廨正会审官组成上诉机关。在中国官员的极力反对下，得以暂缓实行。②但诉讼审判几乎完全操持在外国人手中，却是不争的事实。

三、诉讼程序的改革

会审公廨作为一个设立在租界内的中国司法机构，而且经历了从传统社会向近代社会转型时期，但它呈现出来的是与当时社会发展的一定程度上的不同步。并由于身处租界内，一个近代殖民的特殊产物，会审公廨无论是与清政府时期还是民国时期的司法机构相比，它的程序都有一定的不同。下文即就会审公廨的诉讼程序的改革作一概述。

1911 年辛亥革命之后会审公廨由工部局“接管”，原先对会审公廨种种不满的外国人已没有了以往的约束，开始逐步地改革会审公廨，尤其是诉讼程序。1912 年 1 月 3 日领事团发布《华人民事诉讼章程》十条，是年 8 月 16 日，又规定追加诉讼程序，由检察员布告之，共有六条。主要内容有两点：第一，对会审公廨诉讼文书等进行管理，包括诉状的提交、诉讼费的交纳、诉状簿和审理簿的设立、辩护律师的答辩状等作了相应的规定。第二，检察处的地位及作用。规定本法庭各案件的诉讼书及通信等，均提交检察员，而不是交由中外会审官。先后制定的成文程序法规颁行，即所谓的《上海会审公廨诉讼律》（“The Rules of Procedure of the Mixed Court at Shanghai”），分刑事诉讼与民事诉讼两部分，刑事诉讼二十五条，民事

① A.M.Kotenev, *Shanghai: Its Mixed Court and Council*, Shanghai: North-China Daily News & Herald, Limited, 1925, p.180.

② 姚公鹤编：《华洋诉讼例案汇编》（第六编），商务印书馆 1915 年版，第 709—710 页。

诉讼一百条。①此外尚有华洋交保办法十五条。

实行新的诉讼程序，提高了法庭效率，而且避免了以往的弊端。1913年7月，工部局巡捕房督察长布鲁斯即称："自从革命爆发和租界捕房遵照领事团指示，部分接管会审公廨以来，这个法庭的效率已经提高了50%，并且很受中国各阶层诉讼人的欢迎。唯一例外是从前那帮惯于贿赂中国法官的人。"②确有自夸之嫌，但不可否认的是，这些对诉讼文书的管理、检察处的设置，一定程度上提高了诉讼效率。正如一学者所说，尽管在中国土壤上由外人控制的法院存在很大争议，但中国的精英们很快使用新的程序以解决争端。在1900—1910年会审公廨降低诉讼成本之后，上海的中国人到会审公廨诉讼保持一个稳定的数字。1913—1926年间，在公廨的中国诉讼者保持在每月1 700件，每年32 000件。③平均每天也要审理五十六七件案子。

第二节　适用法律的考察

会审公廨审判适用的法律问题，无论是从什么角度看，都应根据中国法律作出判决。根据中外签订的不平等条约，领事法院审理以本国国人为被告的案件，根据本国法律作出判决。公廨自成立起其性质是中国司法衙门，审理的是以中国人为被告的民刑事案件，判决依据自是中国法律，而公廨章程也明文规定，公廨判决依据的是中国法律。但事实上却非如此简单，由于外国陪审官在公廨里实际享有的权力，加之案件自身的性质与中国传统法律的滞后性，在审理案件中出现了对外国法律规则的适用问题。甚至只是法官根据情理或当时形势作出判断而已。还有一个原因是公廨设立在租界内，而租界管理机构是工部局，其为了维护租界治安等制订了一系列的规章

---

① 诉讼律的具体内容及分析可参见戴修瓒：《法权讨论会秘书戴修瓒视察上海公共会审公堂之报告》，《法律评论》第16、19、20期，第17、20—21页。

② [澳]骆惠敏编：《清末民初政情内幕——〈泰晤士报〉驻北京记者袁世凯政治顾问乔·厄·莫理循书信集》下册，第196页。转引自罗苏文：《上海传奇——文明嬗变的侧影（1553—1949）》，上海人民出版社2004年版，第138页。

③ Tahirih V.Lee, *Risky Business: Courts, Culture and the Marketplace*, University of Miami Law Review, May, 1993. 1347.仅1923年一年会审公廨就审理了84 999件刑事案件和2 629件民事案件，见 Nicholas R.Clifford, *Spoilt Children of Empire—Westerners in Shanghai and the Chinese Revolution of the 1920s*, Middlebury College Press 1991, p.30。

制度，而这也是租界内居民必须遵守的，违反规章制度的人由巡捕押往公廨受审。因此会审公廨审判适用的法律要相对复杂。

一、中国法律

会审公廨本是中国政府在租界内设立的司法机构，其审理案件依据自是中国法律。1869年颁布的《洋泾浜设官会审章程》有类似规定。因会审公廨历时六十多年，经历中国政权的几次更迭，所依据的法律也随时代不同而变化。

清末修律之前，刑事案件判决应依据清朝律例，不过判决中很难看到对清朝律例条文的引用。主要原因在于会审公廨受理大多为判决笞杖刑的轻微案件，关乎人命重案均移交上海县署审理，通常审理此类州县自理范围的轻罪并不拟律，而且判处除枷号、杖责外，还有掌责（以掌击脸颊）、敲手心（以戒尺之类打手）等法规上并无规定的处罚，因此与其他传统地方官员一样，“如果认为有履行职责上的必要，随时都可以起用类似枷号以下的体罚这类强制手段，这是作为其权限得到承认的”，至于何种行为应受何种惩罚，则由作为法官的地方官自由裁量决定。[①]处罚的尺度带有随意性，惩罚宽严因法官为人而异，[②]但亦有一定的规则，依据违法性质、犯罪对象不同而论其处罚轻重。

修律之后，虽然制定了包括《大清新刑律》在内的诸多法典及法典草案，在移植西方法律方面取得实质性进展。[③]但此阶段会审公廨对国家法的适用状况似乎与之前并无差异。1911年会审公廨为领事团所接管，关炯以公廨受理华人案件，为完全中国法庭，应适用中国法律为由，多次与各领事交涉磋商，民刑诉讼案件开始一律适用中华民国法律。捕房逐日解讯琐案，亦一律在解案单上注明违犯中国民国新刑律第几条字样。[④]这在档案记载的案件记录中可见。如1920年9月4日在一起妓院老鸨强迫一女孩卖

---

① ［日］滋贺秀三：《清代诉讼制度之民事法源的概括性考察——情、理、法》，范愉译，载［日］滋贺秀三等著：《明清时期的民事审判与民间契约》，法律出版社1998年版，第27页。

② 如以体罚通常只打三下而被称为“康三板”的乾隆年间康姓凤翔府知府，另一是见人以叩八百板为恐吓而获名“甘八百”的道光年间获鹿县知县甘崇敬。参见［日］滋贺秀三：《清代诉讼制度之民事法源的概括性考察——情、理、法》，范愉译，载前揭滋贺秀三等著：《明清时期的民事审判与民间契约》，法律出版社1998年版，第46页（注释[37]）。在会审公廨谳员中没有如此极端的，但判罚尺度还是有一些明显差别。

③ 参见何勤华、李秀清：《外国法与中国法——20世纪中国移植外国法反思》，中国政法大学出版社2003年版，第16—17页。

④ 关炯：《会解补阙记》，见上海市档案馆藏，卷宗号Q179-4-6。

淫且用竹板殴打致其受伤的案件中，老闸巡捕房起诉被告分别违反《中华民国暂行新刑律》(the Chinese Provisional Criminal Code)第 288 条、第 313 条。会审公廨陪审官判决被告监禁一年，但后来被告辩护律师甘维露(Kentwell)递交刑事声请状，提出被告是初犯，并已悔过，声请会审公廨改判，准其具结，由其父亲领回原籍，不再回来。最后陪审官判决被告逐出租界结案。①可见，1911 年之后会审公廨在刑事案件方面已开始适用新刑律，工部局捕房在起诉单上亦按照新刑律办理，但适用是否妥当，却仍存疑问。民事案件，则因民事法规尚未制定统一法典，外国陪审官及谳员亦未经过系统法律训练，司法审判经验尚浅，"多以个人条理或一知半解之本国法律知识妄行判断"，因此判决即使不失当，恐怕亦会多歧异。②

不过，在适用中国法律方面存在比较混乱情况，尤其是民事案件，当时的律师巢堃曾对此指出："视问官与律师之喜怒而定去取，有时引刑草案、民草案、前清废删之破产法而适用之，居然记入第几条字样于判决书中，而有时对于已经颁行之《暂行新刑律》曰不能适用，所谓何去何从，为当事人之幸与不幸也。"③而刑法适用上是否严格遵行罪刑法定原则，从本书所搜到的刑事案件审理来看，似乎并没有形成这一法治精神内核之一。

二、外国法律

章程规定，会审公廨受理租界内华洋之间诉讼，外国陪审官有权会审，在很长时间内会审公廨允许聘请的律师皆为外国人，其中以英美人为主。④在这种情况下，公廨审理此类案件时往往用的是英语，主审法官为外国人，⑤原被告聘请的律师又是外国人，审理案件时往往就演变成双方律师唇

① 在此案记载中，没有看到中国谳员的意见，只有被告陈述、律师的辩护、证人作证以及陪审官的判决意见。另外还要注意的是，对于律师的声请减轻刑罚，巡捕房代表 Faithful 表示反对，但未得到陪审官支持。参见上海档案馆藏，卷宗号 U1-3-1034，第 5—10 页。

② 参见戴修瓒：《法权讨论会秘书戴修瓒视察上海公共会审公堂之报告》，《法律评论》第 16 期。

③ 巢堃：《上海会审公堂笔记》，《法律周刊》1923 年第 12 期。

④ 当然这主要是在 1911 年之前时期。根据资料记载，在 1916 年末会审公廨里登记共有 122 名律师，其中 58 名中国人，33 名英国人，11 名美国人，6 名日本人，5 名法国人，3 名澳大利亚人，2 名葡萄牙人，2 名德国人，1 名意大利人和 1 名西班牙人，英美国籍律师人数仅次于中国律师，而中国律师则直到 1911 年才在公廨出庭。参见 A.M.Kotenev: *Shanghai: Its Mixed Court and Council*, Shanghai: North-China Daily News & Herald, Limited, 1925. pp.205—206。

⑤ 在此类案件审理中，陪审官无论形式还是实质上都会占主导作用，中方谳员需有人翻译才可了解案情及审判情况。

枪舌剑，陪审官引导追问，会审公廨俨然成了一个英美法庭。而谳员则因语言障碍须依仗翻译人员才能明白案情，在这种情况下，他难以主导案件审理，对案件发表的意见也就寥寥数语，更像是在观审了。[①]不仅庭审中会适用西方法律规则，在判决中亦会引用外国法律，尤其是因为陪审官、聘请律师多为英美国家，法庭辩论、判决引述外国法律亦多为英美普通法。

如1877年7月发生的一起有关噪音案件。此案情主要内容是：三个外国人对租界内的两家戏院发出令人无法入睡的噪音提起诉讼。经过审理，会审公廨作出判决：这两家戏院必须在晚上12点关门，若这戏院此后再发出噪音，其负责人将被拘，戏院将被关闭。其判决理由是：(1)公共租界是划分出来供欧美人居住的区域，中国人不得到领事与道台的同意不能居住其内。(2)工部局章程第40条，为公共租界内的所有居民的公共利益计，在实践上已通过根据英国普通法认定的噪音即为噪音。(3)会审公廨已明确，所有得到允许居住在租界内的中国人，均不能排除在工部局规章管辖之外，第40条自不例外。(4)在英国，有职业执照的戏院其营业活动不能认为是噪音，但无论如何他们必须依照规定在晚上12点前关门。(5)这两家戏院虽有执照，但会审公廨认为这两家戏院行为已违背法律，更是与公廨之前的禁令相背。因此会审公廨基于以上事实及相关法律规定，并遵循1871年8月"Lao-ke-chong"案件之判决，即中国游乐场所必须在晚上12点前关门这一先例，作出以上之判决。[②]

如上所述，会审公廨在分析案件事实基础上，认为只要居住在租界内就须遵守工部局的规章制度，既然工部局章程第40条已确立英国普通法上认定的噪音为衡量噪音之标准，同时根据英国法律规定，有职业执照的戏院其营业活动不能认为是噪音，但必须在晚上12点前关门，以及遵循先例原则，公廨最终作出判决。可见，此案中法官依据的是英国普通法对"噪音"的定义，并以英国国内对戏院营业时间限制之规定作为判决的理由之一。当然在某些案件的判决中，还明确引用英国法律的具体条文。

但对于普通法的适用却不能作过高的估计。原因在于会审公廨毕竟是中国的衙门，审理以外国人为被告的案件，原告是中国人，谳员不可能完全在公堂失语；完全依据外国法律也是不现实的问题。因此大多是在中国法

---

① 参见North China Herald内对一些案件的记载。如1877年"Au Ming-Tao v. The China Merchants' Steam Navigation Company"，在案件审理过程中，陪审官的活跃与谳员的沉默寡言形成鲜明对比。See *North China Herald*, July 28, 1877, p.94.

② See "The Mixed Court", *North China Herald*, July 28, 1877, pp.93—94.

律无成例时可适用外国的习惯或法理判决。如 1905 年修改章程，其第 9 条就规定："凡审讯案件如照华例并无成案可查，会审公堂应照商民相沿之法公平断谳。"其原由自是在审理案件中，因我国法律习惯与外国人不同，审判时外国陪审官多参酌外国法理习惯。故在外国人极力修改章程中得到体现。即使宣统间新式法律的逐渐颁布，会审公廨仍不奉行，仅由会审官参酌案情与两国习惯而定。但也正因为这样，往往会给人以审判无适用法律，判决任意之印象。这自然成为后人屡次诟病之处。虽然在刑事案件上多援用暂行刑律，然而时有出入。①

中方谳员对适用外国法律的态度自然因人而异。如第一任会审公廨谳员陈福勋在任时间长，审理华洋案件经验丰富，与外国人交往频仍，并且初涉洋务无先例可循的情况下，对外国法律的适用还是拒绝都采取较平和的态度。如 1877 年在一起案件的审理中，原告代理律师提出继续盘问被告，遭被告辩护律师的反对，被告律师认为，这样无疑是让被告自证其罪，但让被告自证其罪或让被告们提供各自对方的证据，都违反了英国法律。原告律师则认为盘问被告是中国法律规定的。对这一争议，陈福勋发表了其观点：每一个国家正义的内在规则都是一样的，不同的只是在不同国家程序不同。中国法律与英国法律之间的差异在于程序不同，大的原则是一样的。在中国法律没有规定情况下，他将以英国法律为指引，但是中国法律有明确规定，则不可抛弃中国法律。陈谳员认为对于此案，中国法律是有明确规定的，可以从被告那里寻求证据将其定罪；也可以从其同谋那里获得证据。②

当然，中国官员对于适用外国法律的拒绝，并不能阻止陪审官对其本国法律的适用。只是外国陪审官也会尽力在两种法律之间架起桥梁，并在实践中，仅仅选择与中国法律观念相似的或能被中国人接受而不必承受心理压力的那些法律规则。③此外，对于具备专业法律知识及职业训练的外籍律师来说，在会审公廨审判中极力以其本国的法律知识及辩护技巧维护当事人利益亦属自然。这在前面案例中略见一斑，不过，是否适用外籍律师所提出的法律法规或法律程序则基本由外国陪审官决定。

会审公廨判决适用外国法律，其理由在于：中西法律观念的不同，中国传统法律以刑法为主要的调整手段，在西方法律体系中属于民事法律法规

① 《上海会审公廨概述》，《东方杂志》第 20 卷第 20 号。

② See The Mixed Court, *North China Herald*, July 21, 1877, pp.63—64.

③ A.M.Kotenev, Shanghai: Its Mixed Court and Council, *Shanghai*: *North-China Daily News & Herald*, Limited, 1925, p.64.

调整的一些行为,在中国传统法律里却以刑罚手段惩戒,属于刑事法律调整范畴。若以民事法律规范,则中国法律却无相应规定,而且与社会经济发展相对的是,规范法律的缺失,也使得公廨审判参照西方法律。一如当时有人所指出的:"领事中颇有谓中国现行法律不适于用者,例如毁损他人名誉,在我国法律认为刑事,然在会审公廨中,则不作刑事办理,但欲认为民事,则民法又无所规定。诸如此类皆不能不参用西律之原因也。"

三、租界内的立法及行政管理规章

上海租界先后存续近百年,租界形同"国中之国",行使自己的管辖权,而排斥中国主权及法律的管辖。其颁布的法规众多,既包括被视为"大宪章"的土地章程,还包括大量有关组织、政治、经济、治安交通、卫生教育等方面的法规。①这些章程与规则须经纳税人大会批准,并经过领事与公使们的同意。租界内工部局是行政机构,纳税人会议是立法机构。当然,无论是工部局还是纳税人会议都在驻京沪的外交领事人员控制之下。

生活在租界内的居民,必须服从租界内一切法令规章制度,住居在租界内的华民自然不例外。与租界内华民密切相关的是行政法规。工部局是管理租界的市政当局,制定了诸多有关租界管理的规章制度。这些章程内容广泛,涉及租界的方方面面。如《公共租界工部局治安章程》、《公共租界工部局巡捕房章程》、《公共租界工部局公共菜场章程》、《公共租界工部局私立菜场执照条例》以及《公共租界工部局中式新房建造章程》等。居住在租界内的居民不论是华人还是外国人都必须遵守,违背规定则被解送至相应的法院受审,而居住在租界内的华民若违反此类规章,当然是交由会审公廨审理。如 1877 年 7 月审理了一起案件,四人被控伪造贩卖拉车执照。审理中对此行为的定性及判何种刑罚发生争议,谳员认为无论是适用中国法律还是外国法律都应考虑判决的处罚须与所犯罪行相称。而工部局警察对此施加压力,要求马上判决。②其行政法规甚至要求会审公廨的谳员也须遵守,如 1905 年谳员决定在会审公廨内修建女牢,但按照工部局制订的建筑条例规定,任何在租界内的建筑工程必须向工部局递交申请书,为此工部局向道台交涉,要求按条例规定办理,否则捕房将依通常办法制止此项工程。③

---

① 其具体详实内容可参见王立民:《上海法制史》,上海人民出版社 1998 年版,第 165—235 页。

② See "The Mixed Court", *North China Herald*, July 28, 1877, p.93.

③ 上海市档案馆编:《工部局董事会会议录》第十六册,上海古籍出版社 2001 年版,第 592—593 页。

此类规章涉及范围甚广，如涉及城市建设方面的，这在当时的中国法律法规或习惯上均无相关规定。比如以下的规定：

一、禁马车过桥驰骤。一、禁东洋车、小车在马路随意停走。一、禁马车、东洋车夜不点灯。一、禁小车轮响。一、禁路上倾积垃圾。一、禁道旁小便。一、禁肩舆挑抬沿路叫喝。一、禁施放花爆。一、禁不报捕房，在门外砌路、开沟及拆造临街房屋。一、禁私卖酒与西人饮。一、禁春分后、霜降前卖野味。一、禁私卖臭坏鱼肉。一、禁卖夜食者在洋行门首击梆高叫。一、禁肩挑倒挂鸡鸭。一、禁吃讲茶。一、禁沿途攀折树枝。一、禁九点后挑粪担。一、禁乞丐。一、禁夜间行人形迹可疑及携挟包裹物件手无照灯。一、禁聚赌酗酒斗殴。①

这些禁令繁琐而细致。一旦人们有违规章，则会受到惩罚。如在街上焚烧纸钱，被罚钱2元；偷摘公园里的花而被判监禁一天，另一个华人医生因偷摘公园的花以作医用，则被判三天监禁；某店主食品不卫生，肉坏了，判罚10元，并予以警告，再犯则罚20元。②不仅居住在租界内的华人须遵守，即使是租界外的人来到租界，违反了规章，同样要受到处罚。③诸如此类的案件层出不穷。

在制定这些禁令条例的租界当局看来，这是维护租界内治安及秩序的必要规则，尤其他们认为，无论是中国人的生活方式还是城市的管理都是相当落后的。为此制定一系列的规章，由巡捕、会审公廨进行管辖执行。但在不少中国人眼中，却是另外一种想法，即认为“大抵西人所刻意经营者，半皆琐屑之事。至于赌馆、娼寮、花烟馆、花鼓戏、拆梢、打架、蚁煤、毒鸨等类，广施陷阱，无恶不为，西人反不甚措意。急所可缓，缓所当急，宜其为华人所窃笑也”。④

① 葛元煦：《沪游杂记》卷一，上海古籍出版社（上海滩与上海人丛书）1989年版，第3页。后来又增加了数条：一、马车不准五人同坐。二、东洋车夫不得蓬首垢面，污秽不堪。三、戏馆至一点钟，不准再演。四、各署差役提牌，未经领事签名，不得在租界中拘人。五、东洋车破坏者不准在租界中载人。六、客寓中不得将染病将死之客抛掷路旁。见黄式权：《淞南梦影录》（上海滩与上海人丛书）卷二，上海古籍出版社1989年版，第145—146页。

② 以上案情概况可分别参见“The Mixed Court”，*North China Herald*，September 12，1874，p.271；September 12，1874，p.272；October 8，1874，p.353；October 22，1874，p.404。

③ 某天下午三点，一个广东人在美国公馆门口便溺，并准备脱卸下衣出恭，被巡捕送往会审公廨受审。最后认为其行为不仅影响租界内整洁干净，而且竟然是青天白日在公馆门口便溺，行为严重，判枷号三日（公廨审理相关案件时，一般判罚关押一天或罚洋钱一元）。《申报》1872年10月8日。

④ 黄式权：《淞南梦影录》卷二，上海古籍出版社（上海滩与上海人丛书）1989年版，第145—146页。

这固然反映当时中西社会发展的差异及其不同观念的折射，但也揭露了租界“光怪陆离”的双面世界之现实。一方面租界内的管理方式是比较先进的，无论是道路的整洁宽敞、交通的井然有序还是社会的繁华程度，都远胜过一墙之隔的华界，并成为华界效仿的榜样；①而另一方面租界内却成为“罪犯的渊薮”，尤其是被视为几大顽症的赌博、妓院、鸦片、斗殴等，这不仅在法院受理案件中占很大比例，而且成为无法解决的难题，在工部局董事会会议上，亦是外国人时常商讨解决之道的议题。之所以如此，原因众多，但有一个很重要的原因是租界毕竟是外国人暂时栖息之地，虽然不可否认以工部局为代表的外国人尽力治理租界，但其动机总是维护他们自身的利益。如妓院问题，妓院在租界遍地开花，而外国人也进入这些烟花之地，却因性病的传染而时刻影响外国人的身体健康时，工部局董事们才设法采取措施，强制妓女们进行性病检查。因此，对于轻重缓急之区别，不仅存在中外双方理解上的差异，还与现实利益相联系，不是一句双方文化观念的差异即能完全阐明的，更何况文化本身概念亦存在歧义，甚至有“口袋式概念”之虞。

四、天理人情

高悬衙门公堂之上的是“天理、人情、国法”，以“情理”判案，是中国传统官员审判所追求的，所谓“王道近人情”、“王法本乎人情”，而情理（天理人情）与国法之间关系就犹如“海洋上的冰山”。会审公廨谳员在学识素养、官场历练方面仍是儒家思想熏陶下的传统官员型，当然某些谳员对“洋务”的了解以及与外国人交往的经验，要胜过内地官员。

传统体制下的官员，其审理案件自然遵循传统的审判思维。中国历来奉行“天人合一”生存哲学，“和谐”是社会控制的最终目标，法律也就成为实现这一道德目标的重要手段，而争讼具有否定的价值。因此官员在审理案件时，往往先予息讼之教诲、劝谕，此类例子不胜枚举。而一些会审公廨谳员在审理时，亦奉行这一原则。如《申报》记载的一则案件，录于下：

> 有顾姓弟兄两人，因争殴起衅。经巡捕解送公堂。张公（张秀芝——引者注）不加研诘，当堂剀切谕谓同胞兄弟本无争讼之理，兄果能悌其弟，而弟能恭其兄，则同室何致操戈。必因不恭不悌所致论理，

---

① 其实这点并非不值一提，因为在诸多具体事物上华界以租界为榜样，甚至包括生活方式与观念都因此发生重大变化，虽然对西方制度文明认同与排斥、效仿与抛弃共存。

则若弟应重责而兄亦如之云云。二人闻张公晓以礼义，均各叩头请罪。即判令自行理直，邀同亲长调劝，苟不能明白，再行分别控诉候断，不得争执于咎。谚云：清官难断家务事，理果然也。此案若予细诘，必致有许多牵扯。张公先晓谕以礼义，遂至各自寝息，亦具见为民父母之深心也。或曰伊弟兄争讼已久，实出于弟妇辈之凶泼，然兄弟之分家，大半出于妻子，是亦万家一辙，不听妇人言能有几人哉！①

审理案件的过程及官员的意见我们并不陌生，在记载中国传统官员谳词的判案集中可以见到类似的文字。谳员在审理此案前，即对双方当事人进行劝谕，而不是查明事实，最终"晓谕以礼义"息讼结案。维护家庭伦理，具体化为"父慈子孝兄悌弟恭"，而师生之间则是"一日为师，终身为父"。如一起徒弟至公廨起诉老师遭其殴打的案件，谳员的判决意见是学徒若不遵守教令难免要受扑责，只是作为老师不该殴打头颅以致涉讼，姑念一时失手免予深究，着将束脩扣作养伤费了结。②此判中，虽然判老师赔偿了养伤费，但也肯定老师对学生的鞭教之权，只是不可太过。它与相类的殴打案件相比，更可见情理的作用。

"情理"一词，涵括的意蕴相当广泛，既有伦理道德之义，又有社会人情之理。如在一起案件中，谳员临时变更其判决，由罚款 5 元改为罚 20 元，原由是发现被告并非他所认为的是穷人，却是一个比较富裕的人。③此案中，谳员只要查明案情，判别是非即可达到裁判的公正要求，但谳员判罚尺度的变化却在于其"劫富济贫"思想。而且判罚的尺度听任法官的自由裁量，并无确定的标准，也许如此，才会出现为后人所诟病的判决差异甚大，而不是法律所要求的相似的行为得到相似的处罚。

另需提及的是，中国传统官员审理案件时以"情理"作判，即是"中国型的正义衡平感觉"，④它与外国人所认为的会审公廨须是一个"衡平法院"，⑤有

---

① 《申报》1872 年 9 月 9 日。

② 《申报》1877 年 9 月 25 日。

③ 案情大致是：一外国人诉一华人不小心驾车，与一人力车相撞，致使人力车毁损（原告正好在人力车上，也因此受伤）。案情很快查明，陈福勋谳员判被告罚款 20 元，其中 1.5 元付给人力车夫，8.5 元给医院（Gutzlaff Hospital），10 元给救难所。陈谳员本来看到面容憔悴的被告，以为是穷人，准备判罚 5 元，但很快知道此人很富有，便改判罚 20 元。See "The Mixed Court", *North China Herald*, December 13, 1877, p.564.

④ ［日］滋贺秀三：《中国法文化的考察——以诉讼的形态为素材》，范愉译，载［日］滋贺秀三等：《明清时期的民事审判与民间契约》，法律出版社 1998 年版，第 14 页。

⑤ A.M.Kotenev, Shanghai: Its Mixed Court and Council, *Shanghai*: *North-China Daily News & Herald*, *Limited*, 1925, p.55.

着某种相似性，即以深藏于个人心中而不具有实定性的感觉去“引导听讼者的判断”。[①]但毕竟两者实质内容存在差异，而且在会审公廨的审判活动中并没有发展出一套法律规则。

还有一点是不可忽略的，即维护租界内秩序，除了会审公廨或其他司法机构外，在当时的上海社会公馆和会所所起的作用亦很大，“和中国当局依靠会馆和公所解决出现在中国人内部的争端一样，会审公廨的外国推事们也常常同会馆磋商”，“法庭审理各种各样的民事诉讼时，照例也要先查寻与行会有关的条规”。[②]因为行会的规章亦在一定程度上成为公廨判决的依据。

在考察了会审公廨审判的法律依据之后，我们至少可以得出以下几点结论：第一，会审公廨是一个中国司法机构，但审判依据并不都是中国法律；第二，由于外国陪审官在公廨中的权力日增、外国律师的出庭辩护，加之中国法律在一程度上无法及时适应新的事物变化，因此会审公廨审判往往适用西方法律，但对此不可过高估计。第三，会审公廨受理租界内大量违反治安管理的案件，此类案件占很大比例，其判决依据往往是租界内各种管理条例。除了以上有法可依外，法官作出的判决依据还包括“天理人情”。更应注意的是，虽然根据章程规定，会审公廨是中国设立在租界内的司法机构，审理案件应依据中国法律作出判决，但由于各种因素，会审公廨实际判决依据是多方面的，尤其是一些当时中国法律尚无规定的案件以及违背租界治安管理条例的案件，会审公廨判决的依据已非中国法律，量刑尺度也大多由法官自由裁量，当然这种尺度并非完全无原则可循。如惯犯处罚相对较重；同是偷窃行为，若被窃对象是外国人，则处罚相对要重些。

第三节　会审公廨审判的多质态

虽然会审公廨的存在随着民族意识的增强，备遭中国人民的谴责、批评，甚至当时一些具有正义感的外国人也对中国主权遭侵犯表示同情。那么会审公廨从成立到被收回的六十多年中，它扮演了一个什么样的角色？

---

① [日]滋贺秀三：《中国法文化的考察——以诉讼的形态为素材》，滋贺秀三等：《明清时期的民事审判与民间契约》，法律出版社1998年版，第14页。

② [美]顾德曼：《家乡、城市和国家——上海的地域网络与认同》，宋钻友译，上海古籍出版社2004年版，第112页。

从根本上说，它是外国对中国司法主权的侵犯，这点不容置疑。从其外在表现来看，它更多地带给世人一种耻辱，激起民族情结。但它又不仅仅是一种坐标，它是复杂的历史产物，存在了足有六十余年，审理了几百万个案件，从其实际起的作用来看，维护了租界的秩序。而在当时人眼中，又是如何的一个衙门？其实通过对会审公廨审理案件的分析，可以发现实际上会审公廨要比人们对它或褒或贬要复杂得多，它并非处于好坏褒贬对立的两极，而是呈现出多质态的特征，本节即对会审公廨审判案件中就一些重要问题或后人的评述予以分析。

一、时人对会审公廨的态度

自 1864 年洋泾浜北首理事衙门直至会审公廨的正式成立及发展以来，对于这一设立在租界内的特殊司法机构，应该说褒贬不一，毁誉参半，无论是当时的中国人还是外国人(这里主要是指会审公廨存在的时期)。一般说来，中外对会审公廨的态度由于所处地位及利益指向不同而存在很大差异。凡涉及利益攸关的外国人对会审公廨态度接近单一，华人对会审公廨的观感则甚为复杂。

会审公廨虽是中外一致协议设立的机构，但它的发展对中外双方来说皆颇不满意，尤其是在 19 世纪 70 年代以后，双方交涉增多，矛盾日显。而外国人一直期望会审公廨成为一个维护租界秩序，改进中国司法制度弊端，并能受其控制的机构。因此不满于公廨的管辖范围、中国谳员的职位权力等。以下即是一英国陪审官在有关会审公廨的报告中所言，可以一窥外国人对于会审公廨的不满及期望。

> 警务庭(指会审章程以前事实上之会审公廨)由中国政府遴派官员一人独自开庭，专理关于捕房告发之纯粹华人案件，实际上此乃上海县在租界设立之分署，俾证人等便于到庭而达到公开之愿望。论者多以值此公廨试办期间，华官以内地知县委员资格出席，自应赋予独立之职权，使与知县相同，倘若内地高级长官仍有修改，委员在公廨所为判决之可能则势将推翻。设立公廨，俾外人得明了在租界发生一切案件结果之初志，环境之趋势。固极望此种办法能于最短期内实现，无奈内地知县对于委员所为之判决屡次干涉，并一味坚持以为此乃其固有之权，于是各方表示不满，盖欲使其觉悟彼乃无权过问，然仍一无结果。
>
> 初工部局曾提议关于工部局告发之案件由工部局派一陪审官会同审理，惟上海道以陪审官乃指有约国政府所派之委员而言，每日应有领

委为公众利益出庭观审。至于侦察洋原华被之一切刑事案件均归刑庭受理，该庭乃系华官与领事之陪审官组合而成，华官受有独立审判权限而为判决，但陪审官与审判官意见不一，时为保护外人利益起见，得停止进行，将全案呈报上级法庭请示办理。幸当时道台所派往会审公廨之第一任委员并无中国旧官僚傲慢习气，因轻视西人之故，遂在整顿紊乱不堪中国司法制度上加以种种之阻挠也。至于当时华官所处之地位亦觉左右为难，既受内地官厅之委任，而权位又在知县之下，其司法能力在事实上决不能超出一切，是以知县对于法院不久即开始干涉，盖公廨章程及其权限既无明确之规定，自得任其为所欲为也。斯时所请派来委员之官职不过一候补知县，既不在高级官员之列，对于上级官员意志之变迁自不得不加以灵敏之注意也。

当时虽曾提议公廨之管辖须有一定限制，关于审理刑事案件得予以相当之科罚，惟其权限以百日未满之监禁服役或不服役苦工或三十天以下之枷锁或三百以下之杖笞或代以百元以下之罚金为限，关于民事诉讼则以总额不过百元者为限。凡判决总额在百元以上者得以上诉，但该项提议实行不久，即废。夫对于下级法庭之科罚权限加以限制，本未可厚非，但审判官既能审理偷窃琐案，对于重大案件自能同样受理。故公廨对于告发者无论何案皆予受理，惟对于科刑较重案件在权限之外者，则呈报示核，至于管辖西人之权限则以无约国人民为限。①

这虽是对会审公廨建立之前的理事衙门提出的报告，但外国人对公廨诸多不满一览无余，总的来说有二：一是认为所派谳员职衔往往在知县之下，其审判受到上级官员的干涉，无法独立审理案件；二是管辖权限问题，不满于百日之下监禁、三百之下的杖责以及百元以下罚金为限的管辖范围。外国人因此试图提出相对应的解决方案，几乎贯穿了会审公廨的存续期间。

而当时的华人对会审公廨的看法则与此颇有差异，可以说在很大程度上，尤其是在会审公廨成立的早期，中国人对公廨的观感并非单一，而是存在惊奇、赞美、讥讽甚至在后期更多的是对主权被侵夺的痛苦与愤怒这一极为复杂的情感。以当时的报纸杂志及时人的文章以及民俗竹枝词等为例，以分析时人对会审公廨的评价或观感，这固然难以避免带有一定的偏见，但

① 这是当时曾任陪审官的英国副领事阿剌伯始脱（即阿查利—著者注）寄给北京使馆的报告中所言。见上海市档案馆藏，卷宗号 Q187-1-1208。

无疑能反映了当时人的想法，而对一个司法机构的观感必然在一定程度上影响人们对纠纷解决方式的选择与对司法机构的信心等。

首先对会审公廨这一特殊机构表现出好奇，“县老爷”与外国领事同堂断案成为租界内的奇闻趣事。当然其中也存在一定的普及法律常识的宣传。如《申江胜景图》中曾有会审公廨审判案件的场景，举凡狎妓、欠款、斗殴、酗酒等事均可以到会审公廨起诉，途经的路人和围观者也不时对案件进行谈论和评议。而较有名的《点石斋画报》亦有对会审公廨审理案件的画面及相关评说。①

其次，会审公廨不仅仅是租界内奇闻趣事之一，时人已在一定程度上对会审公廨具体审理案件，对审判官所表现出来的公正、公平与否开始予以关注、评说。如对会审公廨的审判给予肯定，尤其是在比较会审公廨与传统衙门之后。在民俗竹枝词里就对这一善断家务事、通晓人情的“洋式公堂”给予赞美：“几微琐事涉公堂，讯断应难泥如常。好似春风凭作主，朝朝总为判花忙。”②当然亦有对会审公廨谳员审判不满的，这往往与当时上海租界社会因华洋杂居、商业发展等致使风气大变这一现象相联系。在一些人看来，上海“五方杂处，其人不尽遵一国教令，城内与城外殊，英界与法界异。人既杂乱，刚柔强弱之质不能一致，事又烦琐鄙秽，纤细毕具，往往讼上于堂，希奇古怪出于人情情理之外，而为古今天下所未有者”。比如上海娼妓业的兴盛发展，日益职业化和商业化，与此相关纠纷日增，常诉至会审公廨，而谳员的审判往往从事实出发，很少顾及双方地位的良贱高低，如妓客之间。在一起涉及妓女与嫖客之间发生的案件中，谳员的判决是：“以原告（妓女）既控有毁坏翠簪，着甲（嫖客）出洋四元完案。”而且在审判中谳员竟然令妓女立而不跪，不仅对妓女没有给予责骂警戒，反而判其胜诉。③这遭到时人对此颠倒妓客贵贱之序的极为不满，发文恶毒咒骂原告是“曲中之败类，而为狗彘所不食者矣”，抨击谳员袒护妓女而惩罚客人，是“颠倒黑白，莫此为甚”。之所以如此义愤，恐怕在于认为“男子为客，

---

① 参见罗苏文：《上海传奇——文明嬗变的侧影（1553—1949）》，上海人民出版社2004年版，第122—123页。当然《点石斋画报》对会审公廨案件审理的评说，不仅是对公廨的注意，更是对案件本身所折射出的社会风俗伦理变迁的关注。如1884年《点石斋画报》刊登一副名为“乾纲不振”的画面，一个受雇于洋行的女佣“弃夫”，不愿随乡下丈夫回去。另见《申报》1873年4月4日。

② 罗苏文：《上海传奇——文明嬗变的侧影（1553—1949）》，上海人民出版社2004年版，第121页。

③ 案情参见《申报》1877年7月11日。

女子为妓,此并非平等之男女也,又非敌体之夫妇也,而往往妓与客讼,则客负而女胜,系何故耶”①。甚至指责妓女之所以嚣张,正是谳员的纵容所致。而这些评述得到众人的赞同与附和。不过也并非众口一词,亦有人对谳员的判决表示理解,毕竟“若皆按部就班如州县审断之常,则案必山积而办理之法亦窒碍而难行”,而且认为这更符合租界洋场的主客之“时势”,即租界是“一主客之势”,西为主中为客,居为主而行为客,女为主而男为客,而“时风如此,事势如此,理其事者深虑喧宾夺主,于是力顾主而深贬客”,故“西人与中人讼则西人胜,居者与行者讼则居者胜,女人与男人讼则女人胜”。②其实,无论是赞同者的“时势”说还是反对者的“情理”断案论,并没认识到谳员何以会如此断案?而这并非不值关注的问题。当然笔者赞成一学者所言,这妓女欺客之风与妓女的职业意识相关。③只是在此无意对这问题加以评述,而是着重于对谳员的审理案件以及与传统审判思维之间的差异作一简论。

已毋庸讳言的是,中方谳员的断案常受外国人意见的左右。但也正因为如此,会审公廨的谳员开始重视事实证据及法律本身,而忽视背后的道德,也就是说,在一定程度上转变了传统的以“天理人情”判案思维,把道德与法律相分开,单纯地就事论事,以刚才案件为例,双方发生纠纷,是被告先动手,而且损坏原告的簪子,谳员判被告赔偿,并不为过,而舆论的反对亦在于谳员竟然支持在传统上视作“贱民”的妓女,判客人败诉,这无疑违背纲常伦理。又如在一起关于“台基”的案件中,抨击者所言更说明了此问题,言者认为“会审委员就事论事,不究徐王氏——开设台基的老板诱人之罪,反勒还预借之洋”。不满公廨的判决倾向于开设有害社会行业的原告,批评道:“诚如是,虽三尺之童亦可使之为会审委员”,而这竟是人们所说的“新法纪实”。④对公廨审判的批评,从另一角度来看,可见谳员关注的是事实本身,而非是否在道德上的优势或者社会等级的认可。这或多或少反映了公廨谳员审判意识上的转变。

还有一些人已认识到中外法律的不同,不过其程度却有差异。有的只是从表面上来看。如对于“伤树受刑”一事,因张福泉、马顺善两人想从树上

① 《申报》1877年10月2日。
② 《申报》1877年7月12日。
③ 对这问题的分析可参见李长莉:《晚清上海社会的变迁——生活与伦理的近代化》,天津人民出版社2002年版,第335—344页。
④ 《申报》1877年7月18日。

割浆以作医疗脚疥之用而毁坏了工部局种植的树木，两人被拘至公廨受审，最后判发捕房监禁一个月，这还是姑念其无知给予宽刑。于是有人在《申报》上发表其观点，认为租界内诸如此类的细故无日不有，若遇到中国官员秉公审理也不过是申斥了事，否则有健讼之责。但观此案，可见中西之法不同，而问官之用心良苦。[①]当然这不仅仅是中西法律的不同，它应是城市建设的一种需要，而这也可从另一角度看出，公廨的受理案件已不仅仅是我们现在法院所管辖的案件范围，它还包括类似今天的“违反治安处罚条例”的案件，公廨审理的案件数量也就自然骤增，非一般的法院可比。诸如一人偷了一件衣服，他两人因一言不合发生纠纷之类案件层出不穷，甚至有因偷了他人糖果的案件也须审理，虽然判决是申斥逐出。[②]

而对于与中国迥异的西方人讯案及西人讼师的描述则亦是当时人的兴趣之所在。黄式权在其著作《淞南梦影录》中曾有以下记载：“西人之讯案也，堂上设长桌一。西员向外正坐，两造各邀绅商陪审，列坐问官之旁。案情俱由讼师伸诉，原、被告尽可不置一词。诉毕，讼师援例相驳。驳至毫发无遗，问官即可定案。西律无笞杖徒流之罪，或罚锾，或监禁，各随罚之轻重以为衡。即操刃杀人，亦不过监禁数年罚作苦而已。其讼师须精通律例，由国家给与文凭，始准应人之聘。不如中国痞棍，稍识之无，便欲舞弄刀笔也。”[③]而会审公廨里外国陪审官的参与审判，以及外国律师在公廨的出庭等也无疑为一般国人所认识。

二、中西法律的融汇抑或貌合神离

会审公廨的审判由于外国领事的干预，受到西方较进步的司法制度的影响，具有一些进步因素，但毕竟是在租界内设立的中国司法机构，因各种因素的作用，又存在落后的现象，或者并没有彻底地适用西方比较先进的法律原则。国内大多学者在论及会审公廨的进步之处，基本无一例外地肯定以下三点：一是不滥用刑讯；二是慎用及减轻肉刑；三是允许律师出庭辩护。[④]笔者同意此观点。但又以为这些论述至少不够深入、完整，而且忽略了事物复杂的另一面。因此拟就这几个问题进行较详细的分析。

---

① 《申报》1877年12月22日。

② 《申报》1908年2月11日。

③ 黄式权：《淞南梦影录》卷四，第145页。

④ 参见费成康《中国租界史》，第144—146页；张晋藩主编：《中国司法制度史》，人民法院出版社2004年版，第474—475页。

第一，刑讯与证据问题。刑讯制度是中国古代法制的一个重要组成部分，而且具有一定的积极性与合理性。但毕竟已无法适应近代法律发展的趋势，20世纪初当时的清政府已开始废除刑讯制度之历程。①但在这之前，中国各级衙门仍普遍使用刑讯制度。而会审公廨审判的确已不滥用刑讯，比较重视人证、物证的采信，往往以客观证据作为判决依据。在审判中，若证人未出庭或证据不足，往往案件审理延迟。不仅民事案件的当事人及证人不再有刑讯之虞，即使是刑事案件的被告也很少受到刑讯。尤其是与当时县署的常用刑讯相比。②但这里不可忽略了两个问题：(1)会审公廨受理的案件往往是轻微刑事或民事案件，一般无须动用大刑，因此我们可以在有关县衙审理案件的报道中看到，对盗窃、抢劫，尤其是杀人等恶性案件时，庭讯往往以大刑伺候。(2)会审公廨谳员对于这些轻微刑事案件往往是以枷号杖责了事，尤其是对惯犯及捕房认为“向不安分”之被告常判严惩，并非皆以充分证据为判，而是以“巡捕所称”与“为治安计”判重罚。③对于一些微小案件，也往往以情理推论方式定是非。而且在传唤证人时往往会顾忌其身份，如果是外人则须通过其本国领事传唤。④不过总体上说，比较重视证据，即使是一些轻微刑事案件，若是没有证据，案件也同样被推迟审理。

当然，会审公廨审理案件比较重视证据是一个不争的事实，但相比之下，毕竟还没有达到西方司法制度下所实行的“无罪推定”原则。如在“王蕴章”案件中，律师古柏指出，能证明犯罪的证据不足，如果在大英按察使署，被告可能早已获释，而会审公堂则遵循惯例，根据其案情作为有嫌疑状况，

① 对这一问题的论述可参见王立民：《法律思想与法律制度》，中国政法大学出版社2002年版，第146—157页。

② 在《申报》中有会审公廨及县衙审理案件的记载，一般很少看到会审公廨进行刑讯之记录，但在县署中却相反。如1885年7月1日记载一件案子，上海县邑尊审讯用刑，“饬责脚踝二十下”、“饬令掌颊二十下”、最后喝令“用天平架，始供”。而且在宋莘乐二尹(当时县丞，因公廨案件重负被委派暂时帮助审理，初始审理一些轻微案件，但后来亦与外国陪审官会审)暂时担任公廨审判之责期间，往往有“集讯之下”“刑讯之下”“庭讯之下”等记载，而其他谳员几乎很难看到相似记录。也许从另一角度可以说，当时县衙在审理案件时刑讯应是常事。

③ 这在巡捕解送来的那些影响租界治安秩序的违警案件较为常见，如最为常见的偷窃惯犯，公廨在判罚时常是重惩。甚至在一些罪犯服刑期满后予以拍照，再驱逐出租界，若返回租界则受杖责和放逐之处罚。参见李必樟译编：《上海近代贸易经济发展概况：1854—1898年英国驻上海领事贸易报告汇编》，第768页。

④ 如《申报》1908年2月18日记载了一起案件，一流氓陈阿三在美租界抢取唐朱氏的金耳挖，一西洋人将其押到捕房解至会审公廨受审。当时谳员则以洋人(证人)未到判决押候审理，函请西洋领事饬令见证洋人到案再讯。几天后洋人到堂作证，谳员遂判此犯枷号一个月，期满再押五个月。

只能轻判。[①]虽然当时的会审公廨仍然是实行“疑罪从轻”原则，但相对传统司法制度来说，比较重视证据而不再看重口供，毕竟这也是进步。

第二，慎用及减轻肉刑及存废肉刑之争。这里所说的肉刑是指在判决中所适用的刑罚，[②]根据章程规定，会审公廨有权受理笞杖刑以下刑罚的案件。后来公廨沿用了西方的监禁制度。因此会审公廨慎用或减轻肉刑基本体现在对笞杖及枷号刑的适用及判罚程度上。首先，在一定程度上减少杖责，以一个英国陪审官的报告为例：从 1878 年 4 月 1 日至 1880 年 7 月 31 日的 28 个月，在其参与陪审的 47 个案件中，打 200 板仅一例，杖 100 下有 30 例，8 例杖 80 下，3 例杖 60 下，杖 40、50 下各有 2 例，仅一例打 20 下。[③]其次，在枷号刑罚上，采取变通枷号的办法，如将木枷改成仅重五六斤的轻枷，将示众的地点选在可避日晒雨淋之处，并在白天示众六七小时后即把木枷取下，允许受刑者回家吃饭、睡觉，直到第二天早饭后继续枷号。[④]而 1905 年 10 月，会审公廨废弃鞭打刑责。1906 年会审公廨依照规定，重定惩犯章程，停止杖责，仿照外国刑律处以罚金。规定笞 50 下以下改为罚 5 钱，以上罚 2 两 5 钱，杖 60 下以下者改为罚 5 两，每一等加 2 两 5 钱，以次递加到杖 100 下改为罚 15 两为止。如果无力交纳罚银则折作劳工，应罚 1 两折作 4 日，以次递加到 15 两折作劳工 60 日而止。[⑤]

但笔者认为，判断会审公廨适用肉刑的多少与轻重，并不能仅依据以上的这段资料，因为至少还须考虑以下的因素：第一是考察的范围扩大，不能仅是一小段时间，尤其是具体案件的判罚尺度。适用肉刑的多少及轻重往往与当时的社会秩序以及具体犯罪情节相关，如 1900 年、1905 年处以肉刑的人数就较多，分别达到 2 331 人、1 138 人，这还不包括枷号人数(199 人、

---

① 参见上海市档案馆编：《工部局董事会会议录》第十九册，上海古籍出版社 2001 年版，第 534 页。

② 需注意的是，刑讯与肉刑性质不同，前者是对犯人进行拷打以获取证据，属于审判制度，后者指审判后进行的处罚，属于刑罚范畴。但对会审公廨是否恢复刑讯的讨论交涉中，所指的是恢复笞杖刑问题，其含义等同于肉刑。而且将笞杖视为“肉刑”，是基于两个方面，一是当时文档公文出现，为中外双方就此多方商议之事，二是笞杖刑鞭打身体，给身体造成伤害，尤其是与清末刑罚改革后不再出现笞杖刑相对比。鉴于此，本书是从广义上使用“肉刑”一词，有别于汉文帝以来废除肉刑改革之说的“肉刑”狭义之论。

③ “*British Parliamentary Papers*”(China 2)，Irish University Press，p.489.

④ “*British Parliamentary Papers*”(China 2)，Irish University Press，p.488.领事 Allen 引用陪审官 Gardener 的 1877 年报告，并说会审公廨适用的刑罚完全符合道德，枷号重量在 4—7 斤，一天枷号时间为 6—7 小时，可以回家睡觉，早上八九点吃完早饭再回来执行刑罚，避免日晒雨淋。

⑤ 史梅定主编：《上海租界志》，上海社会科学院出版社 2001 年版，第 281 页。

230人)、监禁附加鞭责枷号的人数(1 280人、1 173人)。[①]而对于惯犯的处罚,一些外国陪审官则会力主重罚。第二,要与县城同时期的案件处罚尺度比较,如此更客观地看待问题。虽然此方面资料缺乏,但可以从某个角度试作分析。即对派往公廨的上海县署官员审判的考察,这些官员在公廨审理案件与在原先县衙审理必会相同,尤其是在独审案件中。第三,还须注意的一个问题即是在会审公廨开始改革杖责时,中国政府也已开始刑罚制度的变革,而公廨对肉刑存废的反复也可印证某些问题。

肉刑无论是在近代中国的存废还是在会审公廨这一"新衙门"的恢复,都曾一度是中国人和外国人加以关注的问题。肉刑的废除是近代清末司法改革的一个重要问题。而对于公廨肉刑的存废,也一直是个有争议的问题。在公廨比较重视证据,并不常用刑讯,但在刑罚中依然存在杖责等肉刑。虽然外国人认为对于刑事犯人来说公廨是中国唯一的被温和对待的地方。但主张恢复肉刑的也是外国人。虽然工部局和领事团对这个问题不断地进行讨论,经历长时期的曲折,但最终未在会审公廨得以恢复。

1905年会审公廨废除肉刑,但以工部局为代表的外国人主张恢复肉刑。[②]在外国人看来,租界内犯罪案件日增,不仅包括暴力犯罪,还有街上日益增多的游民和乞丐,不仅使租界内秩序受破坏,而且造成工部局监狱和各捕房的拥挤状况。何况上海县辖区地方官员从未废弃这些刑罚。工部局认为对于目前事态的唯一明显解决办法是重新采纳笞杖这一种刑罚制度。[③]而恢复这些有益的刑罚形式,则可以减少刑事案件的发生及缓和监狱内拥挤状况,最终维护租界内的治安秩序。当然这并非仅是外国人的主张,1907年5月底,关炯就曾要求恢复笞刑,以利租界治安。[④]

① 这是在1865—1910年间,处罚肉刑人数最多的两年,具体数据可参见 A. M. Kotenev, *Shanghai: Its Mixed Court and Council*, Shanghai: North-China Daily News & Herald, Limited, 1925. "Table Ⅰ", p.312。

② 从工部局董事会会议记录上来看,至少是在1907年4月就开始讨论这一问题,4月10日董事会提交了捕房报告的最近发生的一起案件,是关于一名来自县城的罪犯被逮捕,当时他被押送经过租界到极司尔(路名)进行正式判刑并带上枷锁,董事们决定乘机提请领事团注意,认为重新将枷锁及笞刑引入会审公廨的刑事程序是可取的。参见上海市档案馆编:《工部局董事会会议录》第十六册,上海古籍出版社2001年版,第690页。

③ 上海市档案馆编:《工部局董事会会议录》第十六册,上海古籍出版社2001年版,第690、723页。

④ 1907年5月底,会审公廨谳员关炯致书端方,要求恢复笞刑,认为上海租界以前居民视为安乐窝,"今则盗贼以为逋逃薮",主张"非复刑不足以示惩戒而保治安"。旋端方呈文清法部,要求复用笞刑。参见汤志钧主编:《近代上海大事记》,上海辞书出版社1989年版,第632页。

无论是什么动议，对于工部局来说，租界内的治安及秩序是其首先考虑之事，而肉刑被认为惩罚犯罪最终减少犯罪的有效措施，因此恢复肉刑在公廨的施行也就无以为怪了。1908年继续讨论此问题，但是对于是否恢复肉刑问题领事团内意见并非一致。1914年1月24日召开特别会议，其中对是否恢复肉刑进行讨论，董事们一致同意要进一步下决心做到在会审公廨上恢复使用笞刑。①而在会审公廨内，一些陪审官已实际上适用了肉刑，虽然有的国家领事对此反对，有的国家领事则认为赞成肉刑恢复的前提是了解笞刑是否已在华界内实行。②在肉刑恢复与否的问题上，即使个别陪审官在公廨恢复适用肉刑，工部局董事们也极力促成，但遭领事团的反对，肉刑的恢复已不可能。③

中国传统刑罚的残酷性，笞杖刑等肉刑的适用以及刑讯制度等在近代遭到了外国人的鄙视，甚至成为外国人在中国建立领事裁判权的“理由”。④但从外国人极力主张肉刑在会审公廨中的恢复，却不禁对会审公廨存在的意义、作用发生疑问，尤其无论是当时外国人抑或现代人眼中的会审公廨代表了两种法律文化的或冲突或交融。会审公廨固然在许多方面体现了两种文化，包括法律文化，但因各种原因的作用，双方的冲突并不必然体现在双方的法律观念、法律精神的不同，而受到当时租界秩序需求、外国人在华利益追求之制约。

第三，允许律师出庭与反对律师完全适用西方法律规则。这也是一个值得思索的问题。据记载，1866年洋泾浜北首理事衙门开庭审理时，外籍律师首次出现在公堂出庭辩护。⑤19世纪70年代，会审公廨在审理

① 上海市档案馆编：《工部局董事会会议录》第十九册，上海古籍出版社2001年版，第523页。

② 1915年1月6日董事会会议上，宣读了《大陆报》的摘要，其中报道了司法部规定从1月1日起，肉刑将在华界城内实施。各国领事对此进行讨论，上海市档案馆编：《工部局董事会会议录》第十九册，上海古籍出版社2001年版，第577页。

③ 1922年5月24日工部局董事会会议，董事们对领事团在任何情况下都不准备考虑重新恢复肉刑表示遗憾。见上海市档案馆编：《工部局董事会会议录》第二十二册，上海古籍出版社2001年版，第565页。

④ 参见王立民：《“化外人相犯”与领事裁判权》，《法学家茶座》第7辑，山东人民出版社2005年版，第133页。因此清末及后来的中国法学家们大多认为，造成列强在中国享有领事裁判权的原因，在于清朝法律不良，包括刑罚残酷、司法行政不分、刑讯惨无人道等。而沈家本主持清末修律，首先也是对刑律进行修订。参见李贵连：《近代中国法制与法学》，北京大学出版社2002年版，第38—43页。

⑤ See A. M. Kotenev, *Shanghai: Its Mixed Court and Council*, Shanghai: North-China Daily News & Herald, Limited, 1925, p.202.认为外籍律师与外国陪审官一样在公廨里经历了成功与失败，最终获得了其权力。

华洋混合案件时，已明确允许原被告双方延请律师出庭。①律师的进入法庭，能够防止审判的偏颇，约束法官的独断专横，增加裁判的公正性，从而保护当事人的合法权益。因此会审公廨允许延请律师出庭，自有其积极意义，不仅能在一定程度上约束法官专横保护当事人利益，而且也对中国司法的近代化起了一定的推动作用。②而且律师以与中国传统的"讼师"一种不同的社会价值评价出现，日益为国人认识。③不过这些评价往往是从律师这一制度设置本身所具有的积极意义着笔，似乎缺少了一些对会审公廨出庭律师的考察，而且既然肯定律师出庭辩护之积极意义，那么又如何看待外籍律师在会审公廨的执业？毕竟很长时间内都是由外籍律师在会审公廨出庭为当事人辩护。中国律师直到 1911 年才被允许在会审公廨出庭。而且时人对外籍律师评价并不高，甚至认为凌驾于裁判官之上。④

早期会审公廨的庭审，外籍律师的出庭并非常见，他们被允许在华洋混合案件中代表外国人或华人出庭，包括民刑事案件。但是他们一般在侵权损害案件中被允许出庭，而且会审公廨有权决定其能否出庭。他们不仅为谳员所怀疑，而且也因替华人辩护常被陪审官和领事所轻视。⑤他们在法庭辩护或代理时往往为当事人利益考虑而提出了一些西方法律原则，如证人第一次出现在名单上，能否传唤作证问题，被告是否应该自证其罪问题等，

① 认为官方正式认可外籍律师出庭辩护或代理权是 1879 年 9 月 2 日的一起鸦片行被诉同谋抵制外国贸易的案件中确立的，具体参见 A. M. Kotenev, *Shanghai: Its Mixed Court and Council*, p.204。不过在这之前已有双方当事人均延请外籍律师之例，如 1876 年"C. H. Hutchings Chou Teen Kwei"（因购买马驹而引起的纠纷）案件，见 *North-China Herald*, December 1, 1876, pp.549—550。

② 费成康：《中国租界史》，上海社会科学院出版社 1991 年版，第 146—147 页；徐家力：《领事裁判权与清末律师制度的产生》，《河北法学》1997 年第 3 期，第 45—46 页。

③ 当然对两者的不同制度设置及其背后隐含的法律理念的认识并非一日之功，也不可能是律师在会审公廨的出现完全之功，它是随西方法律制度及思想的引进等开始为国人认识。

④ 外籍律师不仅出庭于会审公廨，还可出庭于领事法庭，他们在经济、政治上与领事都有密切联系。其中以英美律师占优势。时人评论道："该两国律师在公堂之势力，也颇有惊人之慨。盖在英美律师出庭时得直接询问当事人。中国会审官在外人势力支配下，也时受外国律师蒙蔽及愚弄。外国会审领事也以国籍关系，并其法律知识薄弱之故，也多采纳外国律师意见。职是之故，外国律师之于法庭，直有左右裁判官之优势势力，几驾裁判官而上之。此种特殊情况，实开世界未有之恶例。而毫无凭藉之华人，无力委任外国律师者，其所受之痛苦更深矣。"见《法律评论》1924 年第 53 期。转引自王申：《中国近代律师制度与律师》，上海社会科学院出版社 1994 年版，第 127—128 页。

⑤ See A. M. Kotenev, *Shanghai: Its Mixed Court and Council*, Shanghai: North-China Daily News & Herald, Limited, 1925, p.203.

却常因陪审官的反对，或谳员的无法理解而告无效。①但律师在会审公廨的重要性很快为陪审官及谳员所意识到，甚至在中国当局走得更远。一些道台邀请外籍律师作为他们的法律顾问，甚至一起审判案件。在1905—1924年间，有几个外籍律师在会审公廨担任了会审官职责。②1914年5月14日设立会审公廨出庭的律师须在公廨检察处登记的制度，在第一批登记的名册中，有三个中国人律师（皆在英国获得律师资格后返回上海）。1916年共122名律师登记在册，其中58名中国人，占47.5%。而且已逐渐改变了以前对律师猜疑或轻视的状况，双方有律师代理的案件与无律师代理的案件比例达到四比一。1917年会审公廨已开始规定在被告可能判处死刑的案件中，登记在册的律师应该为其辩护。③不过律师的能否出庭以及其辩护或代理活动仍受公廨控制。④

可见，外籍律师的出现，从宏观上说，提供了一个现成的西方律师制度模式，加速我国近代县级司法审判方式的改革，为近代中国培养了第一代律师。⑤具体而言，律师在会审公廨的出庭，不仅在案件中维护了当事人的利益，而且至少对当时司法制度提供了两方面的贡献：一是改变了传统的那种只审不辩的诉讼审判方式，原被告双方均被允许延请律师辩护或代理，可以互相质问，在一定程度上保证程序的公正性，维护当事人利益。二是外籍律师在出庭辩护或代理时，往往采纳西方法律原则，这也为会审公廨的审判注入一些西方的法律观念。

当然，对律师在会审公廨出庭的评价亦不可过高，其理由是：一是因为各自利益及观念等所限，律师往往为陪审官或谳员所控制。会审公廨陪审官常是领事所担任，所代表的是其各自侨民的利益，而律师的职责是对所代理的诉讼当事人负责，尤其是一些律师代理华人的案件中，这往往为陪审官所不容。如在上述曾提及的一案件中，律师为华人被告辩护，提出根据英国法律规定，被告无须自证其罪，但遭陪审官反对，其理由是在中国法律清楚

① See "Charge of Conspiring to Defraud the Gas Company", *North-China Herald*, March 22, 1877, pp.305—306; "Conspiring to Defraud by Giving False Evidence", *North-China Herald* July 21, 1877, pp.63—64.

② See A. M. Kotenev, *Shanghai: Its Mixed Court and Council*, Shanghai: North-China Daily News & Herald, Limited, 1925, pp.204—205.

③ See A.M.Kotenev, *Shanghai: Its Mixed Court and Council*, p.206.

④ See A.M.Kotenev, *Shanghai: Its Mixed Court and Council*, pp.208—209.

⑤ 王申:《中国近代律师制度与律师》，上海社会科学院出版社1994年版，第135—136页。

的情况下，不适用英国法律。[①]而且陪审官之间的关系决定了律师能否出庭。[②]二是律师本身的素质。因为律师来自各国，且没有一部法律去规范执业律师的职业行为，以及对其违法行为的惩罚等。而且外籍律师在中国法庭的执业是对所在国主权的一大侵害。

在考察以上的几点后，笔者认为会审公廨在一定程度上吸收了西方法律的一些进步因子，使得会审公廨体现出一种“新气象”，而且作为裁判是非、解决纠纷机构，亦是对当时租界社会变化的一种反应。但从根本上说，这并没有使会审公廨无论是在机构建制、诉讼程序还是审判活动、司法理念方面，成为具备现代性质的法院。

三、秩序与利益先行

会审公廨是一个集合中西因素的混合法院，又因时势及各种力量的作用，因此它在一定时期内不可逆转地成为中外矛盾冲突的集结地，但事物的复杂在于其多面性，会审公廨在其运作中还体现了双方的妥协与合作，这亦是当时形势发展的作用以及会审公廨的司法性质所决定。而且需要提出的是，中外双方的冲突及妥协不仅仅体现在主权之争或者是管辖问题，还在于中外法律体系的差异，这更增加了对会审公廨予以客观评价的复杂性。

会审公廨审判反映了中西两种不同法制的冲突与妥协，这两者相反相依。中国传统法制体系是适应当时自给自主的经济社会，民商事法律很不发达；西方法律体系本是发源于罗马法，重视民商法律传统。近代中国在殖民主义冲击之下，也发展起近代商品经济，但法律没有相应并及时地跟上形势之发展。在会审公廨设立之初，英国驻沪领事麦华陀就担心“现有的中国法规大体上是不适用和不完全的”，到 19 世纪 70 年代，外国人更是认为会审公廨在审理华洋民事案件时，“很难劝使中国官方摆脱其对本国人民的天然偏心而在公平和常识的基础上作出裁决”，以至长期拖延无法结案。[③]1890

① “Conspiring to Defraud by Giving False Evidence”, *North-China Herald*, July 21, 1877, pp.63—64.

② 1918 年一意大利陪审官禁止一日籍律师出庭，日本陪审官则针锋相对，在其担任陪审官期间禁止所有意大利籍律师在公廨出庭。参见 See A.M.Kotenev, *Shanghai: Its Mixed Court and Council*, Shanghai: North-China Daily News & Herald, Limited, 1925, p.209。

③ 罗苏文：《上海传奇——文明嬗变的侧影(1553—1949)》，上海人民出版社 2004 年版，第 124—125 页。对于是否无偏见公正地审判，并非仅是外国人对中国官员的指责，而在中国人眼中，会审公廨由于外国陪审官的参与甚至是干预审判，才导致了审判的不公。而这两者对对方的指责同样也并非完全是建立在偏见或歧视上。

年3月有人在《申报》发表文章比较中西法制时说："今观于外国刑司讯案，无论事之大小，情之轻重，必延状师逐层辩驳，遍传见证，随时质对……故未定罪之先，既无滥刑，已定罪之后，亦无酷刑。"这比我国传统法制的"未定罪之先，飞索以塌，锐意刑求"要进步得多。①

会审公廨作为首个由中外审判官会审的司法机构，或多或少引进了西方法律的内容，如前所言，在法律程序方面取得进步。不过在案件审理中，一些代表西方法治精神的原则却未能得到体现，或者说未能予以普遍适用。原因大致有以下几个方面：

首先，会审公廨是中国为管辖租界内华人设立在租界内的司法衙门，这在许多时候都是不可忘记的，虽然外国人逐渐地控制了这一机构，甚至在1911年辛亥革命之后的"完全控制"，但也不可改变这样一个事实，即外国人从未想把会审公廨改造成遵循西方法治精神的现代法院，他们努力地控制会审公廨，其目的在于维护其自身利益。

其次，外国陪审官所处的地位及自身法律素养恐怕决定其并不具备担当引进西方法律的角色与能力。而且与一些学者所认为的外国陪审官尽力把西方的法治引进中国相反的是，陪审官在审理中并没有指导中国官员应用西方法律精神或原则，认为这只是浪费时间而已，中国官员只要知道案情与证据即可。如在一起案件审理中，谳员想知道被告的同谋是谁，原告代理律师回答其中之一是叫Belhin的人，并要求传提该人质询，但遭被告辩护人反对，理由为Belhin是第一次出现在证人名单上，不符合程序规则。而陪审官同意后者意见，认为谳员只需知道案件事实以及支撑事实的足够证据就可以了，无需了解法律技术(legal technicalities)，谳员对法律技术是一无所知的。②陪审官在审判中并不以西方法治观念、精神指导谳员，即使是具体法律技术对于中国官员来说也是难以理解的，更遑论其制度背后所代表的法治原则。

最后，还有一个很重要的因素，即西方法律体系中的法律规则不是一朝一夕形成的，它不可能在短期内由法院里的几个法官完成，未考虑公廨谳员的自身法律训练与素养如何。这是一个系统工程，作为一个基层司法机构是无法承担起这一重担的。

---

① 《申报》1890年3月。

② "The Mixed Court", *North China Herald*, March 22, 1877, pp.305—306.在此案中，作为辩护人的律师以西方法律体系中所建立的法律规则进行抗辩，但遭到陪审官的反对，认为在公廨审理中应避免复杂的法律技术。

在以上多种因素的作用下，会审公廨审判优先追求的是租界内的利益与秩序，而不是法律的公正，虽然某些时候这两者并不冲突。这体现在以下两个方面：第一，对于偷窃、抢劫等惯犯的处罚，往往采取的是重罚，即使没有充分证据证明，只是巡捕的证言或多次被捕。如《申报》记载一件案子："陈炳辉诉前日女儿在路间行，被贼抢去金耳环，追赶未获。今女儿指认窃贼王长友，向索不还。报捕送案，王坚不认，捕头禀称王向不安分，罗太守判责二百板。"①在这起案件中，根据巡捕禀称被告系不安分之人即予以判罚。类似作出判决之案例并不在少数。第二，效率优先，判决迅速，尤其是对轻微刑事案件与一些违警案件，动辄杖责一顿，而这往往优先考虑的不是处罚尺度与公平问题，因此才可能造成偷窃一元与偷窃百元处罚一样，且可以在短时间内审完多起案件。

正是在以上的考察中，我们可以看到，会审公廨既有进步的一面，如时人所咏的会审公堂："会审纷纭有异同，从来治事贵和衷。主持公道无私见，都在堂皇一讯中。"②会审公廨的审判并非完全是"领事皆偏袒己邦，是非曲直所不问也"。当然在审理华洋案件中，外国领事颠倒黑白，袒护其本国人利益，亦非污蔑之言。认为"租界的中国人民，因为这个会审公廨的存在，而被凌辱、被镇压。多少人因此蒙受不白之冤，多少人受难于侵略者监禁和刑罚的折磨，甚至死于非命……"③更不是少数人的共识。

任何事物皆有其两面性，会审公廨在租界内存在了六十多年，审判了大量案件，维护了租界内治安秩序，即使审理轰动一时的"《苏报》案"，会审公廨所担当的角色也不能予以"清政府勾结帝国主义镇压革命者"的简单断论。会审公廨的建立是晚清政府的耻辱，是国人的耻辱，但也为中国的参审官员与当事人提供了一个衡量中西法律优劣的窗口。④外国某些先进的法律制度为清朝官员所认识，并在清朝局部地区的司法实践所采纳。⑤会审公廨对一些恶习整改反而滞后，被有关人士指责其不合情理。1905 年伍廷芳、沈家本奏议请旨修改刑律各条，禁止刑讯，清廷降旨依议，只是各省州县阳奉阴违、视之为具文的不在少数，修律大臣更是指出："即以上海会审公堂

---

① 《申报》1885 年 10 月 1 日。

② 《申江杂咏百首》，葛元煦：《沪游杂记》(上海滩与上海人丛书)卷三，上海古籍出版社 1989 年版，第 53—54 页。

③ 见郑祖安：《五卅运动和上海租界统治的动摇》，《史林》1986 年第 1 期。

④ 张德美：《探索与抉择——晚清法律移植研究》，清华大学出版社 2003 年版，第 268 页。

⑤ 张德美：《探索与抉择——晚清法律移植研究》，清华大学出版社 2003 年版，第 268—269 页。

时闻有刑求杖责之事，人言啧啧，必非无因。查上海自开辟以来，华洋杂处，风气开通，同治年间设立会审公堂，专理租界内词讼。凡会审之员于中外法律理应谙熟。此次议废身体之刑，含中外相通，尤应切实推行以一致令。该公堂何以仍蹈从前严刑……上海为各埠之首，竟至首先梗阻，殊出情理之外。”①而这亦反证会审公廨在人们眼中应有的司法水平。

① 《修订法律大臣奏轻罪禁用刑讯、笞杖改为罚金申明新章折》，载《大清法规大全》，转引自张德美：《探索与抉择——晚清法律移植研究》，清华大学出版社2003年版，第269页。

第五章　会审公廨案件类型与个案分析

会审公廨本因租界内华人的管辖权而成立，其影响及于租界内，另外因管辖权限等与法租界及上海县发生关系。但会审公廨给当时社会带来的冲击或影响并不限于租界，其审理一起原本普通诉讼案件也可能会引起一场社会运动，甚至波及全国。后人对会审公廨的深刻印象也莫鉴于此。但会审公廨作为一个租界内基层司法机构，其审理案件多达几百万件，涉及各类诉讼纠纷，重则人命案，轻则家庭口角纠纷，本节主要对会审公廨受理的案件类别予以划分，并以典型案例、个案视角对会审公廨司法审判以及与当时社会关系等予以宏观及微观之考察，以期能对会审公廨司法审判更全面的鸟瞰及深度探究。

第一节　受理案件的类型及量化分析

会审公廨受理案件之多，审判官每日承担审理案件的重负自是意料之中。不过在这些案件中，有很大部分是关于租界治安的轻微刑事案件以及涉及邻里纠纷的民事案件，对这些案件的处理恐怕只须花费很短的时间。[①]即便这样，也不可否认会审公廨审判官每天的重负。以下仅对会审公廨受理的案件种类等略作分析。

按一般诉讼类别来划分，会审公廨受理的案件可分为刑事、违警案件及民事案件。

在这三大类案件中，前两类案件一直是会审公廨受理的主要任务，尤其是违警案件占据了很大的比例。如根据会审公廨 1889—1891 年审理的刑

① 无论是从《北华捷报》还是《申报》所记载的案情来看，均可证明此点。也正因为如此，可知会审公廨受理案件之量巨大。

事和违警案件统计，1889 年总计 5 117 件，1890 年 5 999 件，1891 年 5 600 件。这些数字包括了大量应归入扰乱行为之类的案件，如燃放爆竹、妨碍交通及违反工部局规章的轻微犯法行为等外，若除去这类违法行为，可视为犯罪的案件数是：1889 年 3 672 件，1890 年 3 531 件，1891 年 3 415 件。①刑事案件平均每天分别为 10 件、9.7 件、9.4 件；违警案件平均每天分别为 4.0 件、6.8 件、6.0 件。②两者相比较，会审公廨受理诸如妨碍交通及违反工部局规章的轻微违法行为的案件量不是一个小数目，三年分别占总刑事违警案的 28%、41%、39%。1889 年 5 月 28 日的工部局董事会会议上曾提及："每天都有因在街上给马上马具的车夫（妨碍交通）被带到会审公堂，通常由谳员判处罚金一元。"③1921 年因为交通违章案件日增，于 3 月 10 日起设立专庭审理此类案件，每周四开庭审讯。④当然，此类案件数量虽不在少数，但审理判决比较快速。

除了这些违反租界内管理条例的琐案外，在租界内比较普遍的案件是有关偷盗、赌博、口角斗殴之类的。治安在租界内是比较重要也得到重视的问题。首先此类影响租界治安的案件发生十分频繁，所占比例较大。笔者曾作了一个简单统计，以 *North China Herald*（《北华捷报》）所记载的 1876 年 7—12 月案件为例，总共记载了 54 起案件，其中偷盗案件有 15 起，占 28%；抢劫（包括一起在苏州河上的抢夺案）11 起，占 20%；斗殴或轻微伤害有 6 起，占 11%；违反交通规章（包括运载货物时违反须在车行道上的规定，而是行走在人行道上；手推车在街上制造刺耳的噪音等）有 6 起，占 11%；引起骚乱，以妨碍治安的有 4 起（包括 2 起企图自杀案），占 7%；携带假币案有 2 起；欺诈 1 起；贪污（指为外国商行内办事或替外国商行的买办办事的中国人）有 2 起；买卖纠纷 1 起；损害他人财物 1 起；违反工部局规定，占有过量的石油案 1 起。⑤当然，若仅以一家外国报纸刊登的六个月内会审公廨受理的案件统计为例，存在着片面性。但结合其

---

① 李必樟编译：《上海近代贸易经济发展概况：1854—1898 年英国驻上海领事贸易报告汇编》，上海社会科学院出版社 1993 年版，第 768 页。

② 李必樟编译：《上海近代贸易经济发展概况：1854—1898 年英国驻上海领事馆贸易报告汇编》，上海社会科学院出版社 1993 年版，第 768 页。与其他时期的案件比例相比，这应是租界社会相对比较稳定期，当然这除了与租界内司法机构与工部局的执行有力外，还与当时的中国整个社会局势密切相关。

③ 上海市档案馆编：《工部局董事会会议录》第九册，上海古籍出版社 2001 年版，第 722 页。

④ 任建树主编：《现代上海大事记》，上海辞书出版社 1996 年版，第 85 页。

⑤ North China Herald，1876 年 7—12 月。

他材料，偷盗、赌博、斗殴等案件在租界内占较大比重应该无疑。如《申报》中多次讨论偷盗扒窃的频仍发生，主张谳员与陪审官在判决时倾向于重罚。①

1911年之后，随着租界内人口剧增，加之社会更为复杂化，局势的变动等原因，刑事案件也逐年上升。1911年1—11月，公廨共审理了15 513起案件，包括一般的民刑事案件。②1911—1925年总收刑事案件(包括违警案件在内)821 113起，平均每年约58 500起；而以1922年、1924年达到高峰，分别为93 136起和91 696起，其中判决执行者分别为92 036起和90 331起。最少的一年即1919年，也有38 307起。③刑事以窃盗案为最多，诈财伤害案次之，杀人强盗案又次之；民事以债务案为最多，地产房屋案次之。刑事案除案情复杂者得酌量延长外，至多不得过五日，民事案自起诉至终结，除案情复杂者外，不得过五十日；故积案甚少。④

1911—1925年民事案件计总数收22 500起，每年平均约收1 700起。⑤其中1915年涉及中国人的民事案件有1 592件，1926年增长到2 848件；1913年涉及外国人的民事案件有86件，1926年增长到626件。⑥受理的民事案件基本呈上升态势。而且以某个时期的案件统计来看，某一类民事案件超过了偷盗、抢劫等被视为最常见的刑事案。如一学者就对《申报》1914年1—12月的案件进行统计(参见表5.1.1)，结论是中国人对债务提起的诉讼要比偷窃和抢劫多。⑦

---

① 《申报》1872年8月22日；8月24日。

② William Crane Johnstone, Jr, The Shanghai Problem, Stanford University Press 1937, p.150.

③ A.M. Kotenev, Shanghai: Its Mixed Court and Council, Shanghai: North-China Daily News & Herald, Limited, 1925, "Table Ⅱ", p.313.

④ 上海市档案馆藏，卷宗号Q179-4-8。

⑤ 上海市档案馆藏，卷宗号Q179-4-8。

⑥ 混合民事案件有606起，See William Crane Johnstone, Jr, *The Shanghai Problem*, Stanford University Press 1937, p.153。这些案件数据根据郭泰纳夫法统计来看，应是已审理并作出判决数。如1924年提交了1 040起华洋民事案件，其中只有655起已审理并作出判决。参见郭泰纳夫：《上海会审公堂与工部局》，上海书店出版社2016年版，第360页。

⑦ See Tahirih V.Lee, *Risky Business: Courts, Culture and the Marketplace*, University of Miami Law Review, May, 1993. p.1410.依据此统计，1—6月债务案件的比例是21.8%，7—12月比例是17.6%，而偷窃案件分别是13.2%和15.6%；抢劫案件的比例分别是4.8%和6.2%。不过换一角度来看，民事纠纷占了24.8%、21.1%；而刑事案件则达到42.9%、45.1%，这不包括其他案件。可见在当时占较多比例的案件仍是刑事及违反治安方面的案件。

表 5.1.1　《申报》1914 年 1—12 月的案件统计

案　　由	(1914 年 1—6 月)比例(%)	(1914 年 7—12 月)比例(%)
债务 Debt	21.8	17.6
契约 Written Contract	2.8	2.4
田产 Land	1.0	1.1
偷窃 Theft	13.2	15.6
绑架 Kidnapping	8.7	6.2
欺诈 Fraud	6.5	8.5
抢劫 Robbery	4.8	6.2
赌博 Gambling	3.6	1.5
卖淫 Prostitution	2.7	2.4
殴打 Battery	3.4	4.7
其他 Other	31.5	33.8

因数据在一定程度能够提供对法庭受理案件的规模、法庭审理的效率，以及当时的社会治安、犯罪类型、经济生活、民众观念等观察的视角，但量化观察有其局限性，因此下节拟从案件类型及具体案件的分析来观察会审公廨这一司法机构的审判运作情况。

如上所述，会审公廨审理的案件非常繁杂、数量庞大，加之保存下来的案件卷宗也并非齐全，如想对所有案件进行实证分析实非可能，因此选取几类较具典型性的案件予以归类和分析，似为可行。以笔者之见，可分为以下几种：一是违警治安案件，这类案件应该说占据了较大比例，主要涉及租界治安秩序，以巡捕房控诉案件为主。二是民商事纠纷案件，此类案件不仅是占较大比重，主要涉及借贷、合同履行等民商业交易纠纷。还主要是因为传统社会民商事法律较为缺乏而使得这类案件的审理更具特点。三是有关新闻、言论自由等政治案件，此类主要指租界内新闻报纸机构涉及政治或敏感话题，引发政府或租界内“寡头政府”政治风波的案件，也是能引起重大社会舆论的案件，尤其是涉及会审公廨存在及发展的合理合法性问题。四是重大人命案件，此类主要涉及会审公廨本身司法审判权限问题而引发中外双方争执，甚至是政治风潮的导火线等。下文即以此四类案件为例，对会审公廨受理案件及其裁判等予以实证性分析。

第二节 类型案件的实证性分析

以上所述四类案件在可分析视角方面,各有侧重点和着眼点,因此本节主要就各类型案件一定数量的分析基础上,针对其所体现的法律问题进行相关探讨。

一、公堂琐案及其评析

《申报》曾设专门报道版块,名之"公堂琐案",即指会审公廨里审理各类违背租界土地章程、工部局规章、关涉租界治安等的案件。这类案件在会审公廨里应占据较多比例,其原因自是该机构自身性质所致,即管辖租界内占绝大多数人口的华人牵涉的案件,肩负租界秩序管理的责任,因此涉及租界治安的案件大多也就在会审公廨处理。而且,按会审公廨章程来说,其管辖权在笞杖以下之罪名,1905年续订章程规定的管辖权也是在五年以下徒刑案件。当然,溢出管辖权,判罚五年以上的案件绝非个案。但会审公廨审理的刑事案件大多数仍属"琐案"。

(一) 有关案件

依照章程规定,会审公廨受理的是租界内笞杖刑以下案件,即使管辖权扩张后亦是五年有期徒刑之下。因此类案件非常之繁多,仅以某个时段的记录案件为例说明。如1872年4—6月《申报》刊登的案件,中方谳员皆为陈福勋,兹列表5.2.1如下。

表5.2.1 公堂琐案

序号	案名	事由	判决	备注
1	花烟涉讼	某男因妻入烟花之地,不愿回家,上门大闹,给老鸨唤巡捕送公堂治罪。	厉声呵斥。	
2	火枪伤人案	一广东人火枪击伤一外国人案。	初判四十八大板,枷号一个月。	因被告愿罚钱,陪审官反对杖、枷号,后两人商议,暂时被告出钱垫付药费,之后再判。
3	斗殴	因两人赌钱、口角,继而相斗,不小心拳击中一西人。	本判笞责,但因西人"意甚和平",帮被告说话,当堂免用刑。	

续表

序号	案　名	事　　由	判　　决	备　注
4	殴打	原告是一柴行帮工，被殴伤。	重责二百板。	
5	偷窃	一怡和洋行员工，遣往英公馆借用红酒一瓶，却乘机图窃一事。	断责六十杖，驱除出境。	
6	失窃	一人至烟馆住宿，不见衣服，将烟妓扭送巡捕。	原被告一并申饬。	陈认为生意人不应宿娼，失窃是咎由自取。
7	殴打	一宁波人持一铜洋到茶馆抵押，双方发生争执，打伤店伙计。	罚洋三元，枷号于该茶馆门口示众。	
8	偷窃	一人偷窃火轮船上两块踏板。	枷号于虹口，并将两块踏板悬示枷肩，等失主认领。	
9	盗窃并亏空银两外逃案	英商泰兴洋行控其一俞姓买办典卖其财物并亏空银两逃亡。会审判其还银5 600余两。但变卖衣物及筹措银两也不足600两。至今已有两年，而欠款甚巨。诉至公廨。	杖责四十，管押三个月。所欠5 000两概行莫追。	陈与英国领事商议判决。陈认为这是采用中外律例，同时免除羁押人犯以清理积案的妥善办法。
10	妓院滋事	妓院滋事诉至公廨。	认为不必微故肇讼，公堂不是妓院的护身符。	
11	工部局定章禁止噪音	工部局定章，禁止洋泾浜设摊及肩挑之人吗啰喊卖声，夏日扰人清梦。	不予置议。	颇得旁观者称颂。
12	妻与他人租房成家	一苏州农民诉其妻来上海帮工，与他人租房成家，不愿回去。夫追令其回籍不从起争执，妻遂食烟土自尽，幸被救回。	自行带领回籍，无需判责。	
13	妓女从良	一妓女不愿为妓，志切从良，诉至公廨。	判其稍偿身价，准予从良。	
14	争执	一日本人与华人发生争执，诉至公廨。	双方均罚银。	日翻译官担任陪审官，与陈一起会审。

就这些琐案的受理和审判，虽然琐碎，往往因微故而引起诉讼，但还是可以看出一些共性问题。

（二）评析

因案件是登载报纸，记录琐碎不够完整，涉及斗殴、盗窃、抢夺、交通事故（主要涉及马车对行人的碰撞致伤）、烟花之地涉讼、讹诈、贩卖私盐、赌博等轻微刑事诉讼及民事纠纷，若是涉及人命案，一般均要求移送县衙审理。如一老妇诉其女婿逼死其女，因此案涉及人命案，“移至邑，俟侯定谳”。而一般谳员也是比较遵守这一章程规定，只是在涉及外国人为被告的案件中，才会发生较为激烈的冲突或矛盾，但在公廨早期，双方冲突并不足以造成舆论喧哗之事件，往往在不满、质疑、妥协、协商之后达成一致意见。

如一起“粤人火枪击伤外国人”案件，谳员最初做出“四十八大板，枷号一个月”，被告表示愿按英例罚钱（以此推断，原告应是英国人），但同知反对，认为被告是中国人，“我不罚你，定要打了枷着，儆众尔才晓得咧”。领事则认为“管押”比较好。同知认为“管押是英国例”，“我是不押，要押你可带了去”。随后两人商议片刻，即令被告先拿洋银二百两让原告先去就医，之后再判。①

谳员在审判时“行教化之责”：在一起“麦格司骑马致伤华妇刘张氏”案，判罚该洋人罚洋四十元，再由会审公廨罚款内提取二十元，共六十元给予原告养伤，谳员陈“另行回县酌赏以示体恤”。②

案件审理之后的刑罚多样，不限于律例中所列，主要包括：重责，有杖责、针对女子的掌责，轻者二十、重者二百大板；枷号，一个月不等，往往在案件发生地枷号示众，以资后来者戒，甚至会把赃物放在枷号旁，以便失主认领；管押；驱逐出界；遣送回籍；罚款（公廨充公）等。

另外，租界巡捕的职责以维护租界治安为上，在这些案件中，除个人告诉外，基本是巡捕送至公堂审理，无论是个人斗讼、夫妻争吵，还是巡捕巡逻发现案情。而且，从案件中也能一窥上海社会伦理风俗的变化，如租界内的城市经济生活吸引租界外华人入内做工，也吸引周边农村的妇女来租界帮工，甚至租界的灯火酒绿、交往人群的复杂和便利等，使出来做工的妇女不肯再回到贫穷的家乡和乡下丈夫身边，而与人租房同居，引发夫妻不合、家庭不睦，而且在公廨受理案件中，这不是个案，从某种角度也可以反映出社

---

① 《申报》1872年4月7日。

② 该句似乎是指陈福勋回上海县署衙，另赠银两给原告以示体恤。

会伦理风俗的变化。

此类案件在会审公廨里占据较高比例，其缘由多样，租界规章制度的繁琐和细致化，对原本无大多规则意识的华人来说，动辄触及禁令似乎是常事。租界内人员构成复杂，多国管辖，既是“赚钱的天堂”也是“罪恶的渊薮”，小民在租界内生存不易，也会造成犯案频仍。工部局巡捕房督察长在1871年年度报告上说：“因盗窃而被捕的人数仍在增长。大多数盗案属于小偷小摸性质，由职业窃贼所为。有个人在一年之内就被定罪四十一次。”①

二、民商事纠纷案件

因传统中国是一个农业国家，治国方略更侧重于重农抑商，法律体系中民商事立法缺乏，纠纷的解决更侧重调解、私立救济。而近代中国国门的打开，条约口岸的开放，吸引无数外商跨洋来华寻找发财的机遇，租界的开辟，更是促使商业的发展和外侨的入住。据资料统计，1855年的上海，洋人总数为378人，商人有200人。②1870年，上海外侨有职业人数为1 269人，其中商务536人，航运293人，工业104人，公务136人，文化35人，服务165人。③可见商人在外侨中所占比例颇高。洋商来华其目的自在追逐商业利益，随着中外经济活动的进一步交往与发展，华洋商人之间的交易日益增多、活跃，商业纠纷自然也纷至沓来。会审公廨有权受理以华人为被告的民商事诉讼，自然也就成为华洋双方交锋、解决纷争的司法场所。在1912年之前，会审公廨受理的民事案件相较刑事案件，数量较少，以1890、1891年例（见表5.2.2），绝大部分案件是关于追回欠付租金和不履行合同的诉讼。④

表5.2.2　民商事纠纷案件

年份	刑事、违警案件数	除去轻微违法行为的犯罪案件数	民事案件数
1890	5 999	3 772	49（20件是庭外和解）
1891	5 600	3 531	61（14件是庭外和解）

但1912年之后的民事案件数量增长很快，甚至被认为达到非常惊人的

① 郭泰纳夫：《上海会审公堂与工部局》，朱华译，上海书店出版社2016年版，第90页。

② 吴圳义：《清末上海租界社会》，台北文史哲出版社1978年版，第6页。

③ 熊月之主编：《上海通史》第5卷《晚清社会》，上海人民出版社1999年版，第250页。

④ 李必樟编译：《上海近代贸易经济发展概况：1854—1898年英国驻上海领事贸易报告汇编》，张仲礼校订，上海社会科学院出版社1993年版，第768—769页。

程度。“自1912年1月陪审官首次在华人民事案件坐堂以来的十八个月中，一千四百个案件列上了审理清单，而在旧政权时代，递呈案件的平均数不超过五百个。”①在民事案件中又以中外之间的商务钱债纠纷为多，而且在这些案件中，对法律的适用问题成为焦点之一。“盖民事案之情态百出，或为我国民法所未规定者，亦有民法所定，与此案之情态不相宜者。现时民法，尚未半熟之饭，不纯粹之处，自不能免。”②

（一）纠纷类型

对于晚清商事纠纷的主要形态，曾有学者将之分为：商事交易纠纷、土地房产纠纷、票据类纠纷、海商类纠纷以及其他包括保险、破产、抵押等纠纷形态。③这些形态的民商事诉讼在会审公廨都有受理。因资料零碎分散，相关案件资料不完整，也难以穷尽。这里仅列简表罗列一小部分案件，以略见一斑。

表5.2.3 纠纷类型

序号	诉由	时间及案件名	判决结果
1	货物短缺纠纷	1868.12.5 公祥洋行（Wilinson & Co.）诉单科(Sanke)案。	被告不承担责任。
2	延迟出货纠纷	1873.7 德国德全洋行控华商延迟出货案。	初审，在两造各邀公正人重新确定价格后再予定断。
3	逾期延不出货	1873.11 美商美记洋行控华商逾期延迟不出货案。	不清楚。
4	不付租金	1874.8 美商同茂洋行控华商魏荣昌租其码头栈房不付租金案。被告声称屋漏不能囤积货物，若修理则自当照议付租。原告称契据载明承租人修葺房屋。所定契约为西文，被告对此内容茫然不知。	判被告按契约照议纳租并修理房屋。
5	期票兑票付款	1876.1 上海英商沙逊洋行控华商昌盛号的一纸期票向取未付案。	中西官员会审认为沙逊所持期票有昌盛号图章，判其土行主王书田限期出银。

① 郭泰纳夫：《上海会审公堂与工部局》，上海书店出版社2016年版，第220页。

② 吴圳义：《上海租界问题》，台北正中书局1981年版，第201页。

③ 参见蔡晓荣：《晚清华洋商事纠纷之研究》，福州大学2005年博士学位论文。蔡博士对华洋商事纠纷做了细致的研究，其中涉及不少上海会审公廨审理的华洋商事诉讼。

续表

序号	诉　由	时间及案件名	判决结果
6	寄售亏银	1877.4 洋商李百里控华商升记丝栈主陆南琴、通事李逸仙托寄湖丝至伦敦销售亏银 4 400 余两案。被告辩称原告将丝低于议价一先令出售致亏损。	判定两造凭伦敦账据于两周内清理核算。
7	寄售亏银	1880.6 英商太平洋行控华商丁丙斋寄售湖丝亏银案。	
8	久不出货	1880.7 上海英商保和洋行诉华商久不出货案。	不清楚。
9	延不出货	1881.6 英商复升洋行控李芝记定买铅斤延不出货，应偿短价栈租银利案。	
10	定货不出	1882.5 德国顺全隆洋行诉华商定货不出案。	初审，拟邀中西同行对颜料熟悉者评估后再予定断。
11	租船滞期悔议	1884.5 上海英商天祥洋行控华商林相轩租船悔议要求赔偿损失案。	
12	质量有差	1885.3 上海英商平和洋行控华商广利昌号所购牛皮质量有差，索还价银案。	断广利昌号退货还银，并罚 14 两拨充楼流公所经费。
13	租地保险	1886.3 上海英商太平洋行诉华商金秀村等起造房屋后未立保险案。双方立有西字契约，注明租户理应保险。	判各租户分别付租，两周内投保。
14	定货纠葛	1886.6 上海英商天祥洋行控华商徐晋委托购木签订合同并毁约另托他行代办案。	中西官员判决发生分歧。
15	亏本还银	1887.1 英商诉华商与其合租轮船亏本还银案。	
16	延不付银提货	1902.1 上海德商天福洋行控华商润昌洋货号订购羽绸延不付银提货案。	中方谳员：张柄枢 外方陪审官：德总领事署翻译官贝斯。庭外和解。

续表

序号	诉　　由	时间及案件名	判 决 结 果
17	购地纠葛	1905.4 美商邓壁控周孝林购地纠葛案。	断洋商每亩给周七百元，周不允，在谳员大加申斥后遵断具结案。
18	因生意清淡久未出货	1907.1 上海德商锦荣洋行控华商王桂堂订购价值2 000余两的洋杂货，久未出货案。	判限一个月将货出清。
19	积欠货款	1909.6 美商怡和洋行控肇丰号积欠货款案，号主王斗初避债逃往他方。	判该号经理人于三个月内交出肇丰号主，然后设法理清欠款。
20	倒闭结欠货银	1909.10 上海美商茂生洋行控已倒闭的华商懋昌结欠货银，要求及时赔偿案。	
21	积欠货款	上海英商潘澄波控华商邵金魁积欠货价446两，三年分文未付案。被告称原告亦欠3 000两，应扣除找付。	判邵暂交人保去，两周内付清欠款，潘欠邵的款项未据呈控不能追讨。

资料来源：郭泰纳夫：《上海会审公堂与工部局》（上海书店出版社2016年版）；《申报》记录的会审公廨审理相关案件。

所录案件虽有限，但也可以看出纠纷类别多样，即诉讼缘由不一，有商业交易纠纷，包括延迟出货、货物质量数量有差、拖欠货款等；有土地购买租赁纠纷，包括价格争议、租地保险、租金不付等；有票据纠纷，如期票兑票等；还有租船滞期亏损等。此外，还有船只装运、保险欺诈、股票亏损、工厂倒闭及破产等诉由。这些诉讼涉及经济生活的方方面面，因此也在一定层面体现出当时上海租界的近现代商业发展状况和脉络，由早期的因外贸行为引发众多纠纷，包括定货不出、拖欠款项、货物质量数量有差等，到后来日益增多因票据、保险、海商、商标、公司股份等而发生的纠纷。

（二）案件审理之分析

案件：公祥洋行（Wilinson & Co.）诉单科（Sanke）案

时间：1868年12月5日

案情：原告从被告处买了一批粗斜纹布，按惯例，市场上是以每件长40码出售，交易完成后验货。但被告在交易前并无这些货物，是从第三方进货，再卖到原告的仓库。原告把货发到汉口，打开后发现比习惯长度短了1.5码。诉至公廨。被告辩护说自己不实际拥有这批货物，也没担保这批货物，不应为这些损失承担责任。

判决：判被告不承担责任。其中谳员陈福勋判决具体理由不清楚。陪审官英国副领事富礼赐(R.J.Forrest)对谳员观点表示赞同，继而阐发其观点："我毫不犹豫地运用货物出售概不退换的原则，尤其是卖方全无欺诈的嫌疑。"并以《帕尔森契约法》为引证，说明每项售卖都包含质量担保，这将导致大量的诉讼和不公正。[①]

此案中，涉及法律适用问题，虽然谳员的具体意见不清楚，但陪审官对此却很清楚表达其观点，指明其以英美法律惯例及契约法为据。原本中国司法机构按中国法律裁判，似无疑义。但因会审公廨是由中方谳员与外方陪审官一起审理华洋之间或者涉及租界利益的案件，在实际案件中，除了适用中国法律、西方法律外，在商事纠纷中，还会适用商业交易习惯，以及传统司法实践中的情理作判。这些多元的法律适用在一些案件中也不少见。

如1904年4月的英商葛荔控华商姜兰亭亏欠股票银两一案。[②]在会审公廨，葛荔诉称自己做各种股票掮客，与姜兰亭合作股票生意，刚开始赢利，但后来就亏损了，竟达30余万两。双方商议解决不成对簿公堂。审理中，姜又附控股东庄菱晨、王月亭等。公廨听从外籍律师的司法建议，先依英美法律，认为"此案若在英美两国，断不准理，因英国著名律学士有云，原禀若控系赌博，或大或小，即便立过合同，亦因此合同不合于例，所以不能准理"，又依中国法律，"查中国大清律例，载道光十二三年曾出有买空卖空之案，目下宁波商务局亦订有章程，不理空盘"。最后，公廨认为双方买卖股票生意，无见证，无合同议据，不承认合股，注销其合股生意之案，"惟劝令庄等姑念姜家产已无，酌量协助，俾资弥补"。

此案中西法律、商务局章程皆成为适用法律，类似之判并非个案。这也是会审公廨作为中外官员会审的司法机构特色之一。而且，此案对外国法律适用，是与中国法律并不相悖的情况，如果远超出中国法律发展的趋势，似乎也难以被中方谳员接受，如破产法是西方近现代法律体系中的隶属商法的法律，中国古代无此法律，在会审公廨存续期间，租界外人试图引入这种基于西方法学原则的破产程序，只是在当时的外国人看来，无疑这项努力是以失败告终。

除却法律适用问题外，从这些案件中，还能看到中外双方商业习惯、对

① 参见郭泰纳夫：《上海会审公堂与工部局》，朱华译，上海书店出版社2016年版，第74—75页。

② 《申报》1904年4月21日、5月2日。

商业诉讼的意识。如诉讼双方因所签契约内容发生的争议，包括履行的方式、履行时效等，而在一些买卖或租赁契约中，因所签订契约是以西文所写，华商对此内容一些细节竟"茫然不知"[①]导致在诉讼中败诉。究其原因，应是华商不太重视对契约内容的了如指掌而"往往听信洋商的口头承诺"[②]所致。如表 5.2.3 中第 4"不付租金"案，第 13"租地保险"案，皆因所立契约为西文，被告"未了其意遂落名契上"。而法庭裁判的主要依据自是契约所载。这一问题体现出来的是传统中国商人在对待交易时的贸易习惯，尤其是在中西方文字不同，以西文写成的契约，没有逐字逐句了解其意，而去信任对方口头允诺，却未重视这种遵行"白纸黑字"的契约精神。

而且，洋人为维护自身利益诉之法庭，也相较于华人来说要积极很多。如华洋之间的民商事纠纷，包括洋人诉华人和华人诉洋人的，但华人诉洋人的民事案却"寥寥无几。通商数十年来，洋人以负欠华人债务，致清偿无着者，亦颇有所闻矣，然其能挺身赴该管领事官呈诉者，卒居少数。是非吾民之甘于逊让也"，其中原因有二，一是"诉讼手续法不备，吾民虽有债权，辄不如诉追之能否有效"，二是"条约虽互有观审权利，然官尊民卑，为吾国数千年来之恶习，小民又安敢乞援于威灵显赫之官厅为自身作对外之后盾"。[③]然而洋商不同于华商，华人欠洋人之债务，洋人往往是控至法庭，追还财物、扣押抵债等。这固然与洋人的诉讼意识相关，但也是近代中外势力悬殊，华官畏洋如虎，洋人则尽力维护本国人利益的缘故。会审公廨作为审理以华人被告案件的司法机构，陪审官的出席带有保护本国人利益的考量。在审判中双方官员不仅仅表现为性格、能力的差异，还体现出法律素养、法律制度性的差异。

三、政治言论案件

自清末至民国时期，会审公廨作为司法机构，身处租界多方利益纠葛之所，受理的案件小至邻里间的鸡毛蒜皮，大至以国家为原告的政治言论案件，也是其特色所在。因政治言论引起的案件不在少数。

> 自太平天国叛乱以来，严格中立一直受到公共租界和法租界西人社会不惜任何代价的维护，并在几年前庄严宣布了绝对尊重居民各种政治信念和不涉刑事犯罪的政治难民的避难权，这是可以理解的，因为

---

① 表 5.2.3 中第 4 案"不付租金"，见《申报》1874 年 8 月。

② 蔡晓荣：《晚清华洋商事纠纷之研究》，福州大学 2005 年博士学位论文。

③ 姚之鹤：《华洋诉讼例案汇编》上册，商务印书馆 1915 年版，"序例"。

他们的存在和活动不会影响租界的和平与治安，外人社会向他们所提供的庇护不能用于来反对中国合法政府的密谋。租界内的居民不论国别，都享有出版社言论自由，却不能用来破坏现有秩序。

上述这段话“可以描述外国人社会尊重政治犯及言论自由的总体态度”，①也可见，在工部局、各领事团看来，维持租界现有秩序、保护租界内居民利益是租界内各机构包括会审公廨这一中国法庭的职责所在。

（一）政治言论案件及评述

表 5.2.4　政治言论案件

序号	案　名	起诉罪名	案　情	判　决
1	《春江花月报》案（1902 年）	亵渎《论语》	道台致信给美国总领事、领袖领事古纳，要求查封《春江花月报》、逮捕业主，因其登载了亵渎《论语》的文章。	判决不明。
2	《苏报》案（1903 年）	诽谤朝廷	《苏报》发表文章言辞激烈、影响巨大，邹容作《革命军》一书，章太炎作序，并嘲笑清帝，为此清政府交涉要求租界捉拿移送“钦犯”章、邹两人，查封《苏报》，后章、邹在会审公廨受审，是为《苏报》案。	判章太炎监禁三年、邹容监禁二年，罚作苦工，刑满释放，驱逐出境。
3	《警世钟》案（1904.12.9）	出售禁书	清廷会同工部局查禁出售《警世钟》，逮捕时中、启文、镜今、东大陆等书局执事。（第 586 页）1905 年 1 月 2 日，会审公廨谳员黄煊会同英副领事德为门审理《警世钟》案。	程明有监禁西牢两年，茅伯似、潘锡全各关押捕房 8 个月，王正堦关押 3 个月。
4	《警钟日报》案（1905.3.25）	指责朝廷外交失败	《警钟日报》因指责清廷外交失败，主笔金少甫、刘师培等被拘捕。报馆被封闭。	判发行戴普鹤监禁一年半，校对胡少卿监禁半年，印刷机器没收充公。陈去病主编的《二十世纪大舞台》、林水白主编的《中国白话报》也先后被停刊。

① 郭泰纳夫：《上海会审公堂与工部局》，上海书店出版社 2016 年版，第 128 页。

续表

序号	案　　名	起诉罪名	案　　情	判　　决
5	上海各报 (1905.4.3)	妄登消息	德国总领事克纳贝致书上海道袁树勋,要求严禁上海各报刊载“不利于德国在山东”的消息。	袁树勋责令公廨谳员居作伦警告各报馆,嗣后“不得妄登”。
6	《神州日报》案 (1909.7.19)	毁谤印人,妨害租界治安	《神州日报》屡次刊文抨击印捕在租界凶淫不法,工部局总巡捕房聘请律师高易,控告《神州日报》毁谤印人,妨害租界治安。	28日判决:登报解释。
7	《民呼日报》案 (1909.7.27)	“毁坏名誉”	陕甘总督毛庆蕃致电上海道蔡乃煌,诬指《民呼日报》办公的甘肃筹赈会有侵吞赈款嫌疑,要求查究;同时,安徽铁路公司候补朱云锦、已故上海道蔡钧家属、新军协统陈德龙等,以“毁坏名誉”向会审公廨指控《民呼日报》。	停刊,主笔陈非卿饬具安分结存案,社长于右任先期关押一月有余,之后驱除出租界。
8	《民权报》案 (1912.5.22)	“鼓吹杀人”	《民权报》于5月20日刊登反对政府借外债的时评,日公共租界总巡捕房以其“鼓吹杀人”,函请会审公廨出票拘捕该报主笔戴天仇(季陶)。	6月13日判戴季陶“妨碍秩序”罪,罚款洋三十元。
9	《启民爱国报》案 (1912.6.7)	“意图煽惑,扰乱治安”罪名	公共租界总巡捕房以《启民爱国报》时评“意图煽惑,扰乱治安”,函请会审公廨出单传讯该报主笔王南无。	
10	《中华民报》案 (1913.8.23)	“假造事实,诋毁政府”罪名	新任江苏交涉员(即上海交涉使)张煜全奉北京国务院令,饬会审公廨票传该报总编辑邓家彦到案,会同英副领事加以审讯。	判决将邓押西牢6个月,《中华民报》罚款五百元。9月17日,该报以债务关系被迫停刊。
11	《民国日报》案 (1919.9.15)	“侮辱大总统及官员”	叶楚伧、邵仲辉在《民国日报》上刊登了一篇文章“安福世系表之说明”,嘲讽北京皖系军阀与安福系控制的中央政府,被控。	“侮辱大总统”属实,判邵仲辉、叶楚伧二人各罚洋100元。

资料来源:汤志钧主编的《近代上海大事记》,上海辞书出版社1989年版。

上述案件基本都是报纸刊登的文章涉及政治言论而引发的诉讼,以下对个案及其审理进行分析。

1.“《民国日报》侮辱大总统及在职官员”案

案情：1919 年 9 月 15 日，中华革命党叶楚伧、邵仲辉在上海公共租界出版的《民国日报》上刊登了一篇文章“安福世系表之说明”，注明为“某君戏作”。嘲讽北京皖系军阀与安福系控制的中央政府，将其主要人物排成世系表：祖是日本人，父是段祺瑞，兄是倪嗣冲，本身是徐树铮，弟是曾毓隽，子是朱深、王辑唐、方枢，继子是龚心湛，义子是张弧，私生子是徐世昌，孙是刘恩格、康士铎、梁鸿志、李盛铎、田应璜、胡钧、郑镕、土印川等 12 人，继孙是袁荣叟。继而对上述世系加以说明，指出安福系中央政府对外依靠日本人，出卖国家主权。安福世系中人恼怒之下，委派穆安素律师为代表，向会审公廨起诉，指控《民国日报》“侮辱大总统及在职官员”。

审理：1919 年 10 月 3 日，上海会审公廨开庭审案。法官为英国副领事和俞英苏。被告代理律师是林百架，做无罪辩护，有三条理由：第一，按照《中华民国宪法》，人民有自由言论的权利；第二，原告控案，应由北京当局派员来沪，提出充分证据；第三，原告指控的文辞，是被告方游戏性质的政策批评文章，未违反宪法规定，理应受到法律保护；况且，该文本意是为了促进中国有良好政府，俾中国人民永享和平之福，并无任何侮辱意义；进一步言之，即使法庭认为被告举动越出了宪法规定的自由范围，也不能认为被告有罪。总之，原告控告证据与法律差距甚远，法庭应将此案注销。原告律师反驳，坚持被告有罪，认为《民国日报》所载之文足以促使社会舆论讥笑“大总统及在职官员”，不但是侮辱他们，而且容易引起民众对他们的轻视。提请法庭着重从四个方面考虑：被侮辱者之地位；侮辱之方法；侮辱时间及地点；侮辱人之地位。

判决：双方唇枪舌剑，经过最后庭议，法庭作出判决：《民国日报》所载文章本意良好，颇有价值，惟“侮辱大总统”一层属实，案情重大，判邵仲辉、叶楚伧二人各罚洋 100 元。①

评述：本案是继 1903 年《苏报》案的又一起中国政府为原告起诉国民，在会审公廨审理的案件，性质也较为相近，皆是在报纸上刊登“侮辱”政府统治者的文字从而引发以政府为原告的诉讼，但显然无论是案件的影响力、牵涉面，还是判决结果，两者还是有较大不同。此案仅判两大主笔罚款百元，而非原告及其律师所期待的关闭《民国日报》、判邵力子和叶楚伧徒刑。原因也许有多种，但“时移事异”无疑是其中较大的原因。1903 年仍是清廷当

① 陆茂清：《民国时期轰动全国的“侮辱大总统案”》，《档案春秋》2006 年第 8 期。

政时期，皇权至上，侮辱皇帝等同于谋反，只是《苏报》案发生在租界，非清廷所能操控，也因此使之成为时人瞩目、后人研究的重大案件。而本案发生在1919年，辛亥革命发生后的近八年之久，“民权”、“自由”等早已是时代名词。《民国日报》创刊于1916年1月，是孙中山领导的中华革命党国内的主要宣传阵地。1919年6月中旬开辟“觉悟”副刊，宣传新文化、新思想，吸引了一大批读者。可见，社会环境也非当初。这无疑会影响案件审理的结果。

2. 1909年“工部局巡捕房控神州报馆案”

案情：1909年7月《神州日报》刊登了有关印度人的犯罪案件。租界工部局认为该报纸言语已损及租界内印籍人的名誉，因而诉至会审公廨。双方聘请律师在公堂上互辩。原告延请的高易律师认为《神州日报》刊登有关印人犯案，内有“近于禽兽”一语，这对于工部局所雇佣的印人名誉有损，“扰乱人心”。其理由是工部局所雇佣印捕有545名之多，[①]而浦东及法租界“为人司阍”者也有430名。租界所雇印人皆须到工部局报告举荐，如局中册上无名之印人则不准雇用。被告律师则出示了调查证据：印人犯案在1906年有37件，1907年有39件，1908年有53件，1909年6月30日止已有35件之多，根据统计，印人每百人就有5人犯罪。因此，印人屡次犯案于租界治安有很大关系。并针对指控书上的“扰乱人心”之说，辩称“细查西律，意颇广阔，如与国家反对，始可用此四字”，而“工部局并非国家，所控‘反对’一节”自无道理，强调报上所载无扰乱之意，即便是“作论之人心中有此意”，也“有权可以照登，且该报作论者无非欲有益人心”，更何况报上登载“印人强奸乡女刘阿妹一案，既在英公堂讯问，大众皆知，故报上登出淫凶之印人实与大众印人无涉”。会审公廨法官是英副领事和中方谳员宝颐，经过审理，1909年7月28日作出以下判决：

> 查此案工部局控神州日报登载印人各节，只应就犯事印人立论，不应涉及全体印人，有碍租界治安，请为究办等情前来，据神州报诉称报载各节，确只就凶秽之印人而论，并未指及全体印人而论，因译文不同致有误会等语，公堂察得神州报所载宗旨并无不合，惟措词界限稍欠分明，以致互相误会构成讼端，本公堂作和平之解决，判令该报将公堂之谕并自撰解释，并谕于三日内登入本报以释群疑。嗣后报载该论说须

① 1855年英美租界内常设巡捕房，1884年开始雇募印籍巡捕，当初仅有16人，1915年已达567人。参见熊月之主编：《上海通史》（第5卷·晚清社会），上海人民出版社1999年版，第86—87页。

严范围而清界限，不可涉于含混致生枝节。此判。①

评述：该案为报纸言论损及名誉案件，虽与前述案件同为报纸言论案，但不同的是针对对象，前案是中央政府人员，此案是工部局印籍巡捕，更重要的是，前者是以戏说来针砭时政，讥笑讽喻足见。后者却是基于案件事实，但措辞略有激烈。而且，此案审理过程中被告律师的引用西律，并以印人犯罪案件在英国法庭讯问而众人皆知，颇有“以彼之矛”予以还击之意。公廨的判决亦比较公允。

3.《民呼日报》案

案情：1909 年 7 月 27 日，护理陕甘总督毛庆蕃致电上海道蔡乃煌，诬指在《民呼日报》办公的甘肃筹赈会有侵吞赈款嫌疑，要求查究；与此同时，安徽铁路公司候补朱云锦、已故上海道蔡钧家属、新军协统陈德龙等，也以“毁坏名誉”向会审公廨指控《民呼日报》。8 月 2 日晚，会审公廨拘捕社长于右任、主笔陈非卿。1909 年 8 月 6 日，复审该案，于右任辩云：《民呼日报》协赈江浙、湖北两次，赈款随收随解，均有账可查。甘赈与《民呼日报》毫无关系。1909 年 8 月 9 日第三次审理，安徽铁路公司协理朱云锦延请担文、费烈律师，《民呼日报》聘达商、罗锐律师。双方律师代表辩论。罗锐指出：“《民呼日报》所登毁谤朱名誉两文，均系安徽旅沪同乡来函，按报馆律，来搞由作者负责，与《民呼日报》无涉。”会审公廨判决，陈非卿交原保，于右任仍押回捕房。次日，会审公廨又进行审理，达商、罗锐律师要求公廨先行注销《民呼日报》毁坏名誉案。8 月 14 日，《民呼日报》因控案被累，停刊。9 月 8 日对该案作出判结：“民呼报馆不安本分，叠被控告，公堂念系初犯，姑予从轻议结。于右任已在押一月另七天，无须再行押办，判逐出租界；陈非卿系公所发起，且系民呼报馆主笔，应并饬具安分结存案。嗣后如有借开报馆，不安本分，凭空毁诋，叠被控发情事，定当重办，不得援民呼之案为例。”②

评述：《民呼日报》是 1909 年 6 月在上海租界创立，于右任为社长，该报宗旨是“大声疾呼，为民请命”，革命色彩较浓。因此案于右任被逐出租界，停刊。9 月 28 日，《民呼日报》登报声明过盘于民吁日报馆，29 日，上海各报纸载《民吁日报》出版广告，称将《民呼日报》机器、生财等一律过盘，改名《民吁日报》，以提高国民精神，痛陈民生利病，保存国粹，讲求实学为宗旨。但该报又因揭露日本政府企图控制我国东北而触怒日本人，此后日本总领事

---

① 《申报》1909 年 7 月 29 日。

② 参见汤志钧主编：《近代上海大事记》，上海辞书出版社 1989 年版，第 668—671 页。

多次向法总领事诬指《民吁日报》,法租界取消该报登记。又致函上海道蔡乃煌,以其任意臆测,煽惑破坏,有碍中日两国邦交等为词,要求严厉惩办,11月16日蔡乃煌致书公共租界会审公廨,称该报所载各论,有损邦交,要求将该报馆封禁具报。11月19日上午,公共租界会审公廨传讯《民吁日报》社长范鸿仙,晚,日报馆被封禁。[①]1910年10月,于右任又创办《民立报》,成为辛亥革命前夕国内最有影响的革命报纸。1913年9月4日,被迫停刊。从《民呼日报》、《民吁日报》到《民立报》,屡禁屡设,报道的内容更具革命性,也更为当局所不容。因此,判令报馆停刊、逐出社长也就自在情理,并且重点强调此案仍是轻判,之后如有开设报馆,不安本分者“定当重办,不得援民呼之案为例”。细析之下,报社报道内容跟当时中国社会革命情势的迅猛发展有关,而该判决一再重申“从轻议结”,是念其初犯,亦与公廨处理类似案件相对从轻判决相关。以下著名的“苏报”案就较为典型。

(二) 个案分析:政治犯“引渡”问题之《苏报》案

在以上案件中,最著名的莫过于《苏报》案,相关研究也甚多。该案是指1903年因租界内《苏报》刊登了评论邹容的《革命军》一书的一些文章,清政府认为其言论危及统治秩序,要求租界工部局捕房逮捕邹容、章太炎等人并“引渡”交给清政府官员审理,但在租界工部局、驻沪领事的干涉下,则由设在租界的会审公廨审理一案。《苏报》案的影响甚大,涉及方方面面。

《苏报》创刊于1896年6月26日,由胡璋经理,但是以其日本妻子生驹悦的名义向日本驻上海总领事馆注册,以邹弢为主笔。陈范[②]出资购得,即迁汉口路新址。陈接手后,对《苏报》大力改革,由以前的专发市井琐事[③]等社会新闻为政治色彩很浓的报纸,衍变为中国教育会、爱国学社等团体的喉舌。[④]自然引起清政府的注意。该报聘请章士钊为主笔,章太炎、蔡元培为主要撰稿人,在《苏报》上出现了更多宣扬革命的文章。1903年5月邹容出版其《革命军》一书,《苏报》刊登了《〈革命军〉序》、《读〈革命军〉》、《驳康有为

---

① 参见汤志钧主编:《近代上海大事记》,上海辞书出版社1989年版,第672、674页。

② 陈范原是江西铅山知县,因教案落职,移居上海,愤恨晚清官场的腐败,很想主持清议,挽救糟糕的时局,就承办该报。参见上海通社编:《上海研究资料续集》,广州中华书局1939年版,第72页。

③ 甚至在1897年因刊登黄色新闻,与法租界会审公廨发生纠葛,1898年主笔邹弢因馆主生驹悦强迫撰稿索诈,向英租界会审公廨控告。见《上海研究资料续集》,广州中华书局1939年版,第72页。

④ 薛理勇:《旧上海租界史话》,上海社会科学院出版社2002年版,第59页。此报与中国教育会、爱国学社的关系可参见《上海研究资料续集》,广州中华书局1939年版,第73页。

论革命书》等一系列有关评述《革命军》的文章。香港《中国日报》、厦门《鹭江报》等报纸纷纷予以转载。清政府极为震惊，于是以文章宣扬革命、诋毁政府、图谋不轨之理由，通过上海道向工部局要求签字捉拿这些人。6月30日章太炎被捕，7月1日邹容主动到巡捕房投案。7月7日《苏报》馆被封闭，财产被没收。

邹容与章太炎等《苏报》案被告关押在巡捕房，一直没有确定具体审讯日期，在工部局干涉下，驻沪领事与上海道订立在租界审理之约，由公共租界会审公廨组织一个“额外公堂”进行审理。清政府派出的会审官员是朝廷特派的孙建成和上海县令汪瑶庭，外方会审员是英国副领事迪比，被告章太炎与邹容由律师伯易及琼司二人辩护。12月24日作出判决，判处章邹两人永远监禁，其余四人开释。但各方对此判决都不甚满意。对于清政府来说是过于轻纵，袁树勋在致电端方时说这两人本“照中律应科斩决，恭逢万寿，拟改监禁”。而中外舆论却认为此判过重。领事团也对此表示异议。《苏报》案的审理因此搁置，清政府在极其无奈的情况下，被迫屈从英国驻华公使的意见，对章邹两人再审。1904年5月会审公廨改判章太炎监禁3年，邹容2年，期满后驱逐出租界。不过邹容尚未刑满，即于1905年4月3日瘐死于狱中。①章太炎被判监禁3年，于1906年6月29日刑满出狱，后东渡日本。②

1904年7月8日在工部局特别会议上，就《苏报》案相关决议记录在案，其中有两点，一是“只有经过案件审理才能关闭一家报社”，二是“基于单方面的要求而关闭一家报社，就是对合适的司法管理程序无意的背离”。其观点仍与之前工部局所追求的租界司法相对独立于中国政府、保障租界居民的生活一致。

《苏报》案是几十年来清政府与反对政府势力之间众多冲突中的一次，租界内因登载反对专制、要求改革等激进言论而被查封的报馆在当时绝非个例。此类案件不仅是案件的管辖权或司法主权问题，尤为重要的是牵涉

① 邹容的死是时人抨击会审公廨监狱恶劣条件及中外勾结镇压革命者致死的一个很重要的案例。不过已有学者认为根据档案材料分析，邹容确系经不起狱中生活而病死。参见薛理勇：《旧上海租界史话》，上海社会科学院出版社2002年版，第61、64页。

② 1905年3月1日工部局董事会会议记录中说，董事会获悉罪犯（指邹容与章太炎）于7月2日刑满，并已作出去日本的选择，因此董事会指示采取必要步骤保证他们安全而秘密地离开。参见《工部局董事会会议录》第十五册，上海古籍出版社2001年版，第564页。不过邹容却在一个月后死于狱中。而章太炎出狱后的确去了日本，但是否因工部局之协助，还有待查证。

清朝政府与地方反对政府思潮或势力之间的关系。自西方列强以炮舰打开中国国门后,国家面临前所未有的危机,洋务思潮、维新思潮、立宪思潮、民主革命思潮等社会思潮纷至沓来,每一次思潮伴随着巨大的社会变革,而租界所处特殊的地位,往往成为各派人士发表政见、言论的场所,致使清朝统治者倍觉风声鹤唳,惶惶不可终日。只有靠严厉的镇压,以期维护本已岌岌可危、摇摇欲坠的统治。但租界却往往是外国人统治区域,清政府的管辖权在租界极受限制。对此,张之洞曾有深刻认识:“历年以来,上海租界工部局遇事侵我主权,不遵条约,不有公理,视为固然。闻此次上海洋人私议,深虑此案中国必向其公使及外部理争,一经揭破,恐将工部局历年攘夺之权从此减削,可见外人亦自知理屈。我能趁此极力争回此项治权,将来再有缉拿匪犯之事,便于措手。利益所关甚巨,所包甚广,其有益尚不只此六犯一案也。”①清政府遂通过上海道向租界交涉要求将一干犯人引渡。

但驻沪领事与工部局对此意见却非一致。上海道曾与美国驻沪领事古纳密谈,以白银十万两要求该领事同意引渡,美领事批准逮捕人犯,后由于报界舆论的指责,美领事没有接受此贿银。美领事致函上海道,表明驻沪领事团的意见,即租界并非是中国有罪者避难之地,《苏报》案诸人,一律交由华官治罪。②驻沪领事表示不予干涉,但工部局却不买领事团的账。这两者意见不一,其原因在于双方的利益或者立场不尽相同。如 1903 年 8 月 12 日工部局董事会会议上,董事会希望领事团与中国政府交涉早日审讯几名被告,公使的意见却是暂时不要采取行动,并且公使团一致认为董事会无权干预司法问题。董事会不以为然,认为这并非仅是司法问题,而是关乎“租界全体居民”利益之事,是董事会应该而且直接关注的行政管理问题。③甚至决议若在一定时期内得不到中国政府的满意答复,如指定审讯日期,则将羁押犯人释放。④

工部局与领事团之间的分歧早已存在。《苏报》案之前,租界内已有报纸登载不利统治秩序的文章,当事人被逮捕、报馆被关闭的案件。1902 年会审公廨谳员要求捕房督察长逮捕华粤报编辑,并封闭该报馆。理由是该报登载诋毁孔教之文章。董事会决议若控告该报主人或编辑,须以公审方

---

① 中国近代史资料丛刊:《辛亥革命·苏报鼓吹革命清方档案》,转引自李贵连:《近代中国法制与法学》,北京大学出版社 2002 年版,第 40 页。

② 李启成:《晚清各级审判厅研究》,北京大学出版社 2004 年版,第 42—43 页。

③ 上海市档案馆编:《工部局董事会会议录》第十五册,上海古籍出版社 2001 年版,第 619 页。

④ 上海市档案馆编:《工部局董事会会议录》第十五册,上海古籍出版社 2001 年版,第 628 页。

式，并有一陪审官参与进行，而查禁该报须经证明其所发表的文章中，确有害公共利益或道德者。并希望在该案判决以前，能了解有关拘票、指控的文章以及会审公廨谳员对此处置的情况。①会审公廨谳员则送给工部局若干份道台和领袖领事间关于查禁华粤报一案的信件。其中领袖领事已授权中国当局，采取他们自己认为妥当的行动查禁该报，并惩罚该报业主。②但工部局权势不可小觑，某些时候领事亦须视工部局旨意为转移。

外国人反对引渡本案人犯，坚持由会审公廨审理。其原因多种，③主要原因仍是租界几乎成为独立于中国政府管辖的“国中之国”，以领事团尤其是工部局为代表的外国人极力排斥中国政府对租界的管理权，租界内发生以华人为被告的案件，均由会审公廨审理，而审理过程外国人则可以进行监督。而且外国人干预中国政府的管辖权，拒绝引渡政治犯，已不是第一次。如 1900 年发生的“龚超案”。龚超曾参与唐才常的自立军起义，事败后逃至上海，潜入租界。清方得知后施计诱其出租界，将他逮捕。英国领事则以清方的行为“影响租界主权”为由提出抗议，清方迫于压力，只得将龚超提回租界审讯。而龚最后被无罪释放。

《苏报》案的发生及审理经过，涉及驻沪领事、工部局以及清政府之间错综复杂的关系，而且也反映了地方社会与中央政府之间的一种张力。并就会审公廨具体审判过程来说，它体现了一种程序公正，无论是作为被告的章邹，还是作为原告的清政府，均延请律师代理及辩护；若是换成在租界外衙门审理，审判官不会让章太炎辩解其文中“载湉小丑”的“小丑”本作“类”或“小孩子”解，也许已如沈荩一案，审判仅是走过场，在狱中被捶毙。④而且与当时类似案件的处罚相比，此判决要轻微得多。这一方面反映会审公廨的审判已带有西方法治观念，另一方面也体现了当时各种势力博弈之结果。

四、人命重罪案件

虽然按会审公廨章程规定，会审公廨对人命案并无管辖权，但在实践中

① 上海市档案馆编：《工部局董事会会议录》第十五册，上海古籍出版社 2001 年版，第 539 页。

② 上海市档案馆编：《工部局董事会会议录》第十五册，上海古籍出版社 2001 年版，第 540 页。

③ 如列强对中国司法的向来不信任，当时社会新闻舆论界的同情，西方新闻自由、发表言论自由等观念因素。可参见李启成：《晚清各级审判厅研究》，北京大学出版社 2004 年版，第 44—45 页。

④ 费成康：《中国租界史》，上海社会科学院出版社 1991 年版，第 145 页；李启成：《晚清各级审判厅研究》，北京大学出版社 2004 年版，第 44 页。

却一再突破这个界限，而这与中外权力、公廨权限之争紧密相关。现就一些引致权限变化的人命重案进行阐述分析。

(一) 预审制的开启：1883 年曹锡荣案

1883 年 7 月 14 日，一个名叫曹锡荣的华籍巡捕涉嫌挟怨报复，殴打原包探伙计王阿安，致其死亡。被告曹锡荣供职于巡捕房，居住在租界内，王妻金氏及亲友将曹锡荣扭送会审公廨。公廨中方谳员是陈福勋，将曹锡荣管押，令地保报县。因此案事涉人命，且案情未明，对于是否应将曹锡荣移送县衙，中外双方发生争执。翻译兼道台代表曹润甫出席，外方为美国陪审官哲士(副领事，一译哲沙尔)。会审公廨在把被告送往县城之前，自行审核了起诉方的证据和被告方的证据，认为"呈送本公堂的证据不能证明被告有罪"，因此"该案属于不能完全由会审公堂审断的案件，被告必须按照会审公堂章程第四款由上海知县审理"，也因此引起双方之争执。表 5.2.5 即是该案的始末经过。

表 5.2.5　曹锡荣案始末

时　　间	案件发生、交涉、审理经过
1883 年 7 月 14 日	曹锡荣殴打致死王阿安。王妻金氏及亲友扭送曹锡荣至会审公廨，公廨谳员陈福勋令地保报县，将曹锡荣管押。租界巡捕房富捕头将曹锡荣保出，表示如逢传讯即行到案。
7 月 15 日	金氏与地保到上海县请求验尸，并提请凶手曹锡荣到场候讯。
7 月 16 日	租界巡捕房平总巡将曹锡荣解到会审公廨候讯，陈福勋与英国驻沪司副领事及巡捕房总巡交涉，出示会审公廨章程，上面载明命案应归县办。司副领事同意将曹解往上海道署，上海道台邵友濂饬令将曹发至上海县。
7 月 17 日	租界巡捕房平总巡至上海县署，要求保出曹锡荣，遭到拒绝。
7 月 18 日	美国总领事德尼同奥地利领事夏士赴上海道，要求保曹锡荣。邵友濂回答："国法应尔，非本道所能曲从。如洋人殴毙华人，本道亦只能照和约办理。今系华人打死华人，无论是否曹锡荣动手，既为尸亲所扭控，理当收押待讯，碍难取保。"双方争执良久，两领事无果返回。
7 月 19 日	德尼致函邵友濂："公廨章程内曾有各国所用之人，倘有犯案，须由会审员照会该国领事方可传人。今曹锡荣一案，先无照会，咎在会审员。"邵友濂复函："命案重情，凶手要犯，非公廨所能禁押，送之入城，并无不合。倘局董必欲保此人，须写一凭据，言明临审解案，由领事签名，方准取保。"工部局当即写据，领事签名，总巡至上海道署保曹锡荣。但邵友濂却告知他们尸亲埋伏于城门，为防止曹锡荣被抢，等上海知县回衙门派差押送，订期审讯为妥。巡捕房总巡只能返回。

续表

时　间	案件发生、交涉、审理经过
7月21日	上海知县黎光旦致函会审公廨，请定会审期。陈福勋与夏士商议，定于下午二时带曹锡荣至公廨会审。会审后，曹锡荣被保回捕房。定再审为26日。
7月26日	下午二时准备再审。陈福勋请美国副领事哲沙尔到公廨，哲沙尔说："保曹会讯，已蒙苏松太道允许，贵县何得违上宪之谕。"上海知县黎光旦回答："命案究应归县办理，国家律法具在，且有和约及公廨办案章程可考。"结果因双方就此辩驳无法达成一致，导致会审未能如期举行。下午五时，哲沙尔命令巡捕将曹锡荣带回捕房。
7月29日	邵友濂会晤德尼，提出应按照和约和公堂章程，此案应归县讯办。德尼要求会讯一堂后再商议。
7月31日	下午二时，邵友濂委派洋务委员曹润甫与陈福勋、哲沙尔再次会审曹锡荣。会审后，曹润甫认为美国总领事已允许将曹交县带回，现已会审录供，应即带曹归县，不能再待复审。哲沙尔与陈、曹前往美国总领事馆商议。曹仍带回巡捕房。
8月1日	双方达成一致意见，陈福勋与哲沙尔议定堂谕：曹锡荣案，本分府、本副领事会同审讯，既据尸主在地方官衙控称王阿安被曹锡荣打死有证，并详核两造及人证供词，是否被曹锡荣打死，会审公堂未能判实。现查照会章程第六款，自行归上海县衙审断。
8月2日	工部局局董令巡捕房将曹锡荣解赴上海道署，邵友濂即派差役将曹锡荣解送上海县署管押候审。

资料来源：汤志钧主编的《近代上海大事记》，上海辞书出版社1989年版，第415页。

这起案件一般被认为是开会审公廨预审程序之先。所谓预审程序，是指租界里发生的任何案件都得经过会审公廨的审理，再由其决定是否移送上海县衙。显然这超出了1869年生效的《洋泾浜设官会审章程》对会审公廨权限的规定，该章程案件应立即移送上海县衙。本案中也能看出无论是上海知县还是道台都坚持曹锡荣杀人案应由上海县衙管辖，曹锡荣也应归县衙管押，但在工部局及领事的坚持之下，公廨审理之时，曹锡荣均由巡捕房羁押，而最后，虽然将曹锡荣"解送上海县署管押候审"，但已是公廨中外官员经过首次会审"议定堂谕"之后。而且，在曹锡荣被移送县衙受审，依《大清律例》判以斩刑时，工部局仍关注曹锡荣案的审理情况，认为曹锡荣可能是受诬陷，上海县衙未能详查，或即使有罪，罪不至死。结果是曹锡荣因其母年事已高，适用"留养"而免死，并补偿王阿安家属。

随后公廨审理了一些其他类似案件。如1885年7月20日葛绳孝谳员与英国陪审官翟里斯审理了一起致死指控案，判定无真凭实据不能把案中妇人移送给城里知县审判。1886 年 11 月 15 日谳员蔡汇沧和英国陪审官白挨底审理康德纪、魏花天被控抢劫案，在听取证据后，公廨判将囚犯解送城里。1887 年 8 月 1 日，蔡汇沧和英国陪审官查理斯审理韩殿元被控绑架案，在听取控辩双方证据后，亦判将犯人解送城里。①

1898 年 12 月 8 日，工部局再次致函领袖领事，强调会审公廨是一个预审法庭，即租界内所有华人民事、刑事案件，任何人不能被移送给中国政府，除非会审公廨有公开命令。领事团因此致函会审公廨谳员，坚持两个基本条件：一是所有拘票须由领袖领事盖章，须完整写明原告、被告、理由，二是被捕者移送出租界之前，会审公廨要进行预审，以核实拘票所称理由。②

因此，工部局通过对一些案件审理的干预，日益扩张管辖权。包括上述案件的预审程序，还有租界内颁布告示须经工部局盖印，拘票须经领袖领事签字盖章，交巡捕房执行，否则知县衙门的差役等任何人无权在租界内拘捕人犯。1885 年 10 月 16 日，谳员罗嘉杰认定租界内某茶馆馆主犯法，派人拘押。工部局为此致函吕森，要求通知上海道：拘票须经领袖领事签字，交巡捕房执行，否则租界内华人一概不许拘提，要求上海道饬令公廨谳员，将被拘押的茶馆主立即释放。领事团会议同意工部局此要求，致函邵友濂饬令公廨谳员遵行此租界制度。1885 年 11 月 5 日，邵友濂复函领事团，同意其要求。而其后工部局进一步提出，凡是上海县署在租界内拘提犯人，拘票也应经领袖领事副署，交由巡捕房执行。③无疑，工部局以此来制止知县对租界事务的干预，以维持其独立治理之权。郭泰纳夫在其著中指出：这是工部局基于“一个最重要的信条，即租界内的所有刑事犯罪，不管其直接受害者是外人还是华人，都同界内所有居民的利益紧密相连；没有一桩袭击、谋杀、盗窃、欺诈不危及整个租界社会的和平与治安；只要华人在界内纳捐、使用道路和享受租界巡捕的保护，他们就得为自己的违法行为向租界治理者承担责任”，④所以租界内所有案件应由会审公廨审理，外国陪审官必须审理所有涉及外国人利益的案件。这才是工部局限制上海知县、道台乃至中国政府在租界的权力之目的所在。

---

① 郭泰纳夫：《上海会审公堂与工部局》，朱华译，上海书店出版社 2016 年版，第 103 页。
② 郭泰纳夫：《上海会审公堂与工部局》，朱华译，上海书店出版社 2016 年版，第 127 页。
③ 汤志钧主编：《近代上海大事记》，上海辞书出版社 1989 年版，第 449—450 页。
④ 郭泰纳夫：《上海会审公堂与工部局》，朱华译，上海书店出版社 2016 年版，第 102 页。

（二）判罚权限与公廨收回的开启：从“万福华案件”到“五卅惨案”

1904年11月19日，万福华枪击前广西巡抚王之春，未遂，被捕。次日，黄兴、苏鹏、陈天华等十二人受牵连被捕。11月21日，第一次会审万福华等。11月24日，公廨审讯黄兴等人，经中西官会商，判决黄兴、刘揆一、陈天华、张继等四人交保释放，章陶严等仍押捕房。11月25日，第二次会审万福华案，以万福华私带军火，违犯租界章程判罪。12月23日，会审此案，谳员黄煊判：依行刺未成律，万监禁十年，充作苦工。[①]

在1912年之后，会审公廨受理并判决的重案有多起。1912年3月5日，会审公廨由关炯与英国陪审官康斯定审理了一起持械抢劫案，首次判处了二十年和十年徒刑。1912年4月20日的余金琴案，其被指控抢劫，由关炯和德国陪审官师谋审判。被告在租界屡次犯案，1905年因夜盗被公廨判处十二年徒刑，同年参加了工部局监狱的暴乱。1907年在与其他十三人被送知县审判的十天前逃脱，同年12月又因盗窃被法租界巡捕房逮捕，判处一年徒刑和三个月枷号，但未执行，因为此前暴乱和逃脱被移送到公共租界会审公廨，1908年5月2日被移送到知县受审，判处三年徒刑。结果1912年4月20日又被指控抢劫在公廨审理。案件后续无相关报告，但观此案，不仅仅是公廨所判刑期问题，还可以看到被告一再犯案，并辗转于公共租界、法租界和上海县司法机构的受审。1912年6月18日公廨受理陈锡魁、李友山、徐春山被控的两起试图谋杀和六起暴力抢劫案，被告系一个抢劫团伙成员，该团伙在上海及周边地区发动了多起袭击和拦路抢劫。陈锡魁完全认罪，并承认之前暗杀陶成章。会审公廨判决陈锡魁无期徒刑，第二名被判二十五年徒刑，第三名十年徒刑。[②]而第一起获准死刑案是1914年11月3日被告因谋杀被指控违反了《中华民国暂行新刑律》（1912年6月8日颁布）第311条，判处死刑。

上述案件涉及人命重案，所判刑罚在十年以上徒刑、无期徒刑甚而死刑，这在1912年会审公廨被工部局接管之后较为多见，毕竟之前是因管辖权限问题，即使会审公廨有预审权，但最高判罚在五年有期徒刑之下。辛亥革命之后，会审公廨真正成为租界内洋人所控制的司法机构。随着民族运动的日益高涨，会审公廨的权限问题、司法主权问题，日益为国人所认识，要求收回会审公廨的呼声在“五卅惨案”中达到高潮，会审公廨也因此开始被

---

① 汤志钧主编：《近代上海大事记》，上海辞书出版社1989年版，第585—587页。

② 案件材料来自郭泰纳夫：《上海会审公堂与工部局》，朱华译，上海书店出版社2016年版，第209—210页。

收回的历史进程。

"五卅惨案"是指1925年5月30日,上海学生为支援上海工人反抗日本工厂厂主,进行游行示威,被公共租界巡捕枪击、逮捕,酿成的惨案,由此在全国范围内激起反对帝国主义的"三罢"风潮,也引发中外之间新一轮的交涉、商议、妥协的开始。6月1日,华商总商会根据学生们的意见提出十三项要求,于6月24日上午向领事团正式提出,其中第6项就是要求"收回会审公廨,完全恢复条约上规定的法院状态。华人因犯中华民国刑法或工部局章程而被控诉者,原告须用中华民国名义,不得用工部局名义"。北洋政府在各界压力下派员与上海领事团、工部局、北京使团等进行交涉此案。虽然交涉围绕此案,但收回会审公廨的呼声开始高涨,从而促使开启收回会审公廨的历史进程,直至1927年临时法院的成立。

如前所述的"黎黄氏"案同样是一个偶然事件,其发生原因却是一个长期的问题未得到解决的结果,从案件本身来说,也只是一件正常的诉讼案件。但因女犯关押之所问题、巡捕与廨役的争斗以及外国陪审官的蛮横,使这起案件引起上海民商的愤怒从而引发全社会的关注,案件本身是非已无足轻重,重要的是会审公廨中方谳员与外国陪审官的各自权力范围。不仅地方官员、驻沪领事团、中国外务部、驻京领团等各方进行了一系列的交涉,而且因此案在社会上引起了很大轰动,也引发对会审公廨的关注,继而对外国在华治外法权的问题的思考。从这一意义上说,会审公廨的影响已远非上海租界所囿,会审公廨作为一个司法机构,其审理案件也本是司法问题,但已转变成政治问题。这在"五卅运动"事件中更具典型。《苏报》案、"黎黄氏案"、"五卅惨案"这三个案件虽然具体情况不同,包括案情、审判、中外双方的交涉、对会审公廨影响等都有着不同的特点,但三者也有相同点,都因为一个具体的会审公廨案件所引起,而它牵涉的却远非限于租界之内,其各自的影响程度虽非相同,但都引起社会的震动,尤其是1925年的"五卅事件"更成为收回会审公廨的导火索。①

---

① 虽然这并不等于把收回会审公廨提上日程完全是因此事,因为这不是一日之功,而收回会审公廨也不可能毕其功于一役。

第六章　会审公廨与近代中国司法

会审公廨是作为外国人侵害中国法权的存在，同时又兼具中西法律特点的司法机构。自清末修律开始的法律变革包括司法制度的改革，既是当时中国社会内在发展的需求，但又是对废止治外法权的实际考虑。那么会审公廨的存在与20世纪初开始的中国近代法律变革有着什么样的关系？会审公廨虽是在当时局势下无奈被动的抉择，既是抉择，不可避免包含一定的主动性，亦是中外法律可能融合的一种尝试，那么如何评价会审公廨的影响？如何看待在中国近代法律尤其是司法变革背景下的会审公廨？本章即希冀以此角度对这问题予以探讨。

第一节　传统法律的近代化与司法改革

一、清末修律与司法近代化

自西方各国进入中国企图打开贸易大门，中外因法律适用与司法程序上的冲突日益剧烈，虽然中外之间最初发生的诉讼或冲突基本上以西方的退让而结束，即便是表面上的服从中国司法管辖。而这一切在鸦片战争后就结束了。虽然鸦片战争爆发的根本原因在于西方列强原始资本积累的需求，但并不限于此。中外双方在政治体制、法律观念等各方面均存在极大差异。在外国人看来，“中国法律不仅是极为专断和极为腐败地实施的，而且它的体系在许多方面与欧洲人公平或正义的观念不相容”。[①]因此列强签订不平等条约确立领事裁判权，不仅享有领事裁判权国人排斥中国法律的管

① 转引自艾德华：《清朝对外国人的司法管辖》，李明德译，载高道蕴、高鸿钧、贺卫方编：《美国学者论中国法律传统》，清华大学出版社2004年版，第488页。

辖，即使是无约国人也尽力排除在中国管辖之下，甚至是涉案中国人也以加入他国国籍而逃避制裁。①

1902年，清政府在内外交困、统治岌岌可危的情况下颁旨修律："现在通商交涉事益繁多，著派沈家本、伍廷芳将一切现行律例，按照交涉情形，参酌各国法律，悉心考订，妥为拟议，务期中外通行，有裨治理。"开始了法律近代化的进程。②

清末进行的修律，主要体现在以下方面：(1)翻译大量西方法律典籍，延请西方法律专家作为顾问协助或参与修律；(2)仿效西方法律修订大量法律；(3)模仿西方政治体制进行司法机构变革，司法机构不依附于行政机构，设立各级审判厅，制定相关法院编制法。

司法变革主要包括两方面的内容：司法机构的变革以及诉讼审判制度的近代化。

第一，司法机构的变革。最初始于光绪三十二年(1906年)清政府宣布的"筹备立宪"，标志着清末新政的开始。新政"从官制入手"，"饬令先行厘定官制"。以首席军机大臣奕劻为首的官制编纂大臣"厘定中国各衙门官制缮单进呈"，提出中央官制改革的计划。认识到西方立宪基础在于立法、司法、行政三权分立，因此改革首要任务即是分权以定限，而当时中国"立法、行政、司法三者，除立法当属议院，今日尚难实行，拟暂设资政院以为预备外，行政之事则专属之内阁各部大臣"，"司法之权则专属之法部，以大理院任审判，而法部监督之，均与行政官相对峙，而不为所节制，此三权分立之梗概也"。③对司法权与行政权进行分立。清廷遂颁布上谕，"刑部著改为法部，专任司法"，"大理寺著改为大理院，专掌审判"。④沈家本即着手大理院的筹设事宜，制定《大理院审判编制法》，明确各级审判机构的设置与权限；在各地设立各级审判厅的基础上，颁行《各级审判厅试办章程》，确立司法机构不混同于行政机构的原则。宣统元年(1909年)十二月又仿照日本的《裁

① 领事裁判权制度固有的缺陷以及对其的滥用所造成的危害甚多。具体内容可参见：Tung, William L., *China and foreign powers: the impact of and reaction to unequal treaties*, N.Y., Ocean Pub. 1970. pp.114—116.

② 认为中国近代西方式法律改革亦可以从1901年1月29日慈禧颁布新政诏书开始计算。参见[日]高见泽磨：《试论中国近代法史时代划分》，张生、张代恩译，载张生主编：《中国法律近代化论集》，中国政法大学出版社2002年版，第23页。

③ 故宫博物院明清档案部编：《清末筹备立宪档案史料》(上册)，中华书局1979年版，第464页。

④ 故宫博物院明清档案部编：《清末筹备立宪档案史料》(上册)，中华书局1979年版，第471—472页。

判所构成法》制定了《法院编制法》，自1910年开始施行。不过这些变革仅限于中央及省会，各地制度并没有什么大的变化。

第二，诉讼审判制度的变革。清末修订法律馆于1906年曾完成一部《刑事民事诉讼法》的草案，但遭到各省督抚的极力反对，未能颁行。1910年年底法律修订馆重新完成《刑事诉讼律草案》与《民事诉讼律草案》的制定，但未及审议颁布，清朝覆灭。

二、1911年以后的法律变革

1911年以后的法律变革无论是深度还是广度上均远远超出前清，虽然在某些时期法制的变革出现停滞不前，甚至倒退，但总的趋势是效仿西方法律制度以及树立西方法治观念，逐渐建立起现代法律体系。尤其是民国时期，中国在清末修律，移植先进司法观念和制度的基础上，进一步扩大选择模式的范围，结合中国国情，建立起现代化的司法制度体系。①

北洋政府时期则沿用前清《法院编制法》，理论上设置初级审判厅、地方审判厅、高等审判厅、大理院四级法院体系，以及相应的初级检察厅、地方检察厅、高等检察厅、总检察厅四级检察厅体系。只是因局势动荡及资金人员的匮乏，这些审判厅及检察厅并未完全建立。广州国民政府时期基本同于北洋政府时期，武汉国民政府时期则进行司法改革，审判机构一律改称为法院，废除独立的检察机构系统，各地设立检察官，与法院合署。②

南京临时政府时期明文废除前清诉讼制度。然北洋政府于1921年将前清民事诉讼律及刑事诉讼律草案略作修改，改称为《民事诉讼条例》和《刑事诉讼条例》，宣布先在东三省地区施行，1922年7月规定各省已设立初级审判厅的地区也可施行这两部诉讼法，但实际上未得到推广。南京国民政府于1927年重新起草诉讼法，1928年、1931年分别公布《中华民国刑事诉讼法》、《中华民国民事诉讼法》。虽然这些诉讼法因时局变化及其他原因未能颁布或未能普遍施行，而且颁布的诉讼法内容也带有局限性，但不可否认，与传统诉讼法相比，诉讼法内容已有了根本变化，具有了近代法律的特质。

司法变革中，有一点应指出的，即对于外国人在华享有的司法特权，已开始予以限制，虽然是在外国人抵制中艰难前行，如外国人的观审权。自

① 何勤华、李秀清：《外国法与中国法——20世纪中国移植外国法反思》，中国政法大学出版社2003年版，第489页。

② 郭建等：《中国法制史》，上海人民出版社2000年版，第525、548—549页。

1908年近代法院的设立，即主张司法独立，包括外国人对司法的干涉，因此禁止外国人观审，但在外交团的抗议下，改为旁听。外国人仍不服，后来同意"仍要求行使观察权的，只能移交各县公署卫判，于是外人之抗议始息"。①

总的来说，从清末修律至20世纪20年代末，经历了清末、南京临时政府、北洋政府、南京民国政府初期等时期，中国法律的变革不仅大量移植西方法律制度，而且还在西方法律原则理念方面也有了较大变化，虽然其法律的近代化进程缓慢，许多制订的法律因社会局势动荡朝代更迭以及与传统法律的冲突等，在施行方面并不理想，甚至一些法律只是一纸具文，但是传统法制已逐渐崩溃瓦解，无论是法律颁行还是司法实践都已与传统法制渐行渐远，而踏上法律近代化这一艰难曲折但顺应社会发展的道路。

第二节 司法近代化背景下的会审公廨

自清末开始的法律近代化包括司法改革，不仅颁行大量具有西方性质的法律法规，而且在中国大地上出现了与传统司法体系不同的审判机构以及诉讼审判制度，虽然在多层面上的司法实践并非很理想，但已不同于19世纪的司法状况则是客观存在。那么作为同时期设立在租界内的会审公廨又有什么变化？它是被隔绝于中国当时进行的法律近代化进程，还是参与其中？抑或在外国人的控制之下与之同步变革？还是仅处于一种边缘状态？与当时中国的法律近代化过程关系如何？下文即对会审公廨的变化及这两者之间关系进行论述。

一、1902—1911年的会审公廨

1902年清政府开始修律变法，至1911年被颠覆，在此期间初步建立了近代法律体系，如上所述。这一时期的会审公廨也进行诉讼法改革。而一些政府官员在修律同时对会审公廨谳员资格遴选、刑讯问题以及改定刑章等方面提出意见。主要有：

（一）谳员选任问题

根据章程规定，会审公廨谳员由道台遴选，至于其资格条件并无相应条

① 梁云松：《再论各国在华治外法权的范围》，《现代评论》1926年第3卷第73期。

文规定，虽然实践中选任官员倾向于对洋务略通者或会英语者。1903年商约大臣吕海寰、伍廷芳两人上奏有关会审公廨选用熟悉交涉人员会审，主张遴选"州县中之熟谙交涉或出洋有年，并解外国语言文字者"，授以审判员之职，如果一时难以遴选，也须委任"西学兼优之翻译派充副审官"，"以免隔阂"。①

虽然吕海寰、伍廷芳提出会审公廨谳员选任资格问题，其原由在于认为"近来洋官于互控之案，大率把持袒护，虽有会审之名，殊失秉公之道"，而且"中西刑律差殊，外人夙所藉口"，但其出发点仍是为了与洋人交涉，避免因谳员的贪酷不能称职而致外人以口实，如此"外人应无所要挟，而与大局不无裨益"。②对于谳员是否应经过法律知识学习及职业训练并无认识。

（二）改定刑章及复用笞杖刑问题

1906年奏定新章，变通笞杖罪，仿照外国罚金办法，如无力完纳折为作工。而且会审公廨只准判押监禁五年之犯，凡遇命案，公廨只可过堂讯问。1907年驻沪领袖领事比利时总领事照会会审公廨要求恢复笞杖刑的使用，其理由是租界内"打降殴伤暨夜间窃贼以及盗劫等案，较诸九百五年颇见加增"，盗匪充斥，尤为可恶，而且牢狱内案犯拥挤不堪。该照会中国官员严词拒绝。

1912年驻沪领事又有恢复笞杖刑之议，其理由仍是租界内"流氓横行，抢窃等案层见叠出，欲使匪类畏刑敛迹"。但最终遭普遍反对而未实行，不过提出了一些替代方案。如有要犯先行枷示数月，然后再定禁锢西牢之期限；或者将刑事案犯于禁押期满后，概行递解原籍，由地方官严加管束，若回租界则费川资又延时日，与逐出租界朝往暮来要更妥善。各领事对后者多数赞成。③虽然无双方协商的相关直接资料，但应该选择了后者。④而笞杖终未恢复更无疑义。

可见，1902—1911年会审公廨在清末修律阶段进行了某些改革，如笞杖刑的废除，并且对谳员的选任资格也提出一些意见。而外国人因利益及租界秩序至上原则，却主张恢复笞杖刑的适用，这遭到国人的反对，认为上海是各埠之首，却竟然首先阻止笞杖刑的废除，殊出情理之外。

---

①② 姚公鹤编：《华洋诉讼例案汇编》（第五编），商务印书馆1915年版，第612页。

③ 这一提议为大多数人反对，关炯更是力主取消刑讯，并与外国人进行交涉。他认为停止刑讯，早有明文，不仅与中国新刑律抵触，且违背人道主义。对这问题的讨论可参见《申报》1913年2月21日；1913年2月23日；1913年2月24日；1913年3月10日。

④ 在1912—1924年间，适用枷号者仅1912年有3人，监禁附加枷号1912年有4人。而监禁附加逐出界则每年基本在八九百人，1920年、1923年、1924年分别达到1 057人、1 125人、1 757人。具体数据可参见A.M.Kotenev, *Shanghai: Its Mixed Court and Council*, "Table Ⅱ", p.313。

二、1911 年之后的会审公廨

1902 年清末开始修律变革，会审公廨作为一个中国司法机构，却因设立在租界内而具有一定的独立性，当然这仅指与当时上海地方政府之间的关系而言，虽然它长期处于外国人的视野与监督之下。1911 年因辛亥革命的爆发，上海地方政府官员逃逸致使一时统治的缺失，却使租界内会审公廨为外国人所控制。而这也开始了会审公廨的机构设置以及程序法的制定。

第一，机构设置的变革。在清政府进行法律变革之初，会审公廨虽属中国的司法机构，不过内部机构设置并无变化。自 1911 年辛亥革命之后，工部局接管了会审公廨，遂开始改组会审公廨。其机构包括：

(1) 办公处(Magistrate's Office)，是中方会审员的辅助机关，内设华洋机要秘书 1 人，洋务秘书 1 人，秘书最高薪俸月 130 两，并分设洋务、刑事、民事三科，洋务科科长 1 人，书记 3 人，收发 1 人，掌理关于华洋诉讼事项；刑事科科长 1 人，书记 4 人，收发 1 人，掌管纯粹华人刑事案件；民事科科长 1 人，书记 4 人，收发 1 人，掌管纯粹华人民事案件事项。此外还有特别书记 1 人，录供生 6 人。以上人员均秉承会审官的命令，草拟文件，缮写及录供等事务，收发则指对内收发事务。

(2) 检察处(Registrar's Office)，这是真正控制公廨运作的机构。内设检察处长 1 人，检察员 12 人，均系洋员，由工部局推选经领事团委任。掌管分配案件、指定审理日期、收发文件、保释、会计、保存案卷、羁押所与女监管理等以及不属于其他各分课之一切事务，并附设华捕 10 人办理拘传各票之送达，以及关于民事判决之执行事项。其权力甚大，被认为“处长之职务与我国法院之厅长相等”，而廨内的重要事务也被“攘夺殆尽”了。[①]在检察处之下，又设立由其领导的机构：一是交保处，专理民刑被告人保证金的缴纳、保管及关于保释的一切事务，设洋员 1 人，华员 1 人。二是收支处，专理会计事务，设洋员 1 名。三是洋务案处，设洋员 1 名，掌管洋原华被民事案件的有关事务。四是华务案处，洋员华员各 1 名，管理华人之间的民事案件相关事务。五是总写字间，掌管违警事件的处理以及关于女监、男羁押所的一切事务，设洋员 5 名，华员 3 名。[②]具体情况见下图：

---

① 《法权讨论会秘书戴修瓒视察上海公共会审公堂之报告》(续)，《法律评论》1923 年第 8 期。

② 参见：“International Mixed Court, Shanghai Report on the Duties of the Registrar, the Staff Employed, and its Sub Division into Office”，上海市档案馆藏“前江苏交涉署收回会审公廨文件”，卷宗号 Q179-4-1。另可参见“上海公共租界会审公廨组织大纲及办事情形”，上海市档案馆藏，卷宗号 Q179-4-8。

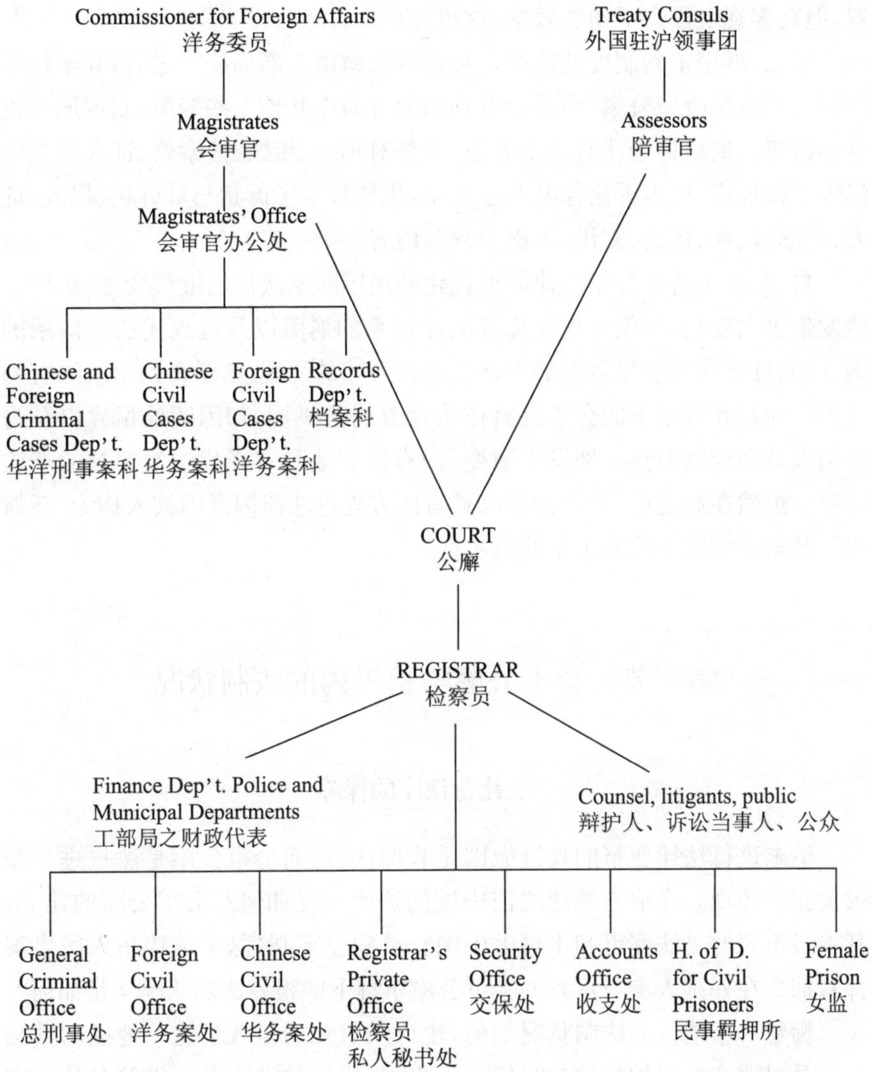

1911 年以后会审公廨组织机构图①

此时的会审公廨与之前相比，机构上已发生了很大的变化，基本效仿西方法院的设置，虽然这意味着会审公廨已由外国人控制，尤其是检察处的设

① 此组织结构图系根据“International Mixed Court, Shanghai Report on the Duties of the Registrar, the Staff Employed, and its Sub Division into Office”(上海市档案馆藏，卷宗号Q179-4-1)一文整理。图中组织机构的中文译名为笔者所加，并参考了江兴国：《试论上海公共租界会审公廨的实质》，载西北政法学院科研处编：《法史研究文集》上，1983 年版，第 175 页。

置，但在客观上提高了司法效率，这也无可讳言。

第二，诉讼审判制度的改革。自会审公廨由工部局接管之后，开始按照外国人的意愿改造公廨，在诉讼审判制度方面亦开始一些变革，制定刑事民事诉讼律。刑事诉讼律有三十五条，主要对拘票、传票、搜索票、证人以及审讯等予以规定，民事诉讼律共有一百条，主要规定了诉状与辩诉状、保人、证人、拘拿、代理、传达、复讯、审讯手续等内容。①

自 1902 年清末开始法律的近代化到民国时期法律的继续变革，法律已然发生重大变化，不仅体现在传统法律体系的崩溃以及近现代法律体系的确立，而且还在于法律教育的兴盛及法律人才的涌现，法学得到前所未有的发展。而在此背景下的会审公廨作为地方司法机构，却因所处租界以及为外国人日渐控制而独立地发生演变，没有发展成具有现代法治精神的新式法院。虽然在此之前，会审公廨以具有西方先进法律因素而被人称为“新衙门”，其司法实践也体现了某些进步性。

第三节　会审公廨与租界内的法制状况

一、社会秩序的保障

清末进行法律变革的直接原因是收回法权，而会审公廨是法权进一步被侵犯的体现。在清末修律之前中国的法律状况如何？会审公廨的建立，其中最重要的是法庭审判不再由中国官员独立审判(除了纯粹华人民事案件)，那么在外国人参与审判的会审公廨审理下的租界法制状况又是如何？

衡量一个地区的法制状况如何，也许最直观的是观察这一地区的社会秩序及对财产的保护如何。我们不可忘记，租界的设立是不平等条约的产物，是外国人对中国主权的侵犯，但同样我们也无法否认，在客观上因采取西方先进的城市管理制度等，租界呈现出一派与中国传统城镇不同的景象，而最明显的对比即是一墙之隔的上海县城。而且正是租界的镜子效应，“上海各租界之内，街道整齐，廊檐洁净，一切秽物亵衣无许暴露，尘土拉杂无许堆积”，隔壁的上海县城则是“臭秽之气，泥泞之途，正不知相去几何”。在这种刺激下，租界外的上海县城亦逐渐开始效仿。从市政建设到自治运动，华

① 具体内容可参见吴鞠亭：《上海租界诉讼指南》，上海大东书局 1923 年版，第 27—71 页。

界正是租界之后，开始兴起并发展近代市政，促成了市民观念的兴起。[①]当然，租界的一些市政建设措施开始并不为上海人接受，甚至遭到上海道的明令禁止，但租界的干净、整洁有序、生活的便利等却有目共睹，租界已从鄙夷的"夷场"成为羡慕的"洋场"。而这与设立在租界的司法衙门——会审公廨有着极大关系，租界的秩序必须依赖会审公廨，毕竟租界居住的是占绝大多数的华人。也正是这一原因，才使外国人尽力想把会审公廨纳入他们的控制之中。

维护租界内治安，会审公廨承担了不可或缺的角色。租界内绝大多数居住的是华人，而租界内虽然有领事法庭、英美各自设立在华法院，还有专门建立审理以工部局为被告案件的领事公堂，但因各自管辖范围不同，而且是以租界内外国人居民为被告的案件，这类案件相对会审公廨审理的案件数量，比例甚小。尤其是会审公廨受理的往往是各处巡捕房解送的违警案件，此类案件琐碎但事关租界内的治安，如违反交通规则、斗殴、偷窃、赌博、欺诈案件等就占据了很大比例，而对这些行为的惩治无疑会维护租界内秩序，有利于租界内居民的日常生活工作，包括占人口绝大多数的华人居民。而且在公共租界内妨碍公共卫生、影响他人生活的行为皆受到租界法规的约束，如乱倾倒垃圾、戏院在后半夜仍开张所引起的噪音影响他人休息。甚至立法对倒提鸡鸭、残忍屠宰牲口等虐待动物行为都予以处罚，这体现了善待动物的人道主义。而这些均有赖于会审公廨的审理及发布告示。

虽然租界内的犯罪违法案件总的来说，逐渐增多。根据1889—1891年审理的刑事和违警案件统计，1889年总计5 117件，1890年5 999件，1891年5 600件。1911年之后因社会局势的变化，刑事案件剧增，1912年刑事案件有46 050件。1926年有103 932件。但将租界内人口递增的速度计算在内，如1885—1890年五年间华人人口增加了42 464人，平均每年增加近8 500人，总体上社会治安得到了有效控制。而且由于在租界内违法犯罪的大多数不是租界内居民，而是来自内地的异乡人，会审公廨在1891年采取罪犯服刑期满时，由警察将他们拍照留档后逐回原籍，如若再回到租界，将受到鞭打或放逐之刑罚。[②]这在一定程度上震慑了违法之人，也对当时租界治安起了一定的作用。

---

① 唐振常：《近代上海探索录》，上海书店出版社1994年版，第59、66页。

② 罗苏文：《上海传奇——文明嬗变的侧影（1553—1949）》，上海人民出版社2004年版，第127页。

二、财产权利的保护

会审公廨不仅维护租界治安，保证一个有序的社会，而且在财产保护方面，会审公廨所起的作用也不可小觑，尤其是在经济发展的同时，却缺乏相应的民商事法律调整的情况下。会审公廨审理的相关案例甚多，所起的作用主要有：

第一，维护市场秩序，尤其是近代上海商业的发展，涉及商标侵权及版权问题屡见不鲜，在当时无相应法律规范的情况下，会审公廨的判决一定程度上促进了相应法律的制定以及维护了市场秩序。

第二，会审公廨在维护个人权利方面所起的重要作用。如比较重视契约作用，当时会审公廨审理很多买卖、抵押、租赁等案件，其中比较多的是因合同的不履行或不完全履行而发生的纠纷，被告为华人，往往是因货物的短缺、质量的不符合要求、履行时间的延误等，而公廨判决大多依据合同条款判被告履行或赔偿损失。虽然这在一定程度上关系到对当时中国薄弱民族工商业发展的保护问题，①但事物还存在另一方面，就案件本身来看，败诉的一方往往是因相关知识的缺乏而导致签订合同时欠缺严密、细致，给对方以可乘之机，因此从审判表面看，公廨判决甚严，但“正是这种重视契约的处置，在观念形态上对从事商品经营的华人起了潜移默化的作用”，②同时也维护了当时社会的经济秩序。

正因为公共租界内的管理有序，加之包括会审公廨在内的司法管辖，才使公共租界形成了一种相对有序、卫生、繁荣的生存环境，不仅吸引华界居民移居租界，即使法租界内的法国人也更愿意居住在公共租界。

当然，租界本身是对中国主权的侵犯，而会审公廨的存在以及外国人对其的控制同样是中国主权的被侵犯，虽然会审公廨作为裁判是非与解决纠纷的司法机构，在维护社会秩序、引进西方法律等方面起了一定作用，但不可否认它的存在给中国带来极大的危害。③

---

① 以当时较著名的“红狗”牌面粉案为例，认为“会审公廨的存在，直接损害了中国民族工商业的发展”，参见张铨：《上海公共租界会审公廨论要（续）》，《史林》1990 年第 1 期。

② 马长林：《晚清涉外法权的一个怪物——上海公共租界会审公廨剖析》，《档案与历史》1988 年第 4 期，第 57—58 页。

③ 参见张铨：《上海公共租界会审公廨论要（续）》，《史林》1990 年第 1 期。此文对会审公廨的危害论述较详，共有九条。这固然是事实，只是会审公廨的存在更具复杂性。

结　语

上海公共租界会审公廨作为复杂的近代社会中的一个特殊事物，存在六十余年，经历了从传统社会到近代社会的转型时期，某种程度上呈现出与时代的不同步，并糅合了中外法律的多种因素。对它如何评价并非是一个简单的问题。前六章论述了会审公廨的设立、具体运作、审判权限的变化、中外审判官关系、诉讼审判的改革、案件类型与个案分析以及在中国司法近代化背景下会审公廨的发展等，最终要归结到对会审公廨的评价问题。

会审公廨的建立既有外国人侵入中国确立领事裁判权的原因，又因上海这一特殊城市及其时局变化之因素。“上海之所以不同，成为世界上独特城市之一，其原因之一或许是它包容了这么多的对抗。”①上海所处特殊地理环境、上海人的心态以及上海官员处理洋务的思维方式等，都在很大程度上决定了事态的发展。众所周知，上海虽与广州同为开埠口岸，但外侨在这两个城市所面对的却是截然不同，无论是进城还是与当地人的相处。②而且上海社会的发展已开始逐渐远离中国传统社会的状态，无论是上海县城还是租界的发展。租界内在沪各国侨民在 1901 年 12 月总数已达 8 296 人，外籍企业达 432 家，这时候的上海已经跨越了它发展阶段中“每个人了解他的邻居”的那种小型社会阶段，进入了都市生活阶段。③租界内的华人也已

① F.L.Hawks Pott, *A Short History of Shanghai*, Shanghai Kelly & Walsh, Limited, St. John's University 1928, p.222.

② 如外侨进入广州城的艰难，遭到当地人的奋力抵抗，交涉十余年未果，至 1857 年才用武力破城而入；而外侨进入上海不仅没有阻力，而且上海人对于金发碧眼的洋人，除了好奇，并无什么过激行为，甚至几乎与外人很快熟稔起来。以致外人认为“广东人好勇，上海人却温文尔雅”。对这问题详细论述可参见：[美]霍塞：《出卖上海滩》，越裔译，上海书店出版社，第 4、7、11 页；上海社会科学院历史所编：《上海小刀会起义史料汇编》，上海人民出版社 1980 年版，第 593、753 页；罗苏文：《上海传奇——文明嬗变的侧影（1553—1949）》，上海人民出版社 2004 年版，第 48、54—55 页。

③ 徐雪筠等译编：《上海近代社会经济发展概况（1882—1931）》，《海关十年报告》译编，上海社会科学院出版社 1985 年版，第 73、317 页。

逐渐改变传统生活方式。社会经济的发展必然影响对法律的适用。

条约体系下的中国主权被割裂，带给中国人的屈辱至今仍是人们心中之痛。但它对中国现代化进程产生的影响却也不乏积极的一面，当然这并非初来中国的西方人的初衷。最典型的是条约口岸的发展，不仅“为思考西方对华影响的利弊俱存性提供了进一步的史料”，通商口岸城市的发展“还给中国树立了一种新式的而且更为现代化的社会榜样。这些城市无疑都存在着对中国人的侮辱性民族歧视，但这里毕竟有街道照明和公共交通，在维持社会秩序方面，做法也还算公正，这都是难能可贵的”。[①]会审公廨正是提供了一个观察西方法律如何影响中国传统法律及给后人启示的较好文本。

通过以上各章的分析，笔者认为，会审公廨由外国领事委派陪审官与中方谳员共同审理案件，由中外双方共同行使司法审判，给传统司法体制注入一些积极因素，但追根究底会审公廨并没有建立成预期中的现代司法机构，它的发展给予后人某些重要启示。

首先，会审公廨已不同于传统地方机构，不仅体现在此机构的司法主导职能上，而且还因为机构内糅合了中西法律因素，如律师制度的引入，法庭上原被告双方的交叉质证，纠正传统诉讼审判制度的某些弊端，某种程度上改变了传统的诉讼模式；重视客观证据，慎用刑讯制度，而且对程序法的制定及重视，保障了司法的公正性。这是会审公廨不同以往传统机构之处，亦是应予肯定的一面。

其次，尽管会审公廨出现众多新的法律因素，但从根本上并未完成司法的近代化转化，其主要原因并非是中西法律的冲突及无法融合性，更不是传统法制的根深蒂固不可改变性。笔者以为主要原因有：其一，一个新体制的形成不是短时期内即能完成的，它需要社会的土壤、思想的准备以及与旧有制度的衔接磨合等问题的解决。其二，司法官的非职业以及审判的非独立性亦是重要的原因。中方谳员固然缺乏相应法律知识的吸收及职业的训练，但陪审官同样并不是职业法官。双方的审判均受控制。其三，外国人在租界内的利益取向是根本原因。如具备西方法治意识的陪审官在审判中却未遵循法治精神，不是从法理角度审判而是以实际出发；工部局作为行政机关，不断地干预会审公廨的审判；领事为维护其本国利益而背离法律。正因为这样，在当时中国法律近代化进程中，会审公廨并没有如以往一样走在时

① ［美］吉尔伯特·罗兹蔓主编：《中国的现代化》，国家社会科学基金“比较现代化”课题组译，江苏人民出版社2003年版，第37页。

代的前面。

最后,会审公廨的发展给后人以启示。其一,法律的变革必须有一个稳定的社会环境,会审公廨是因中国主权被侵蚀的背景下设立的,其在租界内设立之初,就决定其受控制的命运,而受人控制的司法机构的改革则必然沿着控制人的主观方向前进,当然在这过程中与时代发展方向的某些一致是可能的。其二,法律改革能否成功还依赖于所需的必要和充分条件,如法律制度的制定、法治思想的准备、专业人才的储备、法律观念的植入等。其三,司法主权的独立性是实现法治的保障。会审公廨虽然在一定程度上改变传统行政兼具司法的模式,但其司法活动仍受行政权干涉,包括中外势力对审判活动的干预控制,毕竟权力的博弈难以保障法治精神的推行。

虽然糅合了中西法律因素的会审公廨,其影响是相对有限的,一如保罗·科恩所论证的:"各大条约口岸西方化的花花世界及其变革的趋向,始终不过是浮在中国社会和传统深刻激流之上的飘零物,只有当中国内地开始觉醒之时,真正的变革才会到来。"①而且由于租界性质所限以及会审公廨的职责所限,会审公廨的功能和影响基本限于租界之内,仅因某些案件的审理、中外交涉以及法权被侵所带给国人的耻辱等,出现跨域性影响。并因其是对中国主权的侵犯而成为国人心中之痛。但会审公廨的存在毕竟影响租界司法几十年,而且它为中西法律的融合或冲突的利弊俱存性提供一个研究的视角,也许在超越法律移植、法律近代化、法权之争等的语境后,对近代租界社会出现的这一被视为"畸形"的事物——会审公廨的再探讨,能进入不同的深度,觅得一方真谛。

---

① [美]吉尔伯特·罗兹蔓主编:《中国的现代化》,国家社会科学基金"比较现代化"课题组译,江苏人民出版社2003年版,第39页。

附录一：上海公共租界会审公廨1869—1911年历任谳员表

正谳员或会审员	任职时间	籍贯	资格	副谳员或帮审委员	备注
陈福勋（字宝渠）	1869.4—1883.11	浙江钱塘（今杭州）人	候补知县		在其多次出差公干期间，曾由谢湛卿刺史、张秀芝司马暂行其责，具体时间见本表。
张秀芝（籽云）	1872.9—1872.11	直隶宛平人	监生，江苏候补同治		
谢国恩（湛卿）	1875.8—1876.7	浙江余姚人	监生，江苏候补知州		
黄承乙（芝生）	1883.11—1885.6	浙江余姚人	廪贡，江苏试用通判		
葛绳孝（蕃甫）	1885.6.30—1885.9.7	浙江慈溪人	候补知县		为代理谳员。
罗嘉杰（少耕）	1885.9.7—1886.6	福建上杭人	贡生，川沙抚民同知		虽然9月7日接印，但因生病实际是9月15日正式办公。1885年11月26日—12月11日由王雁臣代理。
蔡汇沧（二源）	1886.6.23—1894.2.8	浙江德清人	补松江府柘林通判	宋莘乐	在未上任之前及多次生病期间均由宋莘乐代理、襄谳。
宋治芳（莘乐）	1894.2.9—1895.8.1	浙江归安人	附生，江苏候补知县	郑翰生	
屠作伦（兴之）	1895.8.2—1897.7.25（第一次任职）	直隶宛平人	监生，江宁府南捕通判		

续表

正谳员或会审员	任职时间	籍贯	资格	副谳员或帮审委员	备注
翁延年（笠渔）	1897.7.26—1897.10.26（第一次任职）	湖南湘潭人	监生，江苏候补知县		
张义澍（赓三）	1897.10.27—1898.6.18	湖南武冈人	监生，补用直隶州知州	郑翰生	郑翰生同时兼任法租界会审公廨谳员。
郑汝骙（翰荪）	1898.6.19—1899.4.10	广东人		刘穆庭（亭）	郑翰生初始为代理谳员，后升为谳员。
翁延年（笠渔）	1899.4.11—1900.11.12（第二次任职）	湖南湘潭人	监生，江苏候补知县	张柄枢	假冒"祥茂"肥皂案。
张辰（柄枢）	1900.11.13—1903.5.22	广西灵川人	监生，江苏候补同知	魏莼坞（担任襄谳前是浦东保甲总巡）	在张柄枢生病的一段时间由魏莼坞代理。
孙士鏻（建臣）	1903.5.23—1903.10.13	浙江归安人	监生，江苏候补同知		1902年9月17日—1903年5月曾担任法租界会审公廨谳员。
邓文堉（鸣谦）	1903.10.14—1904.2.2	广东香山人	监生，江苏候补知县	何吉生、王松丞	
关炯（炯之）	1904.2.3—1904.3.17（第一次任职）	湖北汉阳人	举人，江苏候补知县		
黄煊（曜叔）	1904.3.18—1905.3.17	福建人	江苏候补知县	王松丞、孙耳山	
关炯（炯之）	1905.3.18—3.29（第二次任职）	湖北汉阳人	举人，江苏候补知县	孙耳山	
屠作伦（兴之）	1905.3.30—7.5（第二次任职）	直隶宛平人	监生，江宁府南捕通判	孙耳山	
关炯（炯之）	1905.7.7—1907.10（第三次任职）	湖北汉阳人	举人，江苏候补知县	孙耳山、王松丞、宝颐	在关炯前往东三省期间，则由宝颐暂理。

续表

正谳员或会审员	任职时间	籍 贯	资 格	副谳员或帮审委员	备 注
宝 颐（子观）	1907.10.18—1911.11	蓝旗人	江苏候补知县		期间王松丞、德胜臣曾到差视事。

注：本表是笔者根据《申报》内记载有关会审公廨零星资料以及上海县志里有关谳员资料制作。有几点须予以说明：

1. 本表按各谳员任职时间顺序排列，有的谳员不止一次任职，如屠作伦、翁笠渔及关炯之。

2. 表内“任职时间”一栏，是从谳员的接印到离任。其起始时间为谳员正式接任时间，《申报》内皆有记载，但离任时间无法确定，本表基本上是按继任者接篆时间的前一天。

3. 襄（副）谳员任职的时间与谳员并非一致，有时正谳员只有一人，而副谳员往往两名，甚至三名。襄谳员在晚堂审理案件较多，另外，在正谳员公干或身体不适等情况下亦代替其出庭审判。而一些襄谳员在审判一段时间后升为正谳员，如宋治芳、郑翰荪等。

附录二:会审公廨相关章程

上海洋泾浜设官会审章程

1868年12月28日,同治七年十一月十五日,北京。

一、遴委同知一员,专驻洋泾浜,管理各国租地界内钱债、斗殴、窃盗、词讼各等案件。立一公馆,置备枷杖以下刑具,并设饭歇。凡有华民控告华民及洋商控告华民,无论钱债与交易各事,均准其提讯定断,并照中国常例审讯。并准其将华民刑讯、管押及发落枷杖以下罪名。

一、凡遇案件牵涉洋人必应到案者,必须领事官会同委员审问,或派洋官会审;若案情只系中国人,并无洋人在内,即听中国委员自行讯断,各国领事官,毋庸干预。

一、凡为外国服役及洋人延请之华民,如经涉讼,先由委员将该人所犯案情移知领事官,立将应讯之人交案,不得庇匿。至讯案时,或由该领事官或由其所派之员,准其来堂听讼,如案中并不牵涉洋人者,不得干预。凡不作商人之领事官及其服役并雇佣之人,如未得该领事官允准,不得拿获。

一、华人犯案重大,或至死罪,或至军流徒以上,中国例由地方正印官详请臬司审转,由督抚酌定奏咨,应仍由上海县审断详办。

一、中国犯逃避外国租界者,即由该委员选差径提,不用县票,亦不必再用洋局巡捕。

一、华、洋互控案件,审断必须两得其平,按约办理,不得各怀意见。如系有领事管束之洋人,仍须按约办理。倘系无领事管束之洋人,则由委员自行审断,仍邀一外国官员陪审,一面详报上海道查核。倘两造有不服委员所断者,准赴上海道及领事官处控告复审。

一、有领事之洋人犯罪,按约由领事惩办。其无领事之洋人犯罪,即由委员酌拟罪名,详告上海道核定,并与一有约之领事公商酌办。至华民犯罪,即由该委员核明重轻,照例办理。

一、委员应用通事、翻译、书差人等，由该委员自行招募，并雇洋人一、二名，看管一切；其无领事管束之洋人犯罪，即由该委员派令所雇之洋人，随时传提管押。所需经费，按月赴道具领。倘书差人等有讹诈索扰情弊，从研究办。

一、委员审断案件及访拿人犯，须设立一印簿，将为何拿人、如何定断缘由，逐日记明，以便上司查考。倘办理不善或声名平常，由道随时参撤，另行委员接办。

一、委员审断案件，倘有原告捏砌诉词诬控本人者，无论华、洋，一经讯明，即由该委员将诬告之家，照章严行罚办，其罚办章程即先由该委员会同领事官酌定，一面送道核准，总期华、洋一律，不得稍有偏袒，以昭公允。

以上章程十条，于同治七年十一月二十五日奉南洋大臣马劄同治七年十一月十五日准总理衙门咨行。

（注：本章程见《约章成案汇览》，乙篇，卷 26 上，第 1—3 页；英文本见《迈尔斯：中外条约》，第 236—237 页。）

上海租界权限章程

1902 年 6 月 10 日，光绪二十八年五月初五日，上海。

一、钱谷案如两造均系华人，原告应在被告所住之公堂控告。

一、华人犯租界章程者，即在所犯之租界公堂审讯。

注：以上两款如被告为洋人所雇佣者，均由各该管领事签名，办法亦均与前相同。

一、钱谷案如原告为洋人并非法人，而被告为华人者：甲、如被告为华人住居公共租界者，即在公共租界控告；乙、原告如为法人，被告如华人在法租界居住者，即在法公堂公告；丙、如原告为外国人并非法人，被告为华人而在法租界居住者，应在公共租界之公堂审理，惟拘票则须由法总领事签名，然后由两租界之公堂差役协提，毋庸在法租界先审；丁、如原告为法人，被告为华人而住居公共租界者，应在法租界公堂控告，惟拘票须经总领事签名，仍可由两界公堂差役协提，亦毋庸先在公共租界公堂提审。

一、刑名之案如原告为外国人，并非法人，则在公共租界之公堂审讯，如原告为法人，则在法公堂提审。拘票亦须按照以上第三款先经领袖总领事签名，然后由公堂差役协捕往提，与向日办法无异。

（注：本章程见《中外约章汇新》，卷 5，第 16 页。英文本见《马慕瑞：中国约章》卷 1，第 338—339 页。一九〇二年六月十日是上海领事团通过本章程的日期，上海道于第二天表示同意。）

续增上海洋泾浜设官会审章程

1905年2月,光绪三十一年正月,上海。

第一条　甲　上海会审公堂于捕房解讯及会审交涉案件应分立华文册档,将每案分注册中,按次编号。凡收状日期、两造姓名、籍贯何国、控告何事、开审后所有按日堂断、堂谕以及复讯、上控讯办各件,亦须一一注明,并将结案之堂谕详注册中。

乙　所有会审同知权限,凡刑钱等案件在枷杖以下及监禁五年以下各罪名,均准讯办,分立册档中同前。

丙　以上各项册档,除捕房解讯及会审交涉两项,凡与本案确有关系之人皆许随时查阅,其余自理词讼刑名案件,不在此例。惟案结后,应将判词及已释、已办证人姓名随时悬示,以期大众周知。

第二条　会审公堂所审各案,除中外会审官员商定有关风化之案应行密讯外,其余各案均须任人公听。

第三条　凡控告洋泾浜租界内之中国人员,承审华员准照本国官制应有之权力办理。被控人员应准照例具诉。如应传之人内有体面之人,于传票姓名之旁,注明准其暂保,遵缴保银,免予管押。

第四条　甲、除两造均系华人并未牵涉洋人案件外,其余各案均应由外国官员会审。此外国会审委员权限应照烟台条约第二款办理,并应视各国商民照约应得之利权,由各国领事官分别委派。

乙、中外堂官如有意见不和,未能结案之处,应请上海道及案内外国人之本国总领事官或领事官覆核。

第五条　会审公堂牢狱应仿西洋止疫,由该公堂自行延订资深合格之华医办理,应需常年经费,由上海道指拨。

第六条　凡居住洋泾浜北租界内之华人,无论何案,经会审公堂提究传讯所出之提传各票,应由领袖总领事书押盖印,方能施行。若被告系外国商民雇用者,其提票兼须由该东人之本国领事官书押盖印,方能行提。

第七条　凡词讼、刑名各案如有外国会审官在坐,两造均可聘用律师,惟律师必须经其本国公堂允充律师,会审公堂方准充用,否则不准。

第八条　凡审讯案件,本案之中外堂官如以为律师不遵命令,即可暂禁其在本堂充当律师。其暂禁期限,不出一个月,如经该律师之本国领事官允诺,则暂禁之限可展至六个月。

第九条　凡审讯案件,如照华例并无成案可查,会审公堂应照中国商民通例公平断谳。

第十条　凡原有之章程各条与此项虚增章程不相抵牾者，中外官员仍实力奉行。

附：公共租界会审公廨华务民事案件办法

一、华务民事案禀件在华务收发处递呈。禀单格式仍照寻常。如华文禀单之外更备洋文禀单者，亦不能作为不合。禀单一经递到，收发处随即行挂号入册，呈交官员批示，或传、或提，即将禀单善发。

二、传单、提票均由公廨善发，经领袖领事签印之后，再由捕房派探捕传提。

三、凡原告呈递诉讼，每一控禀应纳挂号费百分中之一分五，视所控之数多寡为定。其费应付交监察房收支处。至审讯时，原告再纳堂费百分中之一分五，亦视控数多寡为定。每一控案，自递禀以至审讯，原告前后共纳费百分中之三分。惟挂号费少则不能过两元五角，多则以一百元为限，堂费亦然。故无论若何巨案，至多原告共出费洋二百元，贫穷之人带至公堂，察明实系贫穷无钱，则准予免纳，即将禀单挂号批示，出票传提，与纳费者一样办理。

四、原告缴纳之挂号费与堂费应俟结案之后归曲者承认。如公堂查核案情另有别故不应归曲者承认，不在此列。

五、原告递到之禀应按次挂号入册，俟两造以及见证人等传集之后，即将是案另入听审册内。

六、听审册内写明某号、某案。陪审官到堂观审，亦按听审册号数挨次输讯。倘有一堂不能讯结之案，则下次复讯仍须原陪审官到堂讯审，至定断结案为止。

七、如华务案内有关系洋商者，应视关系洋商是何国商人，归何国陪审官到堂观审。所谓关系者，必须该洋商或公司、洋行与涉讼之两造胜负中有间接之利权关系是也。惟该洋商究与涉讼国实有关系与否，应由该洋商之该管领事决之。

八、审问案件，陪审官仅到公堂观审，不行干预。如有不明之处，可向承审官询问，并可取阅关系案件中之一切合同字样。

九、华务案之堂谕应用上海公共租界会审公廨名义，并由观审之陪审官书押，然后宣布，俾涉讼者晓然堂谕为租界中秉权执政之官所下。

十、代表律师，原、被均能宴延请到堂，申辩案情。承审官员应照寻常办法,准予律师诉辩。惟如堂上察有贫穷被告无钱延请律师代陈案中曲折因而被告不利者,应令原、被两造各不延请律师,以昭公允。

(注:本章程及附件均见《民国上海县志》,卷14,第32—34页。本章程的订立日期未查明。)

公共租界工部局越界拘人办法

1907年,光绪三十三年,上海。

一、华人与华人涉讼,如被告住居租界之外,照章应由原告自赴界外之地方关衙门控理,公廨不得出票越提,以明权限。

一、华人与华人涉讼,如被告向居租界之内,照章应由原告先自赴公廨控理。如两造中有一,不服公廨判断,准赴上海道衙门上控,由道另派他员复讯。如案情重大,径由道台亲讯。

一、租界内华人与华人、或洋人与洋人如有涉讼而被告避住界外,应行传提,当由公廨委员发给印票,选派妥差持赴该处管区之警察局,呈候核明情节,在票上签字盖印,派探协提到局讯明,发交带回,如有关涉刑名重要案件,并准工部局探捕通融同往。

一、公廨差役及工部局探捕如不将差票呈候警局核准擅自提人者,随时由警局拘拿送究。

一、违章赴界之探捕差役由警局拘住之后,如系廨差,交廨讯办,如系华探、华捕,送廨由谳员会同西官讯办,如系西探、西捕,送廨转交领袖领事官究办,并由廨员亲审。

(注:本办法见《民国上海县志》,卷14,第37页。本办法的订立日期未查明。)

附录三:上海公共租界会审公廨诉讼律

上海公共租界会审公廨诉讼律

1914年9月18日公布

刑事诉讼

第一条　凡系刑事控诉他人者须具诉状签名递交检察处,内应将事实声叙明白。

第二条　凡被告未经在押公廨于受理诉讼之初当按照控案之性质或出传票或出拘票传提被告到案。

○ 传票

第三条　传票应给被传人亲自阅看,倘被传人不易遇见则将传票留于被传人在公廨辖权内平素或最后之住所或营业所。

○ 拘票

第四条　如被传人抗不到案而传票之送达,业经证明是实,公廨即出拘票拘之。

虽经出有传票,然在传票内所定被传人应行到廨之期以前或以后公廨随时可出拘票。

公廨于受理诉讼之初,非经诉讼人具有签名之诉讼不能即出拘票。

第五条　拘票须经领袖领事或其按法委任之人员签字后方可执行。

○ 搜索票

第六条　如能到公廨提出证据,经公廨认为充分者或确有嫌疑者在某处所或某房屋内有关于公廨所认为罪案之物件,因此物件,用此物件或对于此物件实犯该种罪案者,或该物件能证明该种罪案者,公廨对于该处所或房屋之居住人国籍有权可以管辖者,即照出搜索票搜查该处所或房屋,若有搜获物件即行扣留,并将住居该处所或房屋以内之人拘案。

遇有房屋紧闭拒绝入内,一经搜索员役声明执有搜索票,并告以搜查之目的嘱令启户后,如仍不开放,该员役可实施强制之法入之。

第七条　该搜索票上应将执行员役姓名书明,归其一人执行,惟该员役可以随带他人帮同办理。

搜索票上须将应行搜查之某处或某房屋一一载明,未载明处所或房屋之搜索票一概不出。

○ 证人

第八条　如对公廨陈述某人住居公廨辖权以内,能为原告或被告作证者,公廨即出传票,令其到廨质证,如该证人住居公廨辖权以外,公廨应请该管官厅协传之。

第九条　如上述证人被传不到,并无可原之理由,公廨于送达传票人业经证明传过情形,即出拘票拘之。

第十条　如向公廨陈明某人住居公廨辖权以内,能为原告或被告作证,但该证人非实施强迫必不到案,则公廨可不出传票,迳出拘票拘之。

第十一条　如上述证人住居公廨辖权以内对于讯问不肯回答,并无可原之理由者,公廨得将该证人管押之。

○ 诉讼进行

第十二条　被告到廨不许提起抗告反对诉状或传票或拘票实质上或格式上之缺点,或原告之诉状与证据互有歧义之处。

倘诉状与证据互有歧义,被告为诉状所误指者,公廨即可展期再讯。

第十三条　如被告被传或被拘到廨或业经在押公廨可随时从简易之法听讯或判决之或审度所宜将该案展缓另订日期开讯。

第十四条　如案已展缓原告欲于临讯时提起他项控诉条款为传票或拘票或捕房解案单内所未载者,应于临讯前三足日递呈诉状详载该项条款,公廨至少于两日足前转知被告或被告律师。

第十五条　在讯案时公廨视案情有展期之必要或便利,不论据何种理由即可将案停讯,且将被告还押,惟每次展期不能过十四天。

在羁押期内公廨仍可将被告带案讯问。

在羁押期内公廨可将被告释放,惟须觅有妥保,由公廨察准交该保人担保临讯到案。

○ 审讯

第十六条　无论被传被拘或投到或初讯或再审,被告已到廨,原告亦业经收到订期审讯之通知书,而原告并不到案又无律师代表到案,公廨得将控案注销,如有别种缘故,公廨得另示限制将该案展期再讯。

第十七条　原告于讯问时得自行陈述，其控诉并得延律师代向证人原问诘问。

第十八条　被告亦可对于控告自行陈述，其辩诉并得延律师代向证人原告诘问，如被告无律师则于原告方面各证人供毕后，公廨当向被告询问，有无诘问证人言词。

第十九条　当讯问时公廨将原告控诉之大略，向被告宣布再询被告有无理由可以阻止其判案。

倘被告承认控诉并无理由可以阻止其判案，公廨即将被告定罪，惟必有证据，可视为下相当判决所必需者。

如被告否认控案，公廨当察核原告并证人之口供及原告所呈出证据以维持原告之控案，原告方面维持控案之证据统行呈出以单方面证据观之，原告控案似乎成立，公廨即向被告讯问有无辩护之声诉，并证人或证据问明后，即审讯被告并证人及证据。

第二十条　如被告呈出辩护之证据，原告得以有公廨之允许，亦可再提出证据以答辩之。

第二十一条　原告如有律师代表，则于开讯时，原告律师应将原告案中所欲证明之事实先行陈述其梗概，次令原告证人作证，惟被告或被告律师得向该证人诘问之。

原告案件陈述完毕，如被告延有律师代表，并有证人代替被告作证者，被告律师亦如原告律师，可将伊案中所欲证明之事实陈述其梗概，陈述后嘱被告证人作证，经被告证人作证毕，被告律师当即将被告案中一切事实理由作一总辩论，原告律师亦有权答辩之。

如被告案中只有被告一人并无其他人作证，被告律师即不得将案内事情预先陈述，务须先令被告作证事毕，由原告方面诘问，诘问讫，被告律师当即将被告案中事实理由作一总辩论，原告律师亦有权答辩之。

如被告方面无人作证，则原告律师于原告方面证人口供完毕后，即可总论其案情，被告律师亦有权答辩之。

若此方面证人被彼方面所诘问者，此方面得从诘问之处重复问之。

第二十二条　公廨于讯毕两方面供词及两方面证人及证据后，当熟思全案情形施以判结或治被告以罪或撤销该案。

第二十三条　如判定被告之罪，其案情与罪名等当一一录出，归入公廨案卷中保存之。

第二十四条　如该案起诉者须将该证书呈出，即可使后来之案件撤销，无须他项质证。

复讯

〇 请求知照会

第二十五条　判决罪犯可向公廨检察处递呈请求知照会请求复讯或减轻罪名,此种请求知照会书应须大略陈明请求根据之理由,并须于判决后十四天内递呈。过期之后,则须得公堂之特许。

民事诉讼

〇 诉状

第一条　凡民事诉讼除本律所特别规定者外,须先具诉状。

第二条　诉状内须叙明原告所凭之实事实理及情形分段叙述程次标明数目,每一段内只叙其事之一端,并应将请求救济各条款为原告所视为应得者,或普通者明白特叙。

诉状应将原告之所以控诉被告各事简明声叙,使被告得以明悉原告控案之性质,诉状内无须叙述空言以为事实之证。

第三条　所具之诉状华英文合璧者一式三份,单缮华文者一份,又华英文合璧者一份,须发案内之被告。

第四条　诉状费须于递呈诉状时交付不缴费者不收。

〇 保人

第五条　原告具诉状后,公廨即填传票,连同原诉状一份往传被告亲自投案取保临讯交案。

若被告被传不到,可出拘票拘之。惟公廨视为合宜时亦可再行饬传,知照被告到案。传票内须填明被告,如不遵限到案,即出拘票拘提并填明,若被告欲免暂时羁留者,应即将其保人姓名告明公廨偕同到案。

第六条　被告到案若无保人,公廨即将该被告管押,有保者亦必其人为公廨所满意能缴公廨,若不能赔缴,公廨应将该保人提案管押,非缴不释。

第七条　保证款或他款之缴在公廨者,未经公廨下有特别指定之谕单,不能将该款之全分或一部分付出。

第八条　原告具诉状后无论何时遇有疑惑被告意存避匿情形,原告方面可向公廨呈具满足之证据,由公廨出牌将被告拘获看守,非得确实保证不能交保。

〇 紧要谕单

第九条　遇有紧要之事件或他种特别情形,公廨视为合宜得于未经具诉状之前不发通告，先行出一谕单，将货物发封或将人提案交保或将产业查封。

第十条　此项谕单未出之前，公廨须令请求人具结（有保人无保人由公堂酌定）签名（有保人者保人亦当签名），对于受谕单人所有损失请求人应任其责或令请求人具他项保证或用担保品与否，均由公廨酌定。

第十一条　前项谕单之请谕人若不正式具呈诉状，则该单之效力不能逾二十四点钟，此项谕单如视为公允可在讯时核办。

〇 请求谕单之更改

第十二条　谕单出后凡与谕单攸关之任何一造，如欲请求将谕单更改或撤销者，须于收到谕单后之七日内赴公廨声请，公廨于通知得有谕单人之后或拒绝更改或撤销或允准更改或撤销，并应否责令取具保证品或他物，由公廨相宜定之。

〇 要求事件

第十三条　若原告诉状中无充分之理由足使被告明白其要求之性质及事件者，公廨应于被告未具辩诉之前，令原告将诉状修正或添具要求事件。

公廨得令原告将自已所执或权力所及之契据或文件为诉状内所指明者，随诉状抄黏或与彼造阅看。

〇 诉状之修正

第十四条　被告未具辩诉之前，原告于无论何时得将诉状修正，若被告已具辩诉则非得公廨允准不能将诉状修正。

〇 两造

第十五条　凡有控诉他人之权者或以监护人或遗产执行人之名义代表他人起诉者，或以债权代理人之名义代表自已及他人起诉清理遗产者，则起诉时均须声明其所处地位。

第十六条　凡原告对于的主或保证人之多人又连带并分任关系之要求，则原告无须牵及控案中止一切关系人到廨，只须将关于该要求中之一人或数人控告之。

第十七条　凡于未讯之前或正讯之时，遇有对于原告一方面或被告一方面之各造有未经入案而应须入案者，或对于原告一方面或被告一方面之各造有不应入案而已经入案者，公廨应令将诉词修正，诉状中如有他项应行修正之处，亦得修正之，至于到案日期，公廨将案展期或延期讯理以及应有费银由公廨秉公核定。

如无本人同意之充分证据可使公廨满意者，不得令其人联作原告。

第十八条　如意诉状之中陈述二起或二起以上之控案,所控系同一原被告而权利又相同者,若公廨不便同时审讯,得于未讯之前或正讯之时,谕令分起缮成档案,并谕令展期讯理。

如一诉状中陈述二起或二起以上之控案,惟所控并非同一原被告或同一原被告而权利各异者,则以被告之请求得将原诉状驳销。

○ 辩诉状

第十九条　应具之辩诉状若非公廨别有谕单,则该辩诉状必须于原告诉状递后二十天内具复到廨。

被告若无辩诉状,原告得请求公廨将案判决,公廨据请之后或将案审讯判决或展期,令被告限日具诉,均由公廨秉公定夺。

第二十条　被告应具辩诉状之期亦得声请宽限,惟须将宽限之期及理由申明。

第二十一条　被告若无辩诉状到廨仍不能作为承认原诉状内之事件及原告所请求之救济审讯之时(虽被告并不到廨),原告应将所控之条件陈述并证明,如公廨认为公允者即将该案判决。

第二十二条　辩诉状只须对于原诉状所要求者陈明被告辩护之性质,无须援引证据证明其辩护。

辩诉状应取简短明晰不得牵引无关系之事,辩诉状中须将被告临讯时所否认之原控条件先行逐条否认,被告对于原诉状所控之条件知系真实或意欲承认者,必须于辩诉状中逐条承认之。

第二十三条　辩诉状须具华英文合璧者一式三份,单缮华文者一份,又华英文合璧者一份,以备发给案内之原告。

第二十四条　遇有被告辩诉状中只将原控条件含混否认,原告得请求公廨饬令被告将原诉状条件逐一答复,若公廨核得该原诉状之请求确系简明实在分晰清楚而以为公允者,得准其所请。

第二十五条　若被告辩诉状中,其声叙各事不足使原告明白其辩护之性质及事件者,原告得请求公廨谕令被告修正辩诉状或添具事件,公廨得令被告将自己所执或权力所及之契据或文件为辩诉状中所指明者,随状抄粘或与原告阅看。

第二十六条　辩诉状如有未善之处,可以请求公廨允准或得原告认可随时修正之。

○ 互控案件

第二十七条　若被告于辩诉状之中提出特别条件反诉原告为公廨辖权

所属者，公廨核得此等反诉条件成立后，该被告对于原告应得法律上之救济，则公廨于被告递有辩诉状之后，又据该被告之请求得令原告交保候讯，与被告另具诉状提出此项要求者视同一律，并得谕令按照互控案件听候审讯或以他项公允之法办理之。

○ 缴款

第二十八条　案中无论原告或被告于具诉状或具辩诉状或具他项请求时得以现金缴存公廨作为偿还金并承认或否认担负或如居间人或财产受托人亦照此办理。

第二十九条　凡遇此种缴入公廨之款，该造须将缴款之事实在诉状或辩诉状或他项请求状内陈明，并须另缮一纸叙述关于缴款情事，并指明该诉状或辩诉状或他项请求者。

第三十条　检察员对于各造缴存公廨之款应随时掣给收条。

○ 辩诉递后之办法

第三十一条　辩诉状既递之后非经公廨允准不得再有他项禀诉。

○ 账务纠葛

第三十二条　起诉后无论何时公廨查得案中所争各问题，其全部或一部分乃关于账务纠葛者，公廨得谕令将所争问题之全部分或一部分委任两造所同意之公正人理算，如两造无同意之人则该公正人由公廨指定之。

该公正人应遵公廨谕示将账目查明，并盘问两造供词具报告书报告公廨，公廨于讯问两造口供以后，得采取该报告书中所结束之全部或一部分，将案判决或令公正人另具报告书或因另具报告书之故，将该案展期讯理。

○ 停滞进行之注销控案

第三十三条　如原告按本诉讼律或谕令应具呈何种诉状或契据或应作其他各手续之义务，而该原告不遵照诉讼律或谕令所定克期具呈或办理者，被告得请求公廨将原诉状注销，公廨既据此项请求如视为合宜得准予所请，将原诉状注销或另出谕单或另定条件，皆视公允与情理定之。

○ 息讼

第三十四条　如原告对于所控之各造或无论何造有息讼之意，应即出诉讼撤销通告书于检察处及被告。

○ 检察员

第三十五条　（甲）公廨检察员于每一控案，应将案卷并案内证据谕单汇聚保存，另行登载编列号码以与该控案之号数相符。

（乙）按照本章程到廨呈递请求状或通知书及其他文件者，均须在办公时间呈交检察处。

○ 讯案号册

第三十六条　检察处须备讯案号册两本,一记华人控告华人案件,一记洋人控告华人案件。

检察处收到诉状后即应按类记入讯案册中,除公廨另有谕令外,均应按照册中次序审讯。

○ 公廨主权

第三十七条　公廨于无论何时视为合宜,可以酌行下列各事(惟须将其理由记录):

(甲) 缓期审讯或判决定谳。

(乙) 准予撤销或令修改诉状。

(丙) 指定或准许诉讼之期延长或缩短,所指定或所准许之期或准予宽限期办理某种事或诉讼。

(丁) 出谕饬令缴呈契据到廨查验。

第三十八条　公廨遇有诉状之格式或措辞小有不符或他项疵谬者,不能拘此小节将案停滞不办。

○ 中间之请求

第三十九条　凡控案当已传未讯之中间一造,如欲有所请求者,应于开庭时行之,该请求状至少须于未理该请求之前二日知照彼造。

○ 听审

第四十条　遇有讯案号册中定期审讯之案,挨次轮及,两造皆不到案,又无律师或代表到廨,而原告确已接有通告者,若无满意之理由陈明,公廨即将该案注销。

第四十一条　凡原告已接有听审通告而临讯不到又无律师或代表到廨,更不能陈明满意之理由者,公廨得将该案注销,一面给谕单被告得直。

第四十二条　倘原告到案而被告一造临讯不到又无律师或代表到廨,公廨应于未讯之前先行审查传票及听审通告单有否送达。

如果查得

第四十三条　凡被告临讯不到,如果公廨查得被告并非有意不到,对于判决之件确有可以辩护者,公廨得视所宜将前判注销重行审讯。

第四十四条　遇有因原告临讯不到业经注销之案,若非经公廨允准认可原告不能恢复原案。

○ 审讯手续

第四十五条　审案时进行之次序如下：

无论何造关于两造间所发生之实质问题须待其证明者，有先发言之权。

该造应对公廨陈述案由。

该造应陈出证人并令其作证。

该造陈毕供证后应问彼造有无供证之陈述（凡文件上之供证无论未经读过或已经读过者均包括在内），若彼造答云无，则该造可将已经指陈之供证总结辩论且得加以评语，若彼造云有，有待其陈出而后答复。

开诉一造已将案情陈毕后彼造亦得陈述案由，并指出供证而作总结辩论并加评语，若彼造并无供证指出或读出，则开诉之造除彼造声称意欲指出供证阻其将案情作总结辩论外，再无发言之权。

若反对开诉之一造将供证指出或读出，则开诉之造得自由将案情之梗概回答之并答辩之供证，既经公廨允准指出之后，彼造得向公廨辩论，开诉之造亦可答辩之。

第四十六条　每证人答复一造作供之后，彼造得诘问之而开始，一造得复问之，然后再由公廨讯供，惟两造若须重行盘问者，非得庭上允准不可。

第四十七条　公廨应将供证录出。

第四十八条　凡欲反对供词应于作证之时反对之，抑欲反对文字上之证据应于其呈出之时反对而辩论之后决定之。

第四十九条　凡遇诘问证人之问题，如有反对之者，除反对之言外，公廨任何一造之声请，应将该问题及反对之言录出，并批明所问之当否，如所问果当应将答词一并录出。

第五十条　凡契约上之证据必须呈案宣读，或由对造之允许作为已经读过，每一证据文件呈案后，公廨即于其上当场作一记号而储存之，除得公廨允准外，非至判决七日后不能领出，如有请求上诉者，即判决七日后亦不准领出。

○ 证人

第五十一条　遇有住居公廨辖权内之证人，似可陈述确实供证而不愿到庭者，公廨可出传票传之，若证人不住居公廨辖权之内，则移情该管官厅协传之。

第五十二条　上条所传之证人，若抗传不到又无可原情形足使公廨满意者，公廨于查得传票确已达到后可出拘票勒令到廨。

第五十三条　遇有住居公廨辖内之证人似可陈述确实供证而其人不愿

到庭,非强迫不可者,公廨可不出传票,径出拘票拘之。

第五十四条　凡有住居公廨辖权内之证人对于庭上所问抗不回答又无不答理由,足使公廨满意者,公廨得出拘票,将其人管押之。

第五十五条　未讯之前有案中任何一造诉明公廨某为重要证人于庭讯时不能到案质询,如公廨满意可即出谕并通告他造传该证人于庭讯以前之无论何时先行到案取供。

此项证人之供词须录出以备庭讯时之用,如庭讯之时公廨得满意之诉明,该证人又能到案者则此项录出之供辞不复作用。

〇 堂谕

第五十六条　判决与堂谕于开庭时宣读之。

第五十七条　凡堂谕于听讯之时待商不发者,除于听讯时声明何日宣布堂谕无须通知外,均应另行通知两造到廨听候堂谕。

第五十八条　若听讯时已将判决与堂谕宣读者,则各造均作已领到判决与堂谕之通知书论。

到廨听领堂谕之通告书,既经传达后及期宣读堂谕即作各造已听领堂谕论。

第五十九条　凡堂谕或谕单无论为结案者或非结案者,均须缮就由公廨签字盖印。

第六十条　凡堂谕或谕单上均须填明宣布日期。

第六十一条　凡堂谕或谕单无论何造均可得副本一份,此种副本均由公廨盖印。

第六十二条　应缴之款,公廨得谕令应缴之造分期措缴之。

第六十三条　一切饬缴之款,除公廨另有指示外,均须呈缴到廨。

第六十四条　公廨对于谕令缴款或为其他事件之人,得察看情形或将其人看管或令取保出外,但对于堂谕所判决之被告,若非公廨特别允准不得开释,惟得有确实保证,担保其后来到案,并由确实保证数人或一人为之,若公廨令被告缴款,其保证之数须与缴款之数相同,若谕令被告办理其他事件,由公廨核定保证数目。

若公廨饬传被告到案或由原告催付缴款,由公廨饬传而被告不能到案者,该保人应将断款如数缴呈公廨,若不缴呈者,公廨得将保人拘案管押,非至将银缴清不能释。

第六十五条　凡谕单令人缴款而其人抗不遵缴者,则请求公廨将其人之产业查封抵偿。

〇 停止执行

第六十六条　关于下列各条两造中无论何造有请求状呈请到廨，而公廨酌核情形，现为合宜者得将谕单停止执行。

（甲）在本廨或别处公廨中已有另案起诉者。

（乙）请求上诉或复讯者。

（丙）有充分之缘由声明者。

〇 产业之反对与变卖

第六十七条　除有美满之理由应作别论外，公廨经执谕者之请求得发执行印，谕将不付款项人之产业交托公廨所信为可靠之官吏或他人发封变卖偿还应付之款及执行费用。

第六十八条　公廨为执谕者之利益起见得执管发封产业作为应缴而未缴之款之保证。

第六十九条　变卖分封之产业应由公廨给谕指定时日及办法。

第七十条　委任人应将执行变卖之谕单缴还公堂将其执行办法填明于上。

第七十一条　变卖谕单内应将断款数目书明，如果欠款人于产未变卖之前将所断之款与一切他费缴到公廨即将变卖谕吊销产业仍行发还。

〇 票传堂谕断缴之债务者

第七十二条　遇有谕单中所饬之款，其中全部分或一部分有未经缴足者（变卖印谕，无论已出或未出），执谕人得请求公廨将债务者传案讯问，其人有无缴款之能力，除查有别故得以不传外，公廨应出票饬传。

第七十三条　此项传票所传之人到案后，应由公廨与执谕者或其代表人盘查其人有无缴款之能力、有无产业可以抵偿及曾否处置何项产业。

该债务者应将关于能偿还缴款所需之产业，一切账簿、契据悉数缴廨察核。

所传之人无论其到案与否，执谕人以及公堂所需之见证均须到廨听候查问上述之事。

公廨视为合宜可以展期续讯或将传到之人交保出外听候续讯或非当时释放者，则将其人管押至续讯时带案再讯。

第七十四条　管押之人若将断款如数缴呈或分期拔清者即可释放。

第七十五条　公廨审讯上述传到之人时，如视为适当，得将前出之谕单吊销或更改或重行出谕，另定缴款之法或令如数缴清或令分期缴还或以他法办理，皆视情理与公允定之。

〇 第三债户之办法

第七十六条　堂谕已定之后,公廨对于应行缴款之一造可讯问有无他人欠彼之款,如有此等欠款欠者住居公廨辖权之内,而本人又到案者,公廨为堂谕断缴之债权者之利益,得令其陈明因何理由不应将所欠之款之全数或一部分可以抵偿堂谕断缴之款者缴呈公廨,并得另出谕单,谕令将所欠之款之全数或一部分可以抵偿堂谕断缴之款者,缴还之此种谕单与公廨他种谕单,其执行办法一律相同缴银之时,应照所缴之数给予收条作为缴银者与堂谕断缴之债务者之间债务一部分之清欠单。

第七十七条　遇有原告一造执有追银谕单或被告一造有平反谕单,该两造均可随时具状检察处声明所下堂谕未经清偿尚有第三债户该(注:似应为“所”)欠堂谕断缴之债务者,如其人住居公廨辖权之内者,公廨经堂谕断定之债权者之请求,可出传票追出第三债户所欠堂谕断缴之债务者之全数或其一部分欲可满足堂谕断缴之款者。

第七十八条　该传票应交与第三债户本人阅看其效力即有禁止其偿付堂谕断缴债务者之债款,该第三债户应遵传票内日期到案陈明因何不应将全数或一部分银款缴到公廨之缘故。

〇 变卖辖权外产业之执行

第七十九条　如欲变卖辖权外之产业,公廨得请该管官厅发封变卖所得之款移交公廨核夺。

〇 拘拿

第八十条　如所出谕单非令其人缴款而令其人办理一事者,如其人抗不遵行则执谕人得请求公廨将该抗谕人拘捕到案。

第八十一条　除有别项可以不出外,公廨经执谕人之请求应出拘票盖印交与相当官吏使有权将该抗谕人拘拿看管以待后谕。

〇 代理控诉

第八十二条　凡为原告有何行为向公廨起诉,均须以自己名义行之,不能具他人之名到廨,但可由自己或由律师或由书函委任合法之代理人行之。

第八十三条　上述之行为或诉讼由代理人为之者,必须将委任状或受托之据于未控之前或正控之时呈廨。

〇 股东之控案

第八十四条　(一)凡以股东控人或被人控者得以商店名义行之。

(二)凡股东以商店名义控人者经被告具状要求后,该股东须将个人姓名地址报明。

（三）遇有此项控案而股东不将姓名住址详报者，公廨经被告之请求如视为合宜，得照准所请将此项控案停止办理。

（四）各股东之姓名业据声明控案即可进行一些有关系之事即随之办理，此项股东即视如诉状纸原告。

（五）一切后来进行之事仍以商店名义继续之。

（六）凡股东以商店名义被控者，其诉状及传票当交与住居公廨辖权内之一股东或数股东或交与设在辖权内，该项股份事业之总事务所中指挥或办理该项合股事业者。

（七）凡个人以商店名义似可代表一人以上者，如因商店名义被控其诉状传票可交与设在公廨辖权内，该事业之总事务所中指挥或办理此项事业者。

（八）凡股东以商店名义被控者均须以自己姓名到案。

（九）一切后来进行之事仍以商店名义继续之。

（十）凡个人以商店名义办理店务似可代表一人以上者，如因商店名义被控应以自己个人姓名到案。

（十一）一切后来进行之事仍以商店名义继续之。

（十二）遇有未经载入上列规则之案件，如股东数人以商号名义控人或被控者，则案中无论何造得向公廨请求将该商店中之各股东姓名开呈，并证实之。若公堂视为合宜得照准之。

（十三）如堂谕判决用商店名义之股东为败诉者，则执行之办法如下：

（甲）变卖各股东之产业。

（乙）变卖案内承认为股东或判定其为股东者之产业。

（丙）变卖案内所传而匿不到案之股东产业。

（十四）如胜诉一造，欲变卖他人为股东者之产业，应向公廨请示得其允准，公廨查无反抗可以照准者，得照准之。如查有反抗不能照准者，得谕令其将争执之理由讯夺。此等办法均由公堂视宜酌定。

〇 传达当事

第八十五条　凡诉状通知书、传票、命令、谕单并其他文件等之传达，为本律所规定或公廨向章所订定者，除公廨查得该案非另行办理不能合宜外，均有公廨员役一人送达。若公廨无盖印之谕单或于其后面批注或连附于所传之文件之上，则传达不生效力。

第八十六条　传达之件，除公廨查得该案必另行办理始能公允而便利外，皆须亲身交与，是即将传达之文件随同谕单或于文件后批注或连附者一并付交送达人之手。

第八十七条　如公廨查得无论已经或未经亲身传达不易办到者，则公廨得令按照下列规则得以传达之。

（甲）文件与谕单交与当事人之代理人在公廨辖权之内者，或交与住居辖权以内之他人知此项文件谕单经过他人之手，必能转付于当事人者。

（乙）或在流行公廨辖权内之报纸中登载告白。

（丙）或在公廨前或在公廨辖权内之往来孔道粘贴通告。

○ 限期之计算

第八十八条　遇有本律或特别谕单或公廨程序所指定或允准之时期，如自某日或遇某事起，或于某日遇某事后应办理某事，或应进行某手续者，此等期限若无点钟之限制，其计算限期之法，应不扣算某日或某事发现之日在内，应自予限日之后一日算起，其应办理之某事务或应进行之某案件，亦照此计算，至迟不得过限之末日办理或进行之。

第八十九条　遇有限定办理某事务或进行某案件之期，适于星期日或公廨停止办公日满限，则所办理之事务或进行之案件，如于次日公廨照常办公之日办理或进行之，即作为在限期之内办理或进行者论。

○ 一造遇有死亡或其他变易

第九十条　凡起诉之案关于案中之一造之利益上或责任上出有变易或嬗续，或案中之一造身故或因他故致该案有缺点而不能进行者，则有关系之当事人得请求公廨给与谕单弥补其缺点，或使令或迫令正当之各造仍将原案进行。

凡奉有此项谕单之一造，如欲反抗者，应遵照谕单所规定之期限，惟不得过十四天之内，请求公廨将谕单注销。

○ 欠租发封

第九十一条　请求欠租发封谕单，应用中英文合璧之诉状，须由房主或房主之经理人签字。

第九十二条　诉状内须开明下列各条：

（甲）房主或经理人之姓名住址

（乙）租户姓名

（丙）叙明所欲发封之产业

（丁）该欠租金若干

（戊）该欠租金若干日

（己）租金系于何日到期

第九十三条　公廨据诉之后，应出封条及谕单，将该房屋发封。

第九十四条　所处谕单及封条应交付房主或其代表该房主或代表得由此项谕单及封条后，应即送往该房产所在区域之捕房会同捕房探捕前往该房产所在地点，如有欠租金为谕单内所载明者，该租户不照付，捕房探捕得将该房屋发封，若非公廨另有谕单不能启封。

第九十五条　若未经发封之前，该租户将谕单内所载欠租之租金付清，或两造自有调停之法者，则捕房探捕应将谕单封条赴公廨缴销。

第九十六条　若租户于发封之后始将谕单内所载欠数如数付清，或两造自有调停之法者，则此项封条若非公廨另出谕单，亦不能擅动，应由房主具一已付租洋或自有调停之通知书到廨，而后由廨出谕启封。若租户请求启封谕单者，必须于开庭时行之。且须于一日前将此项请求知照房主或代理人。

第九十七条　若发封之后租户并不遵照谕内十四天之限期将租洋付清者，则房主或其代表得具请求书到廨请求给发谕单拍卖房内所有物件，公堂既据请求应即给予谕单，并备同样之谕送交公廨指定之拍卖人，所卖得之数应缴呈公廨。如得数丰足，当由检察员提出谕内所载欠数付给房主或其代理人，并扣去一切应有之堂费外，若有盈余给还租户具领。

○ 遗产收受人及破产

第九十八条　下列各种案件如（甲）遗嘱之立案；（乙）公廨辖权内接管遗产之谕单；（丙）财产收受人之指定；（丁）破产案等均应遵照本律第一条办理，惟此项案件应由检察处另具讯案号册，与普通之讯案号册不同，公廨应优先审讯。

复讯

○ 请求知照书

第九十九条　任何一造有不满意于堂判者，可向公廨检察处递呈请求知照书，请求复讯。此项请求知照书应须大略陈明请求根据之理由，并须于此判决后七天内递呈。过期之后，则须得公堂之特许。

○ 准予复讯权

第一百条　凡据不满意之一造请求或由公堂主张，公堂视为公允时，得以谕令复讯其案或案中之一部分，或关于法律与事实诸问题。

民事诉讼（录法律委员会报告书）

第三条修改如下：

第三条　原告应向书记官长提出华文诉状三份，并为每一被告加提一份。

如领事官或领袖领事之委员应到场观审时（直译为如领事官或领袖领事之委员与原告之法官并坐时），原告除前项华文诉状应提出英文译本三份。

第二十三条修改如下：

第二十三条被告应向书记官长提出华人辩诉状三份，并为每一被告加提一份。

如领事官或领袖领事之委员应到场观审时（直译为如领事官或领袖领事之委员与原告之法官并坐时），被告除前项华文诉状应提出英文译本三份。

第一百零一条　对于第一审法庭所为之终局判决及中间命令，均得向适当之上诉法庭提起上诉，但须向书记官长提出上诉声明书，此项声明书须申述上诉理由，并须于谕知原判决二十日内提出之。但过此期间得上诉法庭之特许者，亦得提出之。

第一百零二条　第一审法庭所适用之诉讼办法于上诉审准用之。

第一百零三条　上诉法庭得：

（一）驳回上诉或反上诉，或上诉与反上诉一并驳回。

（二）撤销第一审判决或命令中受上诉人攻击之部分，并为该部分之新判决。

（三）发回再审。

（四）或为其他之裁判。

本委员会又提议嗣后当事人应不问国籍一律缴纳诉讼费用（现时习惯，凡享有领事裁判权国人民为当事人者，概不缴纳诉讼费用）。

注：所录版本出自上海图书馆收藏：《收回上海会审公廨暂行章程　关于收回上海公共租界会审公廨之换文　中外联合委员会报告书　上海公共租界会审公廨诉讼律》，标点系本书作者所加。

附录四:收回上海会审公廨暂行章程

收回上海会审公廨暂行章程

1926 年 8 月 31 日,上海。

第一条 甲、江苏省政府就上海公共租界原有之会审公廨改设临时法庭,除照条约属于各国领事裁判权之案件外,凡租界内民刑案件均由临时法庭审理。

乙、凡现在适用于中国法庭之一切法律(诉讼法在内)及条例,及以后制定公布之法律条例,均适用于临时法庭,惟当顾及本章程之规定及经将来协议所承认之会审公廨诉讼惯例。

丙、凡与租界治安直接有关之刑事案件,以及违反洋泾浜章程及附则各案件,暨有领事裁判权条约国人民所雇佣华人为刑事被告之案件,均得由领袖领事派委员一人观审,该员得与审判官并坐。凡审判官之判决,无须得该委员之同意,即生效力,但该委员有权将其不同意之点详载记录;又,如无中国审判官之许可,该委员对于证人及被告人,不得加以讯问。

丁、所有法庭之传票、拘票及命令,经由审判官签字,即生效力。前项传票、拘票及命令,在施行之前,应责成书记官长编号登记。凡在有领事裁判权条约国人民居住之所执行之传票、拘票及命令,该关系国领事或者该官员于送到时应即加签,不得迟延。

戊、凡有领事裁判权条约国人民或工部局为原告之民事案件,及有领事裁判权条约国人民为告诉人之刑事案件,当由该关系国领事或领袖领事按照条约规定,派官员一人,会同审判官出庭。

己、临时法庭外另设上诉庭,专办与租界治安直接有关之刑事上诉案件及华洋诉讼之刑事上诉案件,其庭长由临时法庭庭长兼任。但五等有期徒刑以下及违反洋泾浜章程与附则之案件,不得上诉。凡初审时领袖领事派员观审之案件,上诉时,该领袖领事得另派员观审,其权利及委派手续与初审时委员相同。至华洋诉讼之刑事上诉案件亦照同样办法，由领事易员出庭。

庚、临时法庭之庭长、推事及上诉庭之推事，由省政府任命之。

第二条 临时法庭判处十年以上徒刑及死刑案件，须由该法庭呈请省政府核准，其不核准之案件，即由省政府将不核准理由令知法庭，复行讯断，呈请省政府再核。凡核准死刑之案，送交租界外官厅执行。租界内核验事宜，由临时法庭推事会同领袖领事所派之委员执行。

第三条 凡附属临时法庭之监狱，除民事拘留所及女监工当另行规定外，应责成工部局警务处派员专管。但一切管理办法，应在可以实行范围之内，遵照中国管理监狱章程办理，并受临时法庭之监督。法庭庭长应派视察委员团随时前往调查，该委员团应于领袖领事所派委员中加入一人。如对于管理人犯认有欠妥之处，应即报告法庭，将不妥之处责成工部局立予改良，工部局警务处应即照办，不得迟延。

第四条 临时法庭之传票、拘票、命令，应由司法警察执行。此项法警由工部局警务处选派，但在其执行法警职务时，应直接对于法庭负责。凡临时法庭向工部局警务处所需求或委托事件，工部局警务处应即竭力协助进行。至工部局警察所拘提之人，除放假时日不计外，应于二十四小时内送由临时法庭讯办，逾期应即释放。

第五条 凡经有领事派员会同审判官出庭之华洋民事案件，如有不服初审判之时，应向特派交涉员署提起上诉，由交涉员按照条约，约同有关系领事审理，但得交原审法庭易员复审；其领事所派之官员，亦须更易。倘交涉员与领事对于曾经复审案件上诉时不能同意，即以复审判决为定。

第六条 法庭出纳及双方合组委员会所规定之事务，应责成书记官长管理，该书记官长由领袖领事推荐，再由临时法庭呈请省政府委派，受临时法庭庭长之监督指挥，管理属员，并妥为监督法庭度支如该书记官长有不胜任及溺职之行为，临时法庭庭长得加以惩戒。如遇必要时，经领袖领事同意，得将其撤换。

第七条 以上六条，系江苏省政府收回会审公廨之暂行章程。其施行期限为三年，以交还会审公廨之日起计算。在此期内，中央政府得随时向有关各国公使交涉最后解决办法。如上项办法双方一经同意，本暂行章程当即废止。如三年期满，北京交涉仍无最后解决办法，本暂行章程应继续施行三年，惟于第一次三年期满时，省政法得于期满前六个月通知提议修正。

第八条 将来无论何时，中国中央政府与各国政府交涉撤销领事裁判权时，不受本暂行章程任何约束。

第九条　本暂行章程所规定交还会审公廨办法之履行日期，应由江苏省政府代表与领袖领事另行换文决定之。

中华民国十五年(即一千九百二十六年)九月三十一日[1]在上海签字，共计中、英文各四份，均经对照，文意相符。

① 据英文本，应为八月三十一日。

参考文献

一、中文类

（一）档案文献

1. 上海市档案馆馆藏，卷宗号：Q187-1-1208；U1-3-1034；U1-3-1113；U1-2-655；U1-2-643；Q179-4-6；Q179-4-3；QU1-2-303；U1-3-1869；U1-2-293；U1-2-704；U1-2-658；

2. 上海市档案馆编：《工部局董事会会议录》，上海古籍出版社2001年版；

3.《上海公共租界根本章程(约章成案汇览本)》，上海商务印书馆1926年版；

4. 施沛生编：《上海临时法院诉讼程序全书》，民主书局1929年版；

5.《上海公共租界上诉院判决原本》，民国十八年稿本，上海市图书馆藏；

6.《上海上诉临时法院公文钞》，上海市图书馆藏；

7. 王铁崖编：《中外旧约章汇编》，三联书店1957年版；

8. 故宫博物馆明清档案部编：《清末筹备立宪档案史料》，中华书局1979年版。

（二）近代报刊

1.《申报》(上海市图书馆藏，影印版)；

2.《东方杂志》；

3.《法律评论》；

4.《法学杂志》(上海东吴大学法学期刊)；

5.《现代评论》；

6.《国闻周报》。

（三）学术专著

1. 孔昭炎:《上海领事裁判及会审制度》,新民社 1906 年版;

2. 姚之鹤编:《华洋诉讼案例汇编》,商务印书馆 1915 年版;

3. 吴鞠亭:《上海租界诉讼指南》,上海大东书局 1923 年版;

4.《所谓上海临时法院》,1929 年铅印本,上海市图书馆藏;

5.《华洋诉讼审判机关及上海会审公廨之组织报告书》,光绪宣统油印本,上海市图书馆藏;

6. 梁敬錞:《在华领事裁判权论》,商务印书馆 1930 年版;

7. 吴颂皋:《治外法权》,商务印书馆 1929 年版;

8. 郝立舆:《领事裁判权问题》,商务印书馆 1930 年版;

9. 左舜生:《领事裁判权与中国》,中华书局 1931 年版;

10. 佚名:《领事裁判权问题》,上海市图书馆馆藏,古籍善本阅览室;

11. 孙晓楼、赵颐年:《领事裁判权问题》,商务印书馆 1937 年版;

12. 王揖唐编译:《上海租界问题》,商务印书馆 1924 年版;

13. 岑德彰编译:《上海租界略史》,出版地不详,1931 年版;

14. 夏晋麟:《上海租界问题》,上海中国太平洋国际学会,1932 年版(《民国丛书》第四编);

15. 徐公肃、丘瑾璋:《上海公共租界制度》,1933 年版(《民国丛书》第四编);

16. 阮笃成:《租界制度与上海公共租界》,杭州法云书屋 1936 年版(《民国丛书》第四编);

17. 姚公鹤:《上海闲话》,商务印书馆 1926 年版;

18. 楼桐荪:《租界问题》,商务印书馆 1933 年版;

19. 顾器重:《租界与中国》,上海卿云图书公司 1928 年版;

20. [清]陆元鼎编:《各国立约始末记》(五本);

21. 冯桂芬:《校邠庐抗议》,上海书店出版社 2002 年版;

22.《费唐法官研究上海公共租界情形报告书》(三卷),出版者不详,1931 年版;

23. 顾维钧:《外人在华之地位》,宪兵书局 1936 年版;

24. 王德昭编著:《各国在华领事裁判权制度》,重庆独立出版社 1943 年版;

25. [英]裘昔司:《上海通商史》,程灏译,商务印书馆 1928 年第四版;

26. [清]朱寿朋编:《光绪朝东华录》,张静庐等校点,中华书局 1958 年版;

27. 费成康:《中国租界史》,上海社会科学院出版社1992年版;

28. [美]L. T. 李:《领事法和领事实践》,傅铸译,商务印书馆1975年版;

29. 何勤华:《法律文化史谭》,商务印书馆2004年版;

30. 何勤华、李秀清:《外国法与中国法——20世纪中国移植外国法反思》,中国政法大学出版社2003年版;

31. 何勤华、李秀清主编:《民国法学论文精萃》(第五卷·诉讼法律篇),法律出版社2004年版;

32. 直隶高等审判厅编:《华洋诉讼判决录》,何勤华点校,中国政法大学出版社1997年版;

33. 王立民:《上海法制史》,上海人民出版社1998年版;

34. 王立民:《上海租界法制史话》,上海教育出版社2001年版;

35. 王立民:《法律思想与法律制度》,中国政法大学出版社2002年版;

36. 杨公泰:《晚清外交史》,北京大学出版社1991年版;

37. 吴孟雪:《美国在华领事裁判权百年史》,社会科学文献出版社1992年版;

38. 李启成:《晚清各级审判厅研究》,北京大学出版社2004年版;

39. 王健编:《西法东渐——外国人与中国法的近代变革》,中国政法大学出版社2001年版;

40. 张生主编:《中国法律近代化论集》,中国政法大学出版社2002年版;

41. 熊月之:《中国近代民主思想史》,上海社会科学院出版社2002年版;

42. 熊月之主编:《上海通史》,上海人民出版社1999年版;

43. 李贵连:《中国近代法制与法学》,北京大学出版社2002年版;

44. 费正清:《伟大的中国革命》,世界知识出版社2000年版;

45. 陈其国:《畸形的繁荣——租界时期的上海》,百家出版社2001年版;

46. 李鸣主编:《青蓝集:张晋藩先生指导的法学博士论文萃编》,法律出版社2002年版;

47. [美]马士:《中华帝国对外关系史》(三卷),张汇文等译,上海书店出版社2000年版;

48. 展恒举:《中国近代法制史》,台北商务印书馆1973年版;

49. 吴圳义:《清末上海租界社会》,文史哲出版社1978年版;

50. 吴圳义:《上海租界问题》,正中书局1981年版;

51. 蒯世勋:《上海公共租界史稿》,上海人民出版社1980年版;

52. 薛理勇:《旧上海租界史话》,上海社会科学院出版社2002年版;

53. 杨尧深:《老话上海法租界》,上海人民出版社1994年版;

54. 史梅定:《上海租界志》,上海社会科学院出版社2001年版;

55. 袁继成:《近代中国租界史稿》,中国财经出版社1988年版;

56. 政协上海市文史资料委员会编:《列强在中国的租界》,中国文史出版社1992年版;

57. 西北政法学院法制史教研室编:《中国近代法制史资料选辑:1840—1949》,1985年;

58. 张仲礼主编:《近代上海城市研究》,上海人民出版社1990年版;

59. 沈谓滨:《困厄中的近代化》,上海远东出版社2001年版;

60. 徐雪筠等译编:《上海近代社会经济发展概况(1882—1931)》,《海关十年报告》译编,上海社会科学院出版社1985年版;

61. [美]吉尔伯特·罗兹曼主编:《中国的现代化》,江苏人民出版社2003年版;

62. 台北"中央研究院"近代史研究所编:《近代中国对西方及列强认识资料汇编》,1986年;

63. 陈旭麓主编:《近代中国八十年》,上海人民出版社1983年版;

64. 陈旭麓:《近代史思辨录》,广东人民出版社1984年版;

65. 王申:《中国近代律师制度与律师》,上海社会科学院出版社1994年版;

66. 上海通社编:《上海研究资料续集·政治编》,中华书局1939年版;

67. 谯枢铭等著:《上海史研究》,学林出版社1984年版;

68. 吴春梅:《一次失控的近代化改革——关于清末新政的理性思考》,安徽大学出版社1998年版;

69. 王建郎:《中国废除不平等条约的历程》,江西人民出版社2000年版;

70. 程道德主编:《近代中国外交与国际法》,现在出版社1993年版;

71. 费正清主编:《剑桥中国晚清史》,中国社会科学出版社1985年版;

72. 马长林主编:《租界里的上海》,上海社会科学院出版社2003年版;

73. 梁元生:《上海道台研究——转变社会中之联系人物,1843—1890》,陈同译,上海古籍出版社2003年版;

74. [美]顾德曼:《家乡、城市和国家——上海的地缘网络与认同,1853—1937》,宋钻友译,上海古籍出版社2004年版;

75. 唐振常:《近代上海探索录》,上海书店出版社 1994 年版;

76. [美]罗兹·墨菲:《上海——现代中国的钥匙》,上海社会科学院历史研究所编译,上海人民出版社 1986 年版;

77. 郭卫东:《转折——以早期中英关系和〈南京条约〉为考察中心》,河北人民出版社 2003 年版;

78. [美]霍塞:《出卖上海滩》,越裔译,上海书店出版社 2000 年版;

79. [日]三石善吉:《传统中国的内发性发展》,余项科译,中央编译出版社 1999 年版;

80. 唐振常主编:《上海史》,上海人民出版社 1989 年版;

81. 郑祖安:《百年上海城》,学林出版社 1999 年版;

82. 施宣圆主编:《上海 700 年》,上海人民出版社 2000 年第 2 版;

83. 马学强、宋钻友:《上海史话》,社会科学文献出版社 2000 年版;

84. 杨尧深主编:《老话上海法租界》,上海人民出版社 1994 年版;

85. 罗苏文:《上海传奇——文明嬗变的侧影(1553—1949)》,上海人民出版社 2004 年版;

86. 任建树主编:《现代上海大事记》,上海辞书出版社 1996 年版;

87. 汤志钧主编:《近代上海大事记》,上海辞书出版社 1989 年版;

88. 李长莉:《晚清上海社会的变迁——生活与伦理的近代化》,天津人民出版社 2002 年版;

89. 李必樟译编:《上海近代贸易经济发展概况:1854—1898 年英国驻上海领事贸易报告汇编》,张仲礼校订,上海社会科学院出版社 1993 年版;

90. 高道蕴、高鸿钧、贺卫方编:《美国学者论中国法律传统》,清华大学出版社 2004 年版;

91. 郭建:《帝国缩影——中国历史上的衙门》,学林出版社 1999 年版;

92. 郑秦:《清代司法审判制度研究》,湖南教育出版社 1988 年版;

93. 瞿同祖:《清代地方政府》,范忠信、晏锋译,法律出版社 2003 年版;

94. 滋贺秀三等著:《明清时期的民事审判与民间契约》,王亚新、梁治平编,法律出版社 1998 年版;

95. 张德美:《探索与抉择——晚清法律移植研究》,清华大学出版社 2003 年版;

96. 韩秀桃:《司法独立与近代中国》,清华大学出版社 2003 年版;

97. [美]柯文:《王韬与晚清改革——在传统与现代性之间》,雷颐、罗检秋译,江苏人民出版社 2003 年版;

98. 杨湘钧:《帝国之鞭与寡头之链——上海会审公廨权力关系变迁研究》,北京大学出版社 2005 年版;

99. 郭泰纳夫:《上海会审公堂与工部局》,朱华译,上海书店出版社 2016 年版;

100. 姚远:《上海租界与租界法权》,上海三联书店 2016 年版。

(四)学术论文

1. 马长林:《晚清涉外法权的一个怪物——上海公共租界会审公廨剖析》,《档案与历史》1988 年第 4 期;

2. 张铨:《上海公共租界会审公廨论要》,《史林》1989 年第 4 期;

3. 张铨:《上海公共租界会审公廨论要(续)》,《史林》1990 年第 1 期;

4. 张铨:《上海法租界会审公廨》,《史林》1994 年第 2 期;

5. 王立民:《"化外人相犯"与领事裁判权》,《法学家茶座》第 7 辑,山东人民出版社 2005 年;

6. 董梅:《领事裁判权对近现代中国法制的影响》,《北京科技大学学报》(社科版)1999 年第 2 期;

7. 张劲草:《论互惠领事裁判权在我国的肇始》,《法学杂志》1983 年第 6 期;

8. 徐家力:《领事裁判权与清末律师制度的产生》,《河北法学》1997 年第 3 期;

9. 石子政:《关炯之与辛亥革命后的会审公廨》,《档案与历史》1988 年第 4 期;

10. 徐小崧:《会审公廨的收回及其历史意义》,《民国档案》1990 年第 4 期;

11. 姜屏藩:《上海租界时代的临时法院论述》,《上海社会科学学术季刊》1987 年第 3 期;

12. 何世桢:《记上海公共租界临时法院》,《上海文史资料选辑》1980 年第 4 期;

13. 江兴国:《上海公共租界会审公廨的产生及其性质》,《中国政法大学学报》1984 年第 2 期;

14. 云海等:《1926 年上海公共租界会审公廨收回交涉背景及其经过》,《档案与历史》1988 年第 4 期;

15. 程道德:《略论列强在华领事裁判权制度》,北京大学法律系《法学论文集》,光明日报出版社 1987 年版;

16. 程道德:《试述中华民国政府废除列强在华领事裁判权的对外交涉》,《民国档案》1986 年第 1 期;

17. 苏钦:《唐明律"化外人"条辨析——兼论中国古代各民族法律文化的冲突与融合》,《法学研究》1996 年第 5 期;

18. 陶广峰:《从中西法律的冲突看鸦片战争》,《比较法研究》1992 年第 2、3 期合刊;

19. 李启成:《领事裁判权制度与晚清司法改革之肇端》,《比较法研究》2003 年第 4 期;

20. 李启成:《治外法权与中国司法近代化之影响——调查法权委员会个案研究》,《现代法学》2006 年第 7 期;

21. 郑文举、王玫黎:《国际法观念与中国法的近代转型》,《天府新论》1999 年第 1 期;

22. 程鹏:《清代人士关于国际法的理论》,《中外法学》1990 年第 6 期;

23. 蔡晓荣:《晚清时期的华洋定货纠纷及其裁处》,《中国经济史研究》2014 年第 1 期;

24. 陈同:《略论近代上海外籍律师的法律活动及其影响》,《史林》2005 年第 3 期;

25. 侯庆斌:《晚清中外会审制度中华洋法官的法律素养与审判风格——以上海法租界会审公廨为例》,《学术月刊》2017 年第 1 期;

26. 蔡晓荣:《晚清华洋商事纠纷之研究》,苏州大学 2005 年博士学位论文;

27. 余华川:《从上海公共租界会审公廨看中西法律制度和思想的冲突与融合》,华东师范大学 2005 年博士学位论文;

28. 黄婷婷:《晚清上海公共租界谳员研究》,华东师范大学 2015 年硕士学位论文;

29. 唐香梅:《上海公共租界会审公廨——纠纷解决机制》,复旦大学 2008 年硕士学位论文。

二、英 文 类

1. *Papers Relating to China* (1881).

2. *Annual Report of the Shanghai Municipal Council* (1881—1927).

3. *North-China Herald*.

4. *The China Law Review*.

5. Thomas B. Stephens, *Order and Discipline in China—The Shanghai Mixed Court 1911—1927*, The University of Washington Press, 1992.

6. A. M. Kotenev, *Shanghai: Its Mixed Court and Council*, Shanghai, North China Daily News & Herald, 1925.

7. A. M. Kotenev, *Shanghai: Its Municipality and the Chinese*, Shanghai, North China Daily News & Herald, 1927.

8. William Crane Johnstone, *The Shanghai Problem*, Stanford University Press, Stanford University, California, 1937.

9. Westel. W. Willoughby, *Foreign Rights and Interests in China*, Baltimore Maryland, The Johns Hopkins Press, 1920.

10. John Carter Vincent, *The extraterritorial system in China: final phase*, Cambridge, Harvard University Press, 1970.

11. Tung, William L., *China and foreign powers: the impact of and reaction to unequal treaties*, N.Y., Ocean Pub.

12. G.W.Keeton, *The Development of Extraterritoriality in China*, Vol.I.

13. Thomas F Millard, *The End of Extraterritoriality in China*. The A.B.C. Press, Shanghai, 1931.

14. Motono Eiichi, *Conflict and Cooperation in Sino-British Business, 1860—1911: the Impact of Pro-British Commercial Network in Shanghai*, Macmillan Press LTD, 2000.

15. Albert Feuerwerker, *The Foreign Establishment in China in the Early Twentieth Century*, Michigan Papers in Chinese Studies.

16. Nicholas R.Clifford, *Spoilt Children of Empire—Westerners in Shanghai and the Chinese Revolution of the 1920s*, Middlebury College Press 1991.

17. Tahirih V.Lee, *Risky Business: Courts, Culture and the Marketplace*, University of Miami Law Review, May, 1993, pp.1335—1414.

18. Motono Eiichi, "*H.A.Giles versus Huang Chengyi: Sino-British Conflict over the Mixed Court, 1884—1885*", East Asian History 1996,

pp.135—157.

19. Teemu Ruskola, "Law without Law, or Is 'Chinese Law' an Oxymoron?", American University Washington College of Law, William & Mary Bill of Rights Journal, (Vol.11:655 2003).

20. Pär Cassel, "Excavating Extraterritoriality: the 'Judicial Sub-Prefect' as a Prototype for the Mixed Court in Shanghai", Late Imperial China Vol.24, No.2(December 2003). pp156—182.

21. Manley O. Hudson, "The Rendition of the International Mixed Court at Shanghai", The American Journal of International Law, Vol.21, No. 3 (Jul., 1927), pp. 451—471, http://www.jstor.org/about/terms.html.

后　　记

这本书是以我的博士论文《上海公共租界会审公廨研究》为基础，申请国家社科基金后期项目并立项后所完成的成果。从博士论文到项目立项再到最终完成，时间拖延之久，甚感愧疚，心里无如释重负之感，也许是性格使然。但这本书是我这些年来关注上海租界会审公廨的一颗果实，无论过程如何艰难，终归是一段学术之旅的结束。

早在我读博期间，因一次偶然机会，我在上海档案馆首次接触到有关上海公共租界会审公廨的档案，对于这个近代史上非常特殊的司法衙门产生了兴趣，萌生以此为博士论文选题的念头。后在导师们的支持鼓励下，开始查找资料、翻阅相关研究论著，在看到大量分散、零星的资料，以往研究又几成两极趋势，这使我曾一度迷惘，如何把握这些资料？从何角度去研究？会审公廨在中国近代史上扮演了一个什么样的角色？正是这些疑惑和迷惘促使我去寻找答案。在完成博士论文之后，曾一度搁置，缘由是博士论文答辩完后发现台湾地区杨湘钧的著作刚出版，他用“寡头之链”与“帝国之鞭”来阐述会审公廨法权之变迁，我拜读之后，深感自己并无超越之处，又何必再出版？转眼周围同学已纷纷出版了博士论著，我却将自己研究兴趣转向了中国传统社会后期的诉讼审判。

一搁置就是六年，因朋友的推荐和督促，申请了国家社科基金后期资助项目，之前的那种遗憾浮上心头，近年来学界在研究会审公廨这一机构时，更多地探讨其法权问题，这是一个重要研究视角，但也许忽略了会审公廨的本身性质是一个司法机构，不如从其基本职责——司法审判出发。于是，我以“审判”为视角对会审公廨进行另一层面的考察，并以此为题申请后期资助。有幸被选，也幸而遇到各位师长和朋友，在他们提携和督促下，完成了结项及最终出版。

此为本书的来由，特记之。

从博士论文到项目的完成、著作的出版，都离不开诸多师长朋友家人的指导、支持与鼓励。首先,衷心感谢我的老师们。博士生导师王立民教授,其谆谆教诲、悉心指导和深切关怀让我铭记,导师组的何勤华教授,对我的选题予以支持和指导,推荐相关材料,徐永康教授亦给予我诸多思想启发,这些均让我受益终生。另外,也借此特别感谢我的硕士生导师叶孝信教授,他对我的教诲和手书的"殷望"是引导我人生的精神明灯。其次,要感谢亦师亦友的博士生同学和教研室同事们,不在此一一罗列,但铭记在心。感谢上海人民出版社的编辑们,是他们的认真负责才有这本著作的顺利出版。还要特别感谢我国台湾地区《法制史研究》第九期的审稿人和编辑,本书第三章主要内容曾以《上海会审公廨中外审判官裁判冲突研究》为题在该刊发表。感谢所有帮助过我的老师和朋友们!

最后,感谢给我支持、为我分忧的家人们。父亲的敬业、严以律己总是鞭策我,即使我已过不惑之年,尤记得他对我教育的严厉和宽和。母亲识字甚少,但她的待人热情和对事物的好奇也影响我的性情。爱人是我大学同学,风雨走过二十多年,总是在我懈怠之时给予鼓励,女儿舒萌的纯真笑脸,对妈妈的期待是我前行的动力!

写到这,心情也变得轻松起来。先哲所言:生之有涯,学之无涯,以有涯追无涯,殆矣。既然人生注定有结局,那么追求过程就好,不必因遗憾而裹足不前、心生退意,不负岁月,有经历、有收获,足矣。

2018 年 5 月 23 日于上海

图书在版编目(CIP)数据

上海会审公廨审判研究/洪佳期著.—上海：上海人民出版社，2018
ISBN 978-7-208-15086-7

Ⅰ.①上…　Ⅱ.①洪…　Ⅲ.①租借地-地方法规-法制史-研究-上海-近代　Ⅳ.①D929.5

中国版本图书馆 CIP 数据核字(2018)第 063976 号

责任编辑　秦　堃　夏红梅
封面设计　夏　芳

上海会审公廨审判研究
洪佳期　著

出　　版　上海人民出版社
(200001　上海福建中路 193 号)
发　　行　上海人民出版社发行中心
印　　刷　常熟市新骅印刷有限公司
开　　本　720×1000　1/16
印　　张　14.75
插　　页　4
字　　数　238,000
版　　次　2018 年 7 月第 1 版
印　　次　2018 年 7 月第 1 次印刷
ISBN 978-7-208-15086-7/D·3196
定　　价　52.00 元